GEORGES DUBY
*Der Sonntag von Bouvines
27. Juli 1214*

Aus dem Französischen von
Grete Osterwald

Verlag Klaus Wagenbach   Berlin

Als Anerkennung für ihre Übersetzungen aus dem Französischen
und als Förderung für die Übersetzung des
Dimanche de Bouvines von Georges Duby erhielt
GRETE OSTERWALD
den 1987 zum erstenmal vergebenen
DVA-Übersetzerpreis.

Die französische Originalausgabe erschien unter dem Titel
27 juillet 1214. Le dimanche de Bouvines
bei Gallimard in Paris

©1973 Editions Gallimard, Paris
©1988 für die deutsche Übersetzung
Verlag Klaus Wagenbach   Ahornstraße 4   1000 Berlin 30
Umschlaggestaltung Rainer Groothuis unter Verwendung
einer Miniatur aus dem Psalter von Saint-Louis
Gesetzt aus der Borgis Sabon Antiqua von MEDIA trend, Berlin
Druck und Bindung durch Wagner, Nördlingen
Printed in Germany. Alle Rechte vorbehalten. ISBN 3 8031 3541 9

INHALT

Einleitung
7

DAS EREIGNIS

Inszenierung
17

Der Tag
41

KOMMENTAR

Der Frieden
61

Der Krieg
82

Die Schlacht
120

Der Sieg
133

LEGENDENBILDUNGEN

Die Entstehung des Mythos
151

Das Wiederaufleben der Erinnerung
179

Zeittafel   193

Bibliographie   196

Register
der Orts- und Personennamen   198

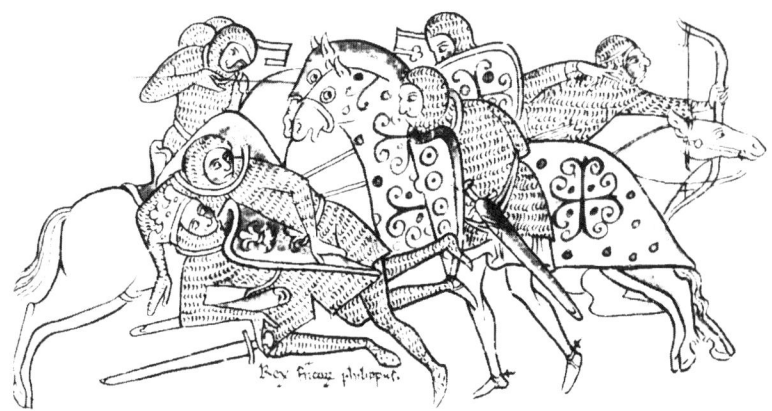

Philipp August in der Schlacht von Bouvines,
zu Boden gestürzt, wird von seinem Gefolge geschützt
Miniatur aus der Chronik des Mathieu de Paris (13. Jh.);
Cambridge, Christ Church College Library

Einleitung

Der 27. Juli des Jahres 1214 fiel auf einen Sonntag. Sonntag ist der Tag des Herrn. Ihm allein soll er geweiht sein, ganz und gar. Ich habe Bauern kennengelernt, die immer noch ein wenig zitterten, wenn das schlechte Wetter sie zwang, die Ernte an einem Sonntag einzufahren: Sie spürten den Zorn des Himmels über sich. Die Pfarrkinder des 13. Jahrhunderts spürten ihn weitaus bedrohlicher. Und der Priester ihrer Kirche verbot an diesem Tag nicht nur die Handarbeit. Er versuchte sie zu überzeugen, die Zeit des Herrn gänzlich reinzuhalten von den drei Beschmutzungen durch das Geld, durch die Fleischeslust und durch das Blutvergießen. Deshalb mochte damals niemand mit Geld umgehen, wenn Sonntag war. Deshalb vermieden es die Ehemänner, sofern sie fromm waren, sich sonntags ihrer Frau zu nähern, und die Waffenmänner vermieden es, sofern sie fromm waren, ihr Schwert zu ziehen. Am Sonntag, dem 27. Juli 1214 indes, übertraten Tausende von Kriegern das Verbot. Sie schlugen sich erbittert bei der Brücke von Bouvines in Flandern. Könige führten sie an, der deutsche König und der König von Frankreich. Von Gott beauftragt, die Ordnung der Welt zu erhalten, von den Bischöfen geweiht und selbst halbe Priester, hätten sie die Vorschriften der Kirche genauer befolgen sollen als irgend jemand sonst. Dennoch wagten sie es, an diesem Tag gegeneinander anzutreten, ihre Gefährten zu den Waffen zu rufen, einen Kampf zu beginnen. Kein bloßes Scharmützel, sondern eine wirkliche Schlacht. Obendrein war es seit mehr als einem Jahrhundert die erste Schlacht, die ein König von Frankreich riskierte. Und schließlich war der Sieg, den Gott denen schenkte, die er liebte, glänzender als jeder andere, an den man sich erinnern konnte. Ein Triumph, der Cäsar ebenso zur Ehre gereicht hätte wie dem Kaiser Karl der Heldenlieder. Aus all diesen Gründen wurden die halb abgeernteten Felder von Bouvines an diesem Tag zum Ort eines denkwürdigen Ereignisses. Ereignisse sind gewissermaßen der Schaum der Geschichte, dicke oder winzig kleine Blasen, die an der Oberfläche zerplatzen und deren Aufbrechen Wirbel erzeugt, die sich mehr oder weniger weit verbreiten. Im vorliegenden Fall hat das Ereignis sehr dauerhafte Spuren hinterlassen: Sie sind bis heute nicht ganz ausgelöscht. Allein diese Spuren verhelfen ihm zur Existenz. Ohne sie ist das Ereignis nichts. Daher sollen sie auch im wesentlichen Gegenstand dieses Buches sein.

Es gibt zwei Arten von Spuren. Die einen, diffus, beweglich, zahllos, befinden sich – klar oder verworren, fest oder flüchtig – im Gedächtnis der Menschen unserer Zeit. Wenn die Erinnerung an Bouvines nicht ganz verlorengegangen ist, so nur, weil sie sorgfältig gepflegt wurde. Ich habe ein Bild aus meinem ersten Geschichtsbuch vor Augen. Es zeigte, auf dem Boden sich windend, halbwegs unter einem gestürzten Pferd begraben, eine Art dicken Käfer mit Lilienblüten auf den Flügeldecken und einem Eisenkasten über dem Kopf; Spitzen und Haken bedrohten ihn von allen Seiten; man erklärte mir, daß dies der König von Frankreich sei und daß er trotz allem gewinnen würde. Sämtliche Franzosen meines Alters haben dieses Bild sehen können, als sie acht oder zehn Jahre alt waren; desgleichen alle, die in den ersten vierzig Jahren des 20. oder auch im letzten Viertel des 19. Jahrhunderts zur Schule gegangen sind. Vorher war das Wort Bouvines immer wieder in den Standquartieren der leichten Reiterei, in den Feldlagern der Grande Armée ertönt, es hatte Schwadronen als Emblem gedient und Wachposten als geflüsterte Losung – ein Siegesname, der sich von Generation zu Generation in eine lange Litanei zwischen Tolbiac (Zülpich) und Marignan (Marignano) einreihte, versöhnend, erhebend, beruhigend, tröstlich. Das Echo dieser patriotischen Fanfaren ist bis heute nicht verhallt. Etwas lauter hörte man es noch, als der Plan für die Buchreihe *Trente Journées qui ont fait la France** entstand: Dreißig entscheidende Tage der französischen Geschichte, unter denen der »Sonntag von Bouvines« das einzige erfolgreiche militärische Ereignis neben Poitiers darstellt. Es wäre verlockend, die aktuellen Spuren, die nicht tastbar sind, aber in die Repräsentation einer kollektiven Vergangenheit eingehen, zusammenzustellen und sich ein genaues Bild darüber zu machen, wie es auf den verschiedenen Ebenen der Kultur um ihre Einflußkraft, ihre Genauigkeit und die gefühlsmäßige Resonanz bestellt ist. Eine solche Forschungsarbeit könnte die außerordentlich spannende Untersuchung eines Bewußtseins von der Geschichte in die Wege leiten; sie verlangt jedoch wissenschaftliche Methoden und Instrumente, die mir nicht vertraut sind. Es sind andere Spuren, die der zweiten Art, die mich als Historiker etwas angehen. Jene Spuren, die wir Fachleute Quellen nennen.

Auch sie sind gegenwärtig, aktuell. Aber von einer materiellen Aktualität, einer materiellen Gegenwärtigkeit, und folglich greifbar, abgrenzbar, meßbar. Dennoch sind sie tot: Es sind Konkretionen der Erinnerung. Sie bilden die immer noch feste, wenngleich hier und dort schon arg beschädigte, rissige, verwitterte, ja stellenweise abgebröckelte Grundlage der anderen Spuren, die in den Gedächtnissen fortleben. Ein Repertorium, ein Sammellager, eine Mutterschicht. Ein endlicher Vorrat an Materialien, der keine Aussicht mehr auf Zuwachs hat. In der Tat, die Arbeit der Gelehrten ist voll-

---

* Buchreihe der Editions Gallimard, Paris, in der auch *Der Sonntag von Bouvines* erschien.

endet. Geduldig hat man nach und nach alle Spuren ausgekundschaftet. Man hat sie gesammelt, abgestaubt, einbalsamiert, katalogisiert, etikettiert. Geordnet. Als ewig währende Zeugnisse sollen sie eine Art Zenotaph des Ereignisses sein. Sie alle sind abgenutzt, verhärtet, löchrig geworden, verbraucht. Manche sind kaum mehr lesbar. Einigen sieht man das ursprüngliche Gepräge noch an. Viele zeigen nur die Spur einer verschwundenen ursprünglichen Spur. Diese zum Beispiel: 1214 wurde im Festungswerk der Stadt Arras die Porte Saint-Nicolas erbaut. Mindestens vier Jahrhunderte lang konnten alle Menschen, die dieses Tor durchquerten, zwei Inschriften darauf lesen. Eine auf lateinisch, die, nach außen gerichtet, lediglich das Entstehungsdatum und den Namen des Baumeisters in Erinnerung rief. Die andere auf französisch und folglich der Mehrheit zum Anblick dargeboten. Sie zeigte den Text eines Gedichts: Zweiundvierzig Verse aus dem Jahr 1250 gedachten an diesem Ort eines Prinzen Ludwig, der damals, als man das Tor errichtet hatte, Herr von Arras und Artois gewesen war, sowie seines Vaters, des guten Königs Philipp. Dieser letzte, so wurde präzisiert, hatte mit den Leuten von nebenan, den Flandrern, Scherereien gehabt; aber von Gott geehrt, war es ihm in weniger als einem Tag gelungen, Otto, den falschen Kaiser, aus dem Feld zu schlagen und fünf Grafen gefangenzunehmen. Mehr als dreihundert Ritter waren an jenem Tag überwältigt oder getötet worden. Und dies hatte sich vor sechsunddreißig Jahren zwischen Bouvines und Tournai ereignet, an einem Sonntag im Juli, fünf Tage vor Anfang August. In derselben öffentlichen Proklamation heißt es weiter – doch hier bleibt die Erinnerung eher vage und die Chronologie ungenau –, daß ein anderer König von Frankreich ganz in der Nähe schon viel früher, am Ende des 10. Jahrhunderts, einen anderen Kaiser besiegte, der ebenfalls Otto hieß. Die Inschrift von Arras – ein Denkmal, ein Siegesbericht im gleichen Stil wie auf dem Arc de triomphe du Carrousel – bot sich all denen zum Anblick dar, die die Stadt in Richtung Norden verließen. An den Grenzen der kapetingischen Domäne, im Angesicht Flanderns und im Angesicht des Reichs, ragte sie auf wie eine Trophäe. Sie sollte die in jener Gegend noch frische Erinnerung an eine schon alte Heldentat für die Nachwelt festhalten, um das Gefühl gemeinsamer Interessen und gemeinsamer Tapferkeit von Generation zu Generation neu zu beleben. Aber sie tat mehr als das. Sie brachte den Triumph von Bouvines absichtlich in Zusammenhang mit einer langen Strömung des militärischen Ruhms, indem sie, zweihundertfünfzig Jahre überspringend, aufgrund der Gleichnamigkeit der beiden niedergeworfenen Oberhäupter in einem Atemzug zwei königliche Siege feierte, die zweifellos schon damals als die Siege einer Nation betrachtet wurden. Wie eine Grabschrift in festen, unverweslichen Grund gehauen, sollte das Gedicht ewigen Bestand haben: Nie würde das Ereignis in Vergessenheit geraten. Es zeigte sich indes, daß auch die Inschrift vergänglich war. Schon seit langem ist sie verloren. Aber wenn der Stein nicht mehr existiert, bleibt wenigstens der Text. Mindestens zwei Männer haben sich bemüht, ihn zu erhalten, und zwar Anfang des 17. Jahrhunderts, zur Zeit von Peiresc und den ersten Altertumsforschern, in den Jugendjahren einer ernsthaften und gelehrten Geschichtsschreibung, deren notwendige Voraussetzung hinfort die Zugrundelegung gesicherter Quellen sein sollte. Die Inschrift wurde also kopiert, einmal unvollständig von Ferry de Locre, Pfarrer von Saint-Nicolas zu Arras, der Material für eine Chronik der Belgier sammelte, und einmal komplett von Antoine de Mol, Advokat und Schöffe zu Arras, der sich für die Vergangenheit seiner Stadt interessierte. So wurde das Zeugnis vor Zerstörung bewahrt und mit ihm der ganze, genau umrissene Erinnerungsbereich, dessen Konservatorium die Torinschrift seit mehr als dreieinhalb Jahrhunderten gewesen war. Ein entscheidender Rettungsakt: Die Transkriptionen wurden in zwei Werken veröffentlicht, von denen das eine 1611, das andere 1616 erschien. Zwei Bücher, die in Wahrheit unauffindbar sind. Aber die moderne Gelehrsamkeit hat das Dokument zugänglicher gemacht. Im Jahre 1856 gab Victor Le Clerc den Text neu heraus, diesmal mit einem kritischen Kommentar. Heute kann ihn jedermann in der *Histoire littéraire de la France* (Bd. XXIII, S. 433–436) nachlesen. Die Spur ist da und steht nunmehr unter anderen Spuren in zahlreichen Bibliotheken griffbereit auf diesem oder jenem Regal für jede mögliche Benutzung zur Verfügung. Sie hat gute Aussichten, noch lange zu überdauern, ohne Zweifel sogar sehr viel länger als das Interesse, das sie hervorruft.

Das Überleben von Bouvines beruht auf vielfältigen sich ergänzenden Spuren dieser Art, Spuren jeden Alters und von unterschiedlicher Herkunft, bis hin zu dem sechs Meter hohen Obelisken, der 1863 in der Nähe des Schlachtfeldes errichtet wurde. Mittlerweile sind sämtliche Quellen aufgelistet. Man beschäftigt sich schon seit geraumer Zeit mit ihnen. In den letzten zwei Jahrzehnten des 19. und in den ersten fünfunddreißig Jahren des 20. Jahrhunderts wurden sie von den besten französischen, deutschen und englischen Mediävisten eingehend studiert, namentlich zwischen 1881 und 1888 sowie in den Jahren 1913–1914. Damals wurden die Zeugnisse sehr streng auf ihren Wahrheitsgehalt geprüft. Über den Ablauf der Schlacht und über das Netz der Intrigen, deren Folge und Ausgangspunkt sie war, ist also alles gesagt – so gut, daß es sich hier erübrigt, diese Informationsquellen nochmals in demselben Geist zu analysieren und die Untersuchung von vorn zu beginnen: Es würde nichts Neues dabei herauskommen. Möge der Leser auf die zumeist recht alten, aber aufschlußreichen und fast immer kurzweiligen Bücher zurückgreifen. Wer es eilig hat, findet eine hervorragende Zusammenfassung in der großen *Histoire de France* (Band 3, Seite 166–202), die 1901 von Lavisse herausgegeben wurde. Die einzigen notwendigen Korrekturen in Hinblick auf Kampfmethoden oder auf Einschätzungen der

Truppenstärken sind der 1954 erschienenen Untersuchung von J. F. Verbruggen, *De Krijgskunst in West-Europa in de Middeleeuwen (IXe. tot begin XIVe. eeuw.)*, zu entnehmen.

Ich selbst möchte die Spuren des Ereignisses unter einem anderen Blickwinkel betrachten. Für die positivistische Geschichtsschreibung – über die ich soeben sprach und die in keiner Weise vernachlässigt werden darf – gehörte die Schlacht von Bouvines ausdrücklich in den Kontext der Dynamik einer Geschichte der Macht. Der Schlachttag bildete so etwas wie einen besonders voluminösen Knoten in einer fortlaufenden Kette von Entscheidungen, Versuchen, Unschlüssigkeiten, Erfolgen und Mißerfolgen, die alle aneinandergereiht in eine einzige Richtung wiesen: Die der europäischen Staatenbildung. Eine solche Sicht legte die Arbeit der Historiker auf zwei Ziele fest. Erst einmal galt es festzustellen, was sich am 27. Juli 1214 tatsächlich am nämlichen Ort ereignet hatte. Dafür mußte man mit den Quellen so umgehen, wie ein Ermittlungsrichter es täte, man mußte Lügen aufspüren, die Wahrheit ans Licht holen, Zeugen einander gegenüberstellen, ihre Widersprüche aufklären und, um die fehlenden Maschen zu ergänzen, sämtliche Hypothesen unter die Lupe nehmen und die am besten gesicherten aussortieren. Anschließend galt es, den »wahren Sachverhalt« an seinem genauen Platz anzusiedeln, in seiner Bedeutung als Wirkung und Ursache zugleich, unter Berücksichtigung sämtlicher Begleitumstände. Zwei Ziele, die im Grunde unerreichbar sind, denn wir wissen sehr wohl, daß alle, die einer Schlacht beiwohnen, selbst auf der höchsten Anhöhe in keiner besseren Lage sind als ein Fabrice del Dongo: Sie sehen nur wirres Getümmel; niemand hat und niemand wird das Drunter und Drüber von tausend verwickelten Handlungen, die sich an jenem Tag zwischen zwölf Uhr mittags und fünf Uhr abends in der Ebene von Bouvines unentwirrbar verquickten, je in seiner vollständigen Wahrheit erkennen. Es kommt hinzu, daß die Ursachen und die Wirkungen dieser Schlacht im wahrsten Sinne des Wortes unzählbar und aus diesem Grund in ihrer Wechselwirkung nicht zu erfassen sind. Das Bemühen, sich den beiden genannten Zielen zu nähern, zwang daher zur Abstraktion, oder, mit anderen Worten, es zwang dazu, das Ereignis von 1214 wie ein heutiges Ereignis zu behandeln. Im hartnäckigen Streben nach punktueller Genauigkeit befangen, hat diese Geschichtsschreibung, die den Anspruch der Wissenschaftlichkeit erhob, in Wirklichkeit nicht genügend auf die Vermeidung von Sinnverkehrungen und Anachronismen geachtet. Da ihre Aufmerksamkeit allein der politischen Aktion mit ihren Motivationen und ihren Konsequenzen galt, neigte sie unbewußt dazu, Philipp August ähnlich zu sehen wie Corneille Pompejus sah, das heißt als Verkörperung eines Wunsches, eines Willens, der anderen Willen und anderen Wünschen in der Unveränderlichkeit der »menschlichen Natur« gegenübersteht. Sie überging all die subtilen Verschiebungen, die in Europa das Verhalten der Menschen und die Bedeutung ihrer Handlungen im Lauf von zwanzig Generationen unmerklich verändert hatten; all die sehr langsamen Modifikationen, die es beispielsweise verbieten, den Ritter von Bouvines für einen kleinen Kürassier von Reichshofen zu halten.

Das ist der Grund, der mich veranlaßt, diese Schlacht und die von ihr hinterlassene Erinnerung wie ein Anthropologe zu betrachten; anders gesagt, ich werde versuchen, beide – die Schlacht und die Erinnerung – möglichst ungetrübt im Rahmen einer sie gleichsam umschließenden kulturellen Einheit zu sehen, ganz anders geartet als die, die unsere heutige Beziehung zur Welt beherrscht. Diese Absicht macht drei miteinander verbundene Schritte erforderlich. Da die Spuren des Ereignisses unmöglich Gegenstand einer angemessenen Interpretation sein können, solange sie nicht in dem Kultursystem angesiedelt worden sind, das seinerzeit auch von ihnen geprägt wurde, ist es zunächst einmal wichtig, daß wir uns auf alles beziehen, was wir auf anderen Wegen von dieser Kultur wissen, um die Zeugnisse, die seit damals auf uns überkommen sind, kritisch prüfen zu können. Da ferner das Ereignis als solches höchst ungewöhnlich ist, enthüllen die außerordentlich tiefen Spuren, die es hinterlassen hat, auch solche Dinge, von denen man im Alltagsleben nicht oder zu wenig spricht; an einem bestimmten Punkt der räumlichen und zeitlichen Erstreckung liefern sie eine Fülle von Informationen über die zeitgenössische Art, zu denken und zu handeln, und, da es um einen Kampf geht, insbesondere über die militärische Funktion und über diejenigen, die in der damaligen Gesellschaft den Auftrag hatten, diese Funktion auszuüben: Für jeden, der sich mit dem Entwurf einer Soziologie des Krieges an der Schwelle des 13. Jahrhunderts im Nordwesten Europas beschäftigt, ist Bouvines ein äußerst günstiger Ort der Beobachtung. Schließlich geben die besagten Spuren noch auf andere Weise Auskunft über das kulturelle Milieu, in dessen Schoß das Ereignis ausbricht und über sich selbst hinaus fortlebt. Sie zeigen, wie die Wahrnehmung des erlebten Sachverhalts sich wellenförmig ausbreitet, wobei die Wellen nach und nach, in der Entfaltung von Raum und Zeit, immer niedriger werden und aus der Form geraten. Mit der Einschränkung, daß es sich hier nur um einen Entwurf oder vielmehr einen Vorschlag für weitere Forschungsarbeiten handeln kann, werde ich es also wagen, Beobachtungen darüber anzustellen, wie das Imaginäre und das Vergessen auf eine Information einwirken, wie schleichend das Wunderbare, das Legendäre eindringt und welches Schicksal einer Erinnerung, die bei einer ganzen Reihe von Anlässen neu belebt wird, innerhalb eines beweglichen Komplexes geistiger Vorstellungen widerfährt.

In dieser Absicht halte ich es für das beste, dem Leser gleich und ohne Umschweife die direkteste, klarste und umfassendste Spur des Ereignisses zu präsentieren: Die Prosachronik Wilhelm Britos.

Dieser Text kommt vom Hof des Königs von Frankreich. Er liefert den offiziellen Bericht über die Schlacht und steht so in einer damals fast hundertjährigen historiographischen Tradition, die in der Abtei Saint-Denis ihre Wurzeln schlug. In der Krypta dieses Klosters, zwischen den Grundmauern eines Heiligtums, von dem man sagte, Christus habe es höchstpersönlich erbaut, und in unmittelbarer Nähe der Grabstätte eines Schutzheiligen, den viele immer noch, trotz der Kritik der Kirchenlehrer, für den Schüler des Heiligen Paulus hielten, reihten sich die Sarkophage von Dagobert, Pippin dem Kurzen und Kaiser Karl dem Kahlen, von Hugo Capet und fast allen Königen der Franken aneinander. Diese Nekropole bot ein ergreifendes Bild der monarchischen Kontinuität in der Abfolge dreier Dynastien, der merowingischen, der karolingischen und der kapetingischen. Die königliche Macht stützte sich mehr auf diese Gräber als auf Reims, die Stadt der Taufe und der Weihe. Hier, in der Abtei Saint-Denis, wurden die Insignien der Macht nach den Salbungszeremonien niedergelegt, hier nahm der König, wenn er zur Verteidigung des Königreichs sein Heer anführen mußte, das Banner des heiligen Patrons, die Oriflamme, in die Hand. Als Suger, ein Jugendfreund von König Ludwig VI., dem Großvater Philipp Augusts, Anfang des 12. Jahrhunderts in Saint-Denis mit der Abtswürde versehen wurde, bestand seine erste Sorge darin, feierlich kundzutun, was er für die Hauptfunktion seines Klosters hielt. Und um es zu bekräftigen, um es der Welt in beeindruckender Weise vor Augen zu führen, ließ er die Kirche mit großem Aufwand rekonstruieren. In einer meisterhaften Synthese, der die gotische Kunst entsprang, jene königliche Kunst, die man damals die *Art de France* zu nennen pflegte, wollte er die kaiserliche Ästhetik des Moselandes mit der Ästhetik Neustriens und den in Südgallien erblühten Innovationen der Formgebung verbinden: So drückte die neue Basilika die Vereinigung des gesamten Königreichs unter der Autorität eines Herrschers aus, der als direkter Erbe Karls des Großen ausgegeben wurde. Zur gleichen Zeit, und während die Kapetinger es vorzogen, ihren Hauptsitz in Paris statt in Orléans zu errichten, holte Suger die Mission, den Ruhm der Monarchen durch Schriftwerke zu erhöhen, von Saint-Benoît-sur-Loire nach Saint-Denis en France. Er selbst redigierte die Biographie Ludwigs VI. – eine *Vita*, wie man sie zum Gedenken der Heiligen und der Könige schrieb, jener geweihten Persönlichkeiten und Auserwählten, die durchdrungen waren von übernatürlicher Tugendhaftigkeit und die magische Kraft der Krankenheilung besaßen. Nach ihm fühlten die Mönche von Saint-Denis sich verpflichtet, für die Nachwelt und zur Erbauung der königlichen Nachkommen darüber zu berichten, wie vollkommen der Mann, dessen Krone sie aufbewahrten und dessen sterbliche Hülle sie mit einem ununterbrochenen heilbringenden Gebet umgeben sollten, zu Lebzeiten das Königsamt erfüllt hatte.

In der Anfangszeit der Herrschaft Philipp Augusts nahmen diese schriftstellerischen Aktivitäten größere Ausmaße an. Nicht nur, weil die Autorität des Königs von Frankreich immer stärker wurde, sondern auch, weil sämtliche Fürsten des Abendlandes im Zuge der rapiden Expansion der Schriftkultur immer besser begriffen, daß Panegyriken das Ansehen erhöhten und daß sie angesichts der immer heftiger werdenden Rivalität, die zu Auseinandersetzungen zwischen gefestigten Staaten führte, als wirksame Waffe dienen konnten. So wurde zwischen 1185 und 1204 in Saint-Denis eine *Geschichte der Könige der Franken* kompiliert. Man kann annehmen, daß derjenige, der daran gearbeitet hat, ein nüchterner und genauer Schriftsteller war: Ein Mann namens Rigord. Vor seinem Eintritt ins Kloster hatte Rigord, der aus dem Süden kam, zweifellos schon begonnen – und dies war möglicherweise der Grund für seinen Eintritt ins Kloster gewesen –, einen Bericht über die Geschichte des regierenden Herrschers zu schreiben, den er bis 1206 in der Abtei fortführte. 1196 präsentierte er eine erste Fassung der *Gesta Philippi Augusti*, vier Jahre später dann eine zweite. Zu diesem Zeitpunkt lebte der Bretone Wilhelm im Kreise der engsten Vertrauten des Königs; er diente ihm treu, fuhr nach Rom, wo er heikle Verhandlungen im Zusammenhang mit Philipps Scheidung und Wiederverheiratung führte, ja er gewann sogar das absolute Vertrauen seines Herrn, der ihn beauftragte, den Bänkling Peter Charlot zu erziehen. Sein Aufstieg verlief außerordentlich schnell.

Wilhelm war einer der auf Bildung bedachten Emporkömmlinge, denen man unter den Zeitgenossen häufig begegnet und deren Zahl sich damals rasch vermehrte. Für den Mann niederer Herkunft, der die soziale Stufenleiter erklimmen wollte, bestand der beste Weg darin, daß er sich Zugang zu einer Schule verschaffte, daß er gut reden und schreiben lernte. Die Fürsten hatten einen dringenden Bedarf an Personen, die sich darauf verstanden, und bezahlten sie gut. Nun gab es aber in Wirklichkeit keine andere Schule als die, die auf den geistlichen Stand vorbereiten sollte. Die Klosterschulen hatten ihre Tore geschlossen. Es blieben also die der Kathedralen und Kapitel. Aber auch sie öffneten sich nur den Klerikern. Man war also gezwungen, in die Kirche einzutreten, auch auf die Gefahr hin, daß man sich später wieder von ihr entfernte, indem man Buchhalter, Ratgeber, Arzt oder Unterhalter wurde, wie viele der studierten Überläufer, die sich durch höhere Gewinne locken ließen, während die Prälaten sich vergeblich bemühten, sie ausschließlich im Dienst Gottes zu halten. Mit zwölf Jahren war Wilhelm von der Bretagne, wo man wenig und schlecht lernte, in die »französischen« Länder übergesiedelt, wo es einen besseren Unterricht gab. Er studierte zunächst in Mantes, später dann an den besten Schulen, den Schulen von Paris.

Wie es scheint, ist er noch einmal in seine Heimat zurückgekehrt, um dort den Versuch einer Karriere zu machen, aber ohne großen Erfolg. Schließlich, als er zwischen dreißig und vierzig war, lächelte ihm das Glück: Es gelang ihm, einen Platz in der königlichen Hofkapelle zu ergattern, wo viele seiner Studiengefährten erfolgreich vorwärtskamen. Dieser Dienst, der neben dem Gebet alle Aufgaben umschloß, die Bildung verlangten, konnte zu den fruchtbarsten Posten führen. Wer sich dort fügsam und scharfsinnig zeigte, dem war eine sorglose Zukunft gewiß: Der Kapetinger hatte die hohe Geistlichkeit in der Hand; er besaß die uneingeschränkte Macht, diejenigen, die ihm zu gefallen wußten, vorteilhaft unterzubringen. So konnten sie alle die berechtigte Hoffnung haben, daß sie später, wenn sie auf die Sechzig zugingen, über eine angenehme Präbende als Kanoniker verfügen würden; sie konnten sogar Bischof werden, wenn sie es sehr geschickt anstellten.

Und Wilhelm hatte Talent dazu. Nach 1200 und seiner römischen Mission macht er sich unentbehrlich. Der König will ihn an seiner Seite, überall. Bei der Belagerung von Château-Gaillard ist er zugegen. Als Kaplan besteht seine Hauptfunktion darin, im Chor mit den anderen jenes kontinuierliche Gebet zu singen, das die Person des Königs stets umgeben und jede seiner Handlungen in die Modulationen eines passenden Psalms eingehen lassen soll. In Bouvines, mitten im Schlachtgetümmel, singt Wilhelm immer noch, hinter Philipps Rücken. Und hier zeigt er, was er kann. Er ist der erste, der aus den Geschehnissen des Tages ein Ereignis macht. Tatsächlich erschien der Sieg in der königlichen Umgebung sogleich als derart bedeutungsvoll, daß Wilhelm, um seinem Gönner Genüge zu tun, auf der Stelle einen überhöhenden Bericht schrieb. Besser noch, er machte seine Schilderung zur direkten Fortsetzung der von Rigord verfaßten Chronik, die ein anderer Mönch summarisch bis 1210 weiterverfolgt hatte. Er holte sich den Text aus Saint-Denis. Er kürzte ihn und füllte die Lücken mit der Erzählung einiger herausragender Begebenheiten, an die er sich erinnerte und derer sein Herr sich rühmen konnte. Auf diese Weise komponierte er eine ganze Geschichte der Regierungszeit. So vollendet sich eine Verschiebung, die große Aufmerksamkeit verdient: Die Geschichtsschreibung geht von den Händen der Mönche in die eines Klerikers über, von einer Abtei in das Haus des Königs selbst – ein Zeichen für die Geschlossenheit einer Macht, die sich der liturgischen Feierlichkeiten allmählich entledigt, die sich zu verweltlichen beginnt. Von dieser Verschiebung zeugt auch der Platz, der den Waffen in Wilhelms Bericht eingeräumt wird. Der Mönch Helgaud, Autor einer *Vita* König Roberts des Frommen, hatte sich hundertfünfzig Jahre zuvor ausschließlich für Gebete, Mildtätigkeiten, Pilgerfahrten und Wunder interessiert; er hatte es den anderen überlassen, von Kriegen zu berichten. Wilhelm Brito erzählt fast nur davon. Und vor allem Bouvines will er in seinem Buch feiern. Über diesen einen Tag spricht er länger als über die fünf vorhergehenden Jahre zusammen.

Der ganze Rest dient ihm nur als Einleitung dessen, was er für eine Vollendung hält. Und so beschließt er, die erste Version seines Werkes mit dem Jahr 1214 unter dem starken Effekt des Ereignisses enden zu lassen.

Wir erhalten von ihm einen Bericht, der selbstverständlich zurechtgemacht ist und immer das hervorhebt, was geeignet sein könnte, den Ruhm des Kapetingers zu erhöhen. Ansonsten ist es ein ehrlicher Bericht – soweit man überhaupt ehrlich sein kann, wenn man Diener ist und an seine alten Tage denkt –, ausführlich, präzise, klar und nicht übermäßig mit Rhetorik, Schmeicheleien oder der Zurschaustellung klassischer Bildung befrachtet. Kurz, das beste Zeugnis. Niedergeschrieben auf lateinisch, in der Sprache der Gelehrten, der Sprache der Priester – denn das Haus des Königs und Gesalbten des Herrn, der geweiht wurde wie ein Bischof, ist in erster Linie eine Kapelle. In dieser ekklesiastischen Form übernahmen die Mönche von Saint-Denis den Bericht und machten ihn zum Bestandteil ihrer großen Kompilation, die sie von Herrschaft zu Herrschaft ergänzten. 1274 indes beschloß der Abt des Klosters, ihn in die Volkssprache übersetzen zu lassen, gleichzeitig mit dem gesamten historiographischen Komplex, in dem Wilhelms Beitrag seinen Platz gefunden hatte. Auch diese neue Sorge, die offizielle Geschichte des Königtums einem breiteren Publikum zugänglich zu machen, verständlich für alle Neugierigen, die keine höhere Schulbildung besaßen, zeugt von einem kulturellen Wandel. Bei dem Text, den ich hier vorstellen will, habe ich mich an die altfranzösische Übertragung gehalten, eine bewundernswerte Prosa, köstlich zu lesen und voller Schwung. Die sprachliche Adaption macht sie nur leichter verständlich, ohne ihr die Würze zu nehmen.

Damit aber ein jeder das Schauspiel verfolgen kann, müssen vorab die Akteure präsentiert und in den Rahmen eines Bühnenbildes gestellt werden; ferner ist es notwendig, in einem kurzen Prolog jene Intrige zusammenzufassen, über die im Kernstück des Berichts kein Wort gesagt wird, und die dennoch zum Morgen von Bouvines führte.

DAS EREIGNIS

Inszenierung

Sämtliche Rollen werden von Männern dargestellt, wie es im alten Theater üblich ist. Da es aber um ein militärisches Schauspiel geht, spielen tatsächlich nur männliche Personen mit. Eigentlich könnte man erwarten, auch hier, und sei es nur verschwommen im Hintergrund, etwas von den bunt zusammengewürfelten Scharen jener Frauen zu entdecken, die damals bekanntlich allen Heeren folgten – den Kreuzfahrerheeren wie den anderen. Aber sie kommen nicht vor. Für Wilhelm und für die, die seinen Worten lauschen, ist Bouvines wahrlich eine ernste Angelegenheit, eine Schlacht, eine Feierlichkeit, eine gewissermaßen heilige Zeremonie. Ihr Bild darf, genau wie das der festlichen Liturgien, nur Männlichkeit ausstrahlen. Wilhelm und alle anderen, die die Erinnerung an das Ereignis als erste schriftlich fixierten, sind Männer der Kirche. Für sie ist die Frau nichts als ein Ornament weltlicher Oberflächlichkeit, ein belangloses Teil im Spiel der Zerstreuungen, derer die Jugend sich erfreut. Oder aber sie ist ein gefährlicher Köder, eine Falle des Teufels, ein Werkzeug der Versuchung, eine Gelegenheit zum Fehltritt. Keine einzige weibliche Figur folglich auf der Seite des Guten, des Siegers. Der Seite des Königs von Frankreich. Die wenigen Frauen, die man sieht, befinden sich ausnahmslos im anderen Lager. Der Bretone läßt in seiner Prosachronik überhaupt nur eine Frau auftauchen. Sie, die alte Gräfin von Flandern, ist gewissermaßen die Matrone des gegnerischen Feldes, die Stammutter der bösen Lignage. Durch sie wurde die gräfliche Würde weitergegeben, mit der der Hauptgegner des guten Königs Philipp sich schmückt. Sie wird nicht bloß als ein wenig hexenhaft beschrieben, sondern als echte Wahrsagerin, die mit den Geistern verkehrt und Zauberei betreibt. Denn sie kommt aus den Landen Spaniens. Wie bei allen Frauen, die jenen durch die Präsenz der Mauren und der Juden korrupt, verdorben, fremd und dämonisch gewordenen Gegenden entstammen, gesellt sich auch bei ihr zu der natürlichen Ruchlosigkeit ihres weiblichen Geschlechts die Zauberei hinzu. Sie täuscht. Um am Ende selbst getäuscht zu werden. In der *Philippide* – die lediglich eine gereimte Ausarbeitung der Prosachronik ist – spricht Wilhelm noch zweimal von Frauen, allerdings immer nur flüchtig. Eine der Anspielungen ist höfisch gefärbt – aber was bedeutet sie? Drückt sie Anerkennung aus? Oder Wohlgefallen an den aristokratischen Moden, die langsam in die strenge Atmosphäre des Kapetingerhofes einziehen? Oder ist sie ein Versuch, wie beiläufig zu suggerieren, daß im Lager des Gegners auch die Leichtlebigkeit zu Hause ist? Als die Schlacht gerade beginnt, ermutigt der flandrische Ritter Johann Buridan alle, die um ihn sind, mit dem Ausruf: »Ein jeder denke an seine Schöne!« Die zweite Anspielung hingegen ist eindeutig herabsetzend gemeint. Wenn Wilhelm Brito überhaupt ein Wort über jene Dame verliert, die der große Verräter, der Graf von Boulogne, in seinem Gefolge hat – nicht etwa seine Gemahlin, sondern seine Konkubine und obendrein die Schwester des übelsten aller Bandenchefs, des Abenteurers Hugo von Boves –, so nur, um die Schlechtigkeit derer zu unterstreichen, die den König von Frankreich bekämpfen. Sie suhlen sich in der Ausschweifung. Es sind Lebemänner.

Was die Pferde betrifft, so sind sie sehr gegenwärtig. Zwar wird keines mit dem Eigennamen bezeichnet, aber man rühmt ihre Heldentaten, man beklagt ihr Leid; und eines von ihnen, das Streitroß des Kaisers Otto, spielt sogar eine Hauptrolle. Sein Tod findet größeres Echo – und ruft allem Anschein nach tiefere Trauer hervor –, als die Qualen der meisten im Kampf schwer verwundeten Männer. Gegenwärtig sind auch andere Persönlichkeiten, deren aktiven Einfluß man überall spürt, obwohl sie unsichtbar bleiben, jenseits der sinnlichen Wahrnehmung: die Heiligen. Äußerlich treten sie in der Chronik nicht in Erscheinung. Dennoch weiß jeder, daß sie unter den Kämpfenden sind, denen zu Hilfe geeilt, die sie in Ehren halten, allen voran der Heilige Dionysius, der auserkorene Schutzpatron des Königreichs; aber auch ein anderer, der Heilige Lambert, Patron von Lüttich: der gefährlichste unter den Gegnern des Kapetingers. Wenn Wilhelm die Göttin Pallas über dem Getümmel flattern läßt, tut er dies nur, um zu zeigen, daß er die Klassiker gelesen hat: Sie ist eine Art Opernschmuck. Gott hingegen ist selbstverständlich anwesend, ebenso der Erzfeind, der Teufel.

Wie auch immer, es sind Krieger, die die ganze Bühne füllen. Mitten im Gefecht werden sie alle gerüstet sein. Ihre Masse ist klar und deutlich in zwei Teile geteilt: Die einen kämpfen zu Fuß, die anderen zu Pferde. Zwei ungleiche Teile. Zahlenmäßig sind die ersten weit überlegen. Auf die zweiten indes fällt alles Licht. Eigentlich paßt diese Aufteilung in Fußvolk und Reiter, die während des Kampfes die sichtbarste und zugleich die entscheidendste ist, nicht ganz zu dem Bild, das im Geist der Zeitgenossen vorherrscht: Einem Bild, das die Ritter, die Reiter *par exellence*, vom Gemeinen, dem Volk, den »Armen«, den »Bauern« unterscheidet. An dieser fundamentalen Einteilung orientiert sich damals – und in Frankreich schon seit mindestens zwei Jahrhunderten – jede Vision von der Gesellschaft. Sie entspricht der Theorie der drei Ordnungen, die kurz nach dem Jahr 1000 in den gebildeten Kreisen der Kirchenführung erstmals Gestalt annahm, erarbeitet von denjenigen unter den Bischöfen, die sich am eifrigsten bemühten, das erschütterte Ansehen des Königtums zu stärken. Seither zweifelt niemand mehr daran, daß die

Menschen nach Gottes Willen eingeteilt sind in drei streng gegeneinander abgegrenzte Kategorien, von denen jede eine bestimmte Funktion zu erfüllen hat und deren friedlicher Zusammenschluß im Sinne eines Austausches wechselseitiger Dienste die Grundlage der gesellschaftlichen Ordnung bildet. Der eine Teil, der die dickste Schicht darstellt, hat die Berufung, zu arbeiten und durch seine Mühsal alle Mitglieder der beiden anderen »Ordnungen« im Müßiggang und im Wohlstand zu erhalten, damit diese wie jene sich voll ihrer spezifischen Mission widmen können. Im Lager der Privilegierten befinden sich einerseits diejenigen, die beten und die Hauptrolle spielen: Sie ziehen die Gunst des Himmels auf das gesamte Volk. Und andererseits diejenigen, die kämpfen, die Ritter. Prädestiniert durch das Blut, das in ihren Adern fließt, mit einer besonderen »Tugend« begabt, haben sie mit etwa zwanzig Jahren Waffen empfangen, die von den Priestern gesegnet wurden und von denen sie nur um einer gerechten Sache willen Gebrauch machen sollten: Zur Verteidigung der Kleriker, der Mönche und des »waffenlosen Volkes«, und zur Verbreitung des christlichen Glaubens. Dieser herrschenden Ideologie, dieser sakralen Vorstellung von der Harmonie der sozialen Körperschaft zufolge hätten allein die Ritter ein Recht auf vollständige Kriegerrüstung, als deren symbolhaftes Teil immer noch das Schwert gilt, das lange Schwert fränkischer Tradition, obwohl das Hauptelement, dessen entscheidende Wirksamkeit die Fortschritte der Kriegskunst im Laufe des 12. Jahrhunderts bestätigt haben, bereits das Schlachtpferd ist. Auf dem Schlachtfeld von Bouvines setzt sich zwar das gesamte Fußvolk aus Leuten niederer Herkunft zusammen und sämtliche Ritter sind, solange ihr Streitroß nicht ausgeweidet am Boden liegt, tatsächlich zu Pferde, aber man sieht auch Reiter, die dem Ritterstand nicht angehören und dennoch, wenn sie auf der richtigen Seite stehen, als tapfer geschildert werden: die sogenannten *sergents* – Hilfskräfte aus dem Volk, die, damit sie bessere Dienste leisten, von den Fürsten in die Reitkunst eingeweiht worden sind. Niemand verwechselt sie mit den adligen Kämpfern, obwohl sie ähnlich gepanzert sind. Für die Feindseligkeiten haben sie die »Leinenrüstung«, die ein bequemes, wenig ermüdendes Reiten erlaubt und gewöhnlich von Kundschaftern getragen wird, abgelegt. Sie haben ihren Körper zum Schutz vor gewaltsamen Hieben mit einer Metallhülle umgeben.

Nur ein paar seltene Überreste der militärischen Ausrüstung jener Zeit sind uns erhalten. Schon lange nahmen die Toten ihr Rüstzeug nicht mehr mit ins Grab, den privilegierten Ort archäologischer Funde. Auch wurden die Waffen, wenn sie veraltet waren, kaum in einer Ecke des herrschaftlichen Wohnsitzes aufbewahrt. Eisen war damals so knapp, daß man sie sogleich zum Schmieden neuer Waffen benutzte. Alles, was wir über Kampfgeräte in Erfahrung bringen können, stammt folglich aus Bildern. Dieses Zeugnis aber ist recht ungewiß. In den meisten Fällen ist es schwierig, die

Werke der Malerei oder Bildhauerei genau zu datieren. Außerdem kann man nie genau sagen, ob der Künstler versucht hat, getreu wiederzugeben, was er sah, oder ob er alte Modelle kopiert hat. Trotzdem läßt das, was die Siegel, die Buchmalereien, einige Flachreliefs und die Goldschmiedekunst der Schreine zeigen, einen groben Entwurf des äußeren Erscheinungsbildes der Kämpfer von Bouvines zu. Auf den ersten Blick hat man zwangsläufig den Eindruck einer extremen Ungleichförmigkeit. Von einem Mann zum anderen unterscheidet sich die gesamte Ausrüstung, und diese Verschiedenartigkeit entspricht zunächst dem außerordentlich weit geöffneten Fächer des Besitzstandes der einzelnen: Jeder rüstet sich in der Tat nach seinem Vermögen, und zwar so gut er kann. Es sei hinzugefügt, daß der Krieg für alle anwesenden Männer – mit Ausnahme einiger weniger, die der Kirche angehören, wie etwa Wilhelm Brito und der Kleriker, der sich mit ihm an der Seite des Königs von Frankreich hält – das Leben selbst bedeutet: Nicht nur eine ursprüngliche Mission, sondern auch das schönste Vergnügen und die wichtigste Gelegenheit, es zu etwas zu bringen. Der erste Kauf, diejenige Investition, die diesen Männern am notwendigsten und am gewinnträchtigsten erscheint, kommt also dem Kriegsapparat zugute. Sie können sich keine nützlichere Verwendung der ihnen zur Verfügung stehenden Mittel vorstellen, als die Anschaffung solcher Gerätschaften, mit deren Hilfe sie den Gegner leichter in ihre Gewalt bekommen, und die vor allem geeignet sind, ihre eigene Person besser vor Gefahren zu schützen. Das anbrechende 13. Jahrhundert ist eine Zeit, in der sich – zumindest in diesem Teil der Welt – die Geldzirkulation beschleunigt, in der das Geld durch das Zusammenspiel von Lehnsinstitutionen und Handel immer reichlicher in die Hände jener Männer gelangt, die sich der Kriegführung verschrieben haben, das heißt, der Adligen und der Einwohner größerer Handelsflecken, aus denen sich die meisten Bürgeraufgebote rekrutieren. So kommt es, daß die Ausgaben für den Krieg unentwegt steigen und daß der wachsende Zustrom an Geldmitteln die Aufzucht guter Pferde mehr als ein Jahrhundert lang vorangetrieben und den Aufschwung der Metallurgie stimuliert hat. Die Waffenfabrikation steht damals – wie stets in der Geschichte der Menschheit – mit an der Spitze des technischen Fortschritts. Tatsächlich werden auch in dem Bericht über die Schlacht von Bouvines einige Innovationen jüngsten Datums erwähnt.

   Manche dienen dem Angriff. Neben der Lanze und dem langen Schwert, dem alten Offensivgerät des Reiters, in erster Linie dazu bestimmt, den Feind aus dem Sattel zu heben und ihn durch die schockartige Wirkung wechselnder Angriffe zu betäuben, gibt es neuerdings einige Werkzeuge mit Haken und Spitzen, die nicht nur aggressiv, sondern auch heimtückisch sind und darum für schändlich, für unheilvoll gehalten werden. Wilhelm Brito spricht in etwa so von ihnen, wie er von den Frauen spricht. Er siedelt sie alle auf der Seite des Bösen, des Teufels an. Man sieht sie nur im feindlichen Lager und fast immer in den Händen des gemeinen Kämpfers, der zu Fuß antritt, oder in denen des verdammten Kämpfers, des Söldners. Die neuen Waffen sind in der Tat gefährlich. Sie sind wirksam. Allzu wirksam: Sie machen keine Ehre. Sie stellen die Spielregeln auf den Kopf. Die Haken zerstören die soziale Ordnung, da sie den Kriegern der unteren Klassen helfen, Männer höchsten Ranges vom Pferd zu ziehen, sie an den Vorsprüngen ihres Panzers aufzugabeln und in den Staub zu werfen. Sie sind das trostlose Bild der Zerrüttung selbst. Die scharf gewetzten Messer können in die Gelenke der Rüstung eindringen, bis zum zarten Fleisch vorstoßen, es durchbohren. Das heißt, sie können töten, was sich normalerweise unter Rittern nicht geziemt. Doch die Perfektionierung der Angriffsgeräte hat auch andere Folgen: Sie wird sogleich mit einer noch lebhafteren Verbesserung der Abwehrgeräte beantwortet. In der Tat, so sehr die Anführer der Schlachten um ihren Sieg besorgt sein mögen, ziehen sie doch das geringere Übel vor. Wie jedermann haben sie vor allem Angst zu sterben: Ihr erstes Anliegen ist der Schutz der eigenen Person. Zur Zeit von Bouvines haben die wichtigsten Fortschritte folglich zu einer Verstärkung der Rüstungen geführt. Noch vor kurzem bedeckten diese lediglich den Schädel, den Rumpf und die Oberschenkel, während Arme, Beine, Unterleib, Gesicht und Hals verwundbar blieben. Um diese Lücken in der Abwehr zu verringern, werden neue Bestandteile verwendet. Der alte Haubert, das lange geschlitzte Panzerhemd aus feinen Eisenringen, wird – darauf versteht man sich inzwischen – durch metallene Arm- und Beinkleider ergänzt, die an den Armen bis über die Handgelenke und an den Beinen bis zu den Knöcheln reichen; eine schützende Kalotte, zur Brust hin verlängert durch das sogenannte Finteil, bedeckt den Nacken und das Kinn; nach und nach verschwindet auch sie zunehmend unter dem Helm, der tief über das Gesicht gezogen wird und die Form eines geschlossenen Zylinders mit ein paar Schlitzen zum Sehen und zum Atmen annimmt. Die Öffnungen, durch die der Tod eindringen kann, sind nahezu verschwunden. Wer töten will, muß sorgfältig auf die Augenklappen zielen, er muß durch die Ritzen der Scharniere zwischen Beinzeug und Panzerhemd in den Leistenbeugen wühlen oder die festgefügte Hülle gewissenhaft zerlegen, was immer mehr zu einem Kunststück wird. Die moderne Rüstung stärkt das Selbstvertrauen. Sie erlaubt ein kühneres Auftreten, ein ungehemmteres Streben nach Ruhm, ohne viel dabei zu zittern. Veränderungen der Moral, unmerkliche Verschiebungen in der Hierarchie der Tugenden werden durch diesen technischen Fortschritt in Gang gesetzt. Innerhalb der Ritterschaft ermöglicht er die langsame Entfaltung des Heldenmuts, der eine Neuheit des 12. Jahrhunderts ist. Wie auch immer, das schöne Rüstzeug, das so viel Sicherheit gibt, und die neuen Waffen, die aus Kämpfern Helden machen – man muß sie sich erst einmal leisten können.

Denn je vollkommener der Harnisch, desto mehr kostet er. Dabei ist es genau die Zeit, in der die meisten Ritter trotz unentwegt steigender Geldeinkünfte große Mühe haben, ihrem Sohn, wenn er seine Lehrjahre hinter sich hat, die beste Kriegerrüstung zu verschaffen. Die Geldreserven reichen nicht aus, und die Waffen, die zu Hause noch herumliegen, sind veraltet: Man könnte sie zwar benutzen, aber dann würde das Spiel gefährlich und die Suche nach Heldentaten ein zu großes Wagnis. Muß man also auf den Ruhm verzichten? Wendet man sich dem Lehnsherrn zu, für den es eine der wichtigsten Pflichten und die sicherste Stütze seines Ansehens ist, die Söhne seiner Vasallen zur vorgeschriebenen Zeit zu bewaffnen, so muß man feststellen, daß auch er die Kosten scheut; er muß seine eigenen Kinder rüsten und stellt sich lange taub. So gibt es denn im französischen Königreich schon zahlreiche Söhne aus guten Familien, die sich ihren Ärger verbeißen und alt darüber werden, daß sie endlos auf eine Gelegenheit warten, die Schwertleite zu empfangen. Am Ende ihrer Geduld, harren sie vor den Toren der Ritterschaft aus. Ihre Bewaffnung, ihre Stellung, der Titel, der ihnen zugesprochen wird – »Knappen« oder »Damoiseaux«, ein Titel, den sie zur Schau stellen, damit man sie nicht mit den unbewaffneten Männern aus dem gemeinen Volk verwechselt, und um ihre angeborene Berechtigung zu unterstreichen, eines Tages, wenn ihnen das Glück hold ist, doch noch Ritter zu werden –, sind genau die gleichen, die bisher nur Übergangsmerkmale von Jünglingen waren, solange diese im Gefolge der erwachsenen Kämpfer einherzogen, deren Rüstungen trugen, von ihnen das Metier erlernten und vor ihren Augen die erforderlichen Prüfungen ablegten. Ohne Zweifel ist es in erster Linie der hohe Preis der neuen Waffen, der die Masse der Krieger auf dem Schlachtfeld von Bouvines so bunt durcheinandergewürfelt erscheinen läßt. Ganz zu schweigen von denen, die zu Fuß kämpfen, die aus der Klasse der Armen stammen und zumeist auf Anordnung des Fürsten in den Kommunen ausgehoben worden sind – Pechvögel, hoffnungslose Fälle, Streithähne oder einfach Männer, die zu langsam waren, sich rechtzeitig zu verstecken; die Nachbarn haben sie benannt und sie notdürftig ausgestattet; zum Schutz ihres Körpers verfügen sie lediglich über hohe Gamaschen, einen Lederrock und bestenfalls eine Eisenkappe: Sie sind diejenigen, die sterben werden. Was die Reiter betrifft, ob adlig oder nicht, so tragen viele noch den alten Spitzhelm mit der breiten Nasendecke, wie man ihn von den Bayeux-Teppichen her kennt, und schützen sich, so gut sie können, mit dem Schild, um ihre Glieder und den Unterleib vor gezielten Schlägen zu bewahren. Nur die Reichen sind gut eingedeckt. Je mehr Macht sie haben, je mehr ihre Grundherrschaft einbringt, um so schwerer ist ihre Rüstung und um so geringer ihre Beweglichkeit, um so weniger sieht man ihr Gesicht. Von den Fürsten, die sogar ihr Pferd in einen Panzer stecken, schimmert kein Stück Haut mehr durch. Das macht sie im wahrsten Sinne des Wortes unkenntlich.

Daher die Bedeutung der Erkennungszeichen, des Schlachtgeschreis, des Banners, das neben jedem Heerführer in die Höhe gehalten wird, und daher auch die aufgenähten Wappenbilder auf den Waffenröcken, die wie Chorhemden aus leichtem Stoff über den Panzern flattern, aber schnell zerreißen und bald, zu Lumpen zerfetzt, aus denjenigen, die sie tragen, Unbekannte machen. Verwechslungen kommen häufig vor. Wenn ein Krieger in der Hitze des Gefechts das Hemd eines anderen Kriegers überwirft, wechselt er unweigerlich die Identität, man hält ihn für gefährlicher oder für weniger gefährlich, als er in Wirklichkeit ist, und seine überraschten Gegner sehen sich, wenn er näher kommt, einer unerwartet tapferen, feigen oder verhaßten Person gegenüber. Jeder ist also gezwungen, lauthals seinen Namen durch die Schlitze des Helms zu brüllen. Jedes Handgemenge ist ein wirbelndes Durcheinander von Emblemen, ein Getöse von Rufen und Beschimpfungen, und, im Staub des zerstampften Getreides, eine Flut unentwirrbarer Zeichen.

    Eingeschlossen in klirrende Gehäuse und mit bunten Fetzen bedeckt, sehen die Personen auf den ersten Blick so aus, als hätten sie sich zu einer wilden Horde zusammengerottet, zahlenmäßig kaum erfaßbar. Wie viele sind sie? Wilhelms Bericht liefert einige numerische Anhaltspunkte, die jedoch partiell bleiben. Unter Hinzuziehung der übrigen Quellen haben die Gelehrten es dennoch gewagt, die Heeresstärken zu veranschlagen. Alle diese Schätzungen, die sehr verschieden ausfallen, sind ungewiß. Hier nur die jüngsten und am besten fundierten Ergebnisse, die J. F. Verbruggen nennt: Ihm zufolge hat Philipp August für die Schlacht mindestens eintausenddreihundert Ritter zusammengetrommelt, ungefähr ebenso viele berittene Knechte und vier- bis sechstausend Männer, die zu Fuß kämpfen; im gegnerischen Lager scheint die Zahl der Ritter etwas höher zu sein, während das Fußvolk eindeutig überlegen ist. Insgesamt begegnen sich auf dem Schlachtfeld etwa viertausend Reiter und rund dreimal so viele Fußknechte. Einige Urkunden, in denen die präzisesten Angaben zu finden sind, namentlich die Rechnungsbücher, die Gefangenenlisten – die sehr sorgfältig geführt wurden, da es hier um Geld ging – und die Listen derer, die als Bürgen für Lösegelder zur Verfügung standen, erlauben uns, aus der Masse heraus an die dreihundert Personen namentlich zu erfassen. Bis auf vier Ausnahmen handelt es sich um die Namen von Rittern. Wie gesagt: Allein die Ritterschaft steht im Vordergrund der Szene; alle übrigen sind kleine Statisten. Trotzdem bleibt auch die Körperschaft der Ritter fast vollständig im Schatten. Um so mehr, als die dreihundert erkennbaren Namen bestenfalls gestatten, den jeweils Bezeichneten einer Lignage, einer Grundherrschaft, einem Stück Land, einer Provinz zuzuordnen. Über den Mann selber erfährt man nichts. Im Endergebnis treten kaum mehr als eine Handvoll Personen aus der Dunkelheit heraus. Hier sind sie, in zwei Lager eingeteilt, wie beim Schach – dem fürstlichen Spiel dieser Zeit, statthaft, weil es kein Glücksspiel ist, sondern vom Verstand abhängt und niemanden auf den Gedanken bringt, Gott zu versuchen. Die Weißen und die Schwarzen. Das heißt, und darin folgen wir der gleichen Sicht wie Wilhelm Brito in seinem Bericht, der Sicht des manichäischen Symbolismus, der alle geistigen Vorstellungen der damaligen Zeit beherrscht: Die Streiter des Guten und die Streiter des Bösen.

Philipp wird in wenigen Tagen fünfzig Jahre alt, was für die Zeitgenossen bedeutet, daß er unverkennbar an der Schwelle des Alters steht. Vor fünfunddreißig Jahren haben die Großen des Königreichs ihn in der Kathedrale zu Reims akklamiert, und die Prälaten haben seinen Körper mit dem Öl der heiligen Ampulle gesalbt, das heißt, sie haben ihn im wahrsten Sinne des Wortes geheiligt, ihn wie einen Bischof mit göttlicher Macht und mit sämtlichen Tugenden des Salböls getränkt. Sein Vater, König Ludwig VII., war zu diesem Zeitpunkt noch nicht tot, fühlte sich aber, vollends erschöpft, nicht mehr handlungsfähig. Er überlebte die Wahl und die Salbung seines ältesten Sohnes um einige Monate. Trotzdem hat dieser das Königsamt schon am Tag der großen Zeremonie übernommen. Mit vierzehn Jahren. Auf den Schultern dieses Knaben, seiner struppigen Haare wegen *Malpeigné* genannt, lastete hinfort die ganze Verantwortung der königlichen Pflicht, das Volk der Franken zum Heil zu führen, es mit Zepter und Schwert im Zustand des Friedens und der Gerechtigkeit zu erhalten. Seit fünfunddreißig Jahren also steigt Philipp regelmäßig jedes Frühjahr auf sein Pferd und führt die Seinen in den Kampf. Er weist ihnen den Weg zu einer ganzen Serie von Gefechten, an deren Ende, zur Zeit der Kornernte oder der Weinlese, gewöhnlich eine schlichtende Versammlung steht; in langen Unterredungen sollen die in der Welt der Fürsten ständig wieder aufflackernden Fehden nun für eine Weile beigelegt werden, zugunsten des Volkes Gottes, das heißt der Kirche und der Armen. 1190 indes wagte Philipp einen sehr viel weiteren Vorstoß: In der Hoffnung, das von den Ungläubigen zurückeroberte Heilige Grab wieder zu befreien, zog er, genau wie sein Vater es getan hatte, ins Heilige Land. Die Einnahme Jerusalems ist ihm nicht gelungen. Dennoch hat er sein Gelübde während der Belagerung von Akkon treu erfüllt, indem er dort seine Gesundheit ließ. Als es Herbst wurde, verließ er das Kreuzfahrerheer und machte sich auf den Heimweg, quer durch Italien, über Rom, Siena und Mailand, um schließlich noch vor den großen Schneefällen die Alpen zu überwinden – einäugig und noch leichter erregbar, noch ängstlicher als zuvor. Damals war er fünfundzwanzig Jahre alt. Langsam hat er seine Neurose bewältigt. Zur Zeit von Bouvines schildern ihn diejenigen, die ihn bewundern und ihm schmeicheln, als einen Mann »von schöner, stattlicher Gestalt, mit heiterem Gesichtsausdruck, kahlköpfig und rosig, der gerne trinkt und gerne ißt«. Von diesem Lebemann sagen sie weiter, er sei »vorausschauend und hartnäckig« gewesen, »schnell und gerecht in seinem Urteil«; im Dienste einer Ideologie des Königtums, die den Herrscher als wahren Freund des ganzen Volkes zeigen will, präsentieren sie ihn als einen Mann, »der gern die Kleinen konsultiert«, anders gesagt, der den Großen mißtraut und außerhalb der hohen Aristokratie festere Stützen sucht. Philipp August war dreimal verheiratet. Eine krankhafte Aversion veranlaßte ihn, sich noch am Hochzeitsabend von seiner zweiten Gemahlin, Ingeborg von Dänemark, abzuwenden. Kurz darauf nahm er eine andere Frau, ohne Rücksicht auf die Kirche. Die Bischöfe von Frankreich haben diese ehebrecherische Vereinigung folgsam hingenommen; der Papst aber hat sie verdammt und den König, der nicht nachgeben wollte, mit den schlimmsten Sanktionen belegt. Im Jahr 1214 ist diejenige, die man in Rom seine Konkubine nennt, schon seit dreizehn Jahren tot. Dennoch hat Ingeborg das Kloster, in dem ihr Gemahl sie gefangenhielt, erst vor wenigen Monaten verlassen dürfen. Jetzt lebt sie als Königin, am Hofe. In den Psalter, den sie für ihre Gebete benutzt, schreibt sie folgende Notiz – und da ansonsten auf den Rändern dieses prachtvollen Buches nur zwei Daten eingetragen sind, die an besondere Gebete der Fürbitte oder der Danksagung erinnern, kann man wohl sagen, daß es sich hier um eine besonders vielsagende Spur vom Widerhall des Ereignisses handelt: Am 27. Juli »trug Philipp, der König von Frankreich, in einer Schlacht den Sieg über König Otto und den Grafen von Flandern und den Grafen von Boulogne und mehrere Barone davon«.

Seit Hugo Capet war es sämtlichen Königen von Frankreich gelungen, noch zu Lebzeiten einen Sohn an ihrer Macht teilhaben zu lassen, der ohne Schwierigkeiten Thronfolger wurde. Auch Philipp, der sechste in dieser Reihe männlicher Nachkommen, ist Vater mehrerer Kinder. Außer einem Bänkling, den eine junge Frau aus dem Adel von Arras ihm schenkte und der später Bischof von Noyon werden sollte, hat er zwei Söhne und eine Tochter. Die beiden Nachgeborenen aus seiner illegitimen Ehe sind durch päpstlichen Beschluß legitimiert worden. Philipp indes hütet sich wohlweislich und obgleich er die Anstrengungen der dauernden Feldzüge zu spüren beginnt, seinen Ältesten, Ludwig, in den Stand eines Königs zu erheben. Aber er bedient sich seiner. Denn Prinz Ludwig, Herr von Artois, dem Erbe seiner Mutter, hat stets treu gedient und vertritt seinen Vater immer häufiger an der Spitze des Heeres, wenn es gilt, fern von Paris einen Krieg zu führen. Die vorgezogene Teilhabe des ältesten Sohnes an der Königswürde ist in der Tat keine Notwendigkeit mehr. Seit langem empören die »Kinder Frankreichs« sich nicht mehr gegen ihren Vater. Das Geschlecht der Kapetinger hängt fester zusammen als jedes andere, und der Gedanke, daß die Krone regelmäßig vom Vater auf den erstgeborenen Sohn übergeht, ist tief verwurzelt. Schon in dem 1137 verfaßten Heldengedicht *Le Couronnement de Louis* heißt es, die Erblichkeit der Krone sei selbstverständlich, sogar bei einem schwachsinnigen Königssohn, und die Salbung sei nur eine Bestätigung des Gottesgnadentums. Philipp allerdings hat noch mehr Glück: Soeben wurde ihm in Poissy ein zweiter Enkelsohn geboren (der erste, Philipp, starb 1218): der spätere Heilige Ludwig. Die Zukunft der Dynastie ist gesichert.

Der König trägt den Beinamen Augustus. Es war Rigord, der ihn damit beehrte, in der Absicht, jenen Mann zu preisen, der die Krondomäne »mehrte«, indem er ihre Ausmaße auf einen Schlag verdreifachte. Aber die Bedeutung dieses Epithetons reicht viel weiter. Unwillkürlich erinnert es an Cäsar. Es klingt wie ein Anspruch auf das Reich. »Zu Recht gehört Rom dem König von Saint-Denis«, hieß es schon in *Le Couronnement de Louis:* Man darf es den Deutschen nicht überlassen. Der Kapetinger, seit kurzem in dem Bewußtsein, der mächtigste Herrscher der Christenheit zu sein, weist zu dieser Zeit verstärkt auf seine Abstammung von Karl dem Großen hin und bekräftigt seinen Willen, keine weltliche Macht über sich zu dulden und die erhabene Führung des christlichen Volkes anzustreben. An der Vereinnahmung des karolingischen Erbes hatte Suger schon hundert Jahre zuvor gearbeitet, als er den Plan entwarf, alle kulturellen Embleme des Frankenreiches um die Abtei Saint-Denis, das heißt um die Pariser Monarchie, zu versammeln. Der lebhafte Schwung des ökonomischen Fortschritts, von dem die Île-de-France mehr profitierte als jede andere Provinz, der die Entfaltung der königlichen Stadt Paris anregte und ihr Ansehen unermeßlich steigerte, unterstützte das so auf der Ebene der Ideologie und der Symbole errichtete Gebäude. Die Heiratspolitik der Herrscher verlieh ihm zusätzliche Festigkeit. Eheschließungen sollten die Nachkommenschaft Hugo Capets noch enger mit dem karolingischen Stamm verbinden. Zu einer Zeit, da man allgemein glaubte, daß alle Charismen vom Geschlecht herkämen, war dies von erheblicher Bedeutung. Tatsächlich floß das Blut Karls des Großen recht ungetrübt in den Adern Philipp Augusts, dessen Mutter aus dem Haus Champagne kam. Auch seine erste Frau, Isabella von Hennegau, war eine Karolingerin, so daß sein Sohn, Prinz Ludwig, noch direkter als er selbst in der Nachfolge jener Ahnen stand, die einst das Reich geführt hatten. Diese Verbindungen erklären zweifellos, warum das königliche Blut in dem Augenblick, der uns hier beschäftigt, plötzlich eine zentrale Stellung in dem Repräsentationssystem einnimmt, auf dem das Bild der Monarchie beruht. Man sieht es an zahlreichen Indizien. So etwa an der ganz neuen Sorgfalt, mit der in den Schreibstuben des Hofes genaue Genealogien angefertigt werden. Man sieht es auch an der Tatsache, daß die nachgeborenen Söhne der Monarchen, obgleich nicht gesalbt, seit Philipp August ebenfalls in der Nekropole von Saint-Denis beigesetzt werden, wo bislang nur die sterblichen Hüllen der Könige und Königinnen ruhten. Durch seine fernsten Ahnen unbestreitbar mit den Merowingern verwandt, die ihrerseits in einem ganzen Netz weit verbreiteter Legenden als die Nachfahren der Trojaner, der Gründer Roms, präsentiert werden, ist der Karolinger auserkoren, die Welt zu beherrschen. An der Schwelle des 13. Jahrhunderts verkünden die Lehrer der Pariser Schulen, denen Philipp lauscht und die er beschützt, mit großem Nachdruck, die göttliche Vorsehung habe die Hochburg der Wissenschaft zunächst von Griechenland nach Rom und dann von Rom nach Paris verlegen wollen. Der alternde König, der in Bouvines das Heer Gottes führt, ist mindestens ebenso überzeugt, daß die Bewegung der Geschichte ihn durch eine analoge Übertragung vor allen anderen dazu bestimmt hat, die Häresie niederzuwerfen und die gesamte katholische und römische Christenheit in der göttlichen Ordnung zu erhalten.

Die Person Philipps, Statthalter der himmlischen Gewalten, und die Oriflamme – jenes geheiligte Objekt, das vor ihm hergetragen wird, um die Gegenwart des Heiligen Dionysius, Schutzpatron des Königreichs, an seiner Seite anzuzeigen – bilden auf dem Schachbrett, das Bouvines darstellt, den einzigen Mittelpunkt im Lager der Weißen. Ein umfassendes Netz hierarchischer Beziehungen schließt dieses Lager zu einer festen Körperschaft zusammen. In unmittelbarer Nähe des Königs von Frankreich stehen, wie schützende Türme, die Männer seiner Lignage. Nicht etwa sein ältester Sohn, der zur gleichen Zeit in seines Vaters Namen den Krieg im Süden führt, und auch nicht der jüngere, der noch zu jung ist; sondern seine beiden Vettern ersten Grades, der eine etwas älter, der andere etwas jünger als er selbst: Robert, Graf von Dreux, und Peter von Courtenay, Graf von Auxerre, der später die Kaiserwürde von Konstantinopel innehaben wird. Ein weiterer Kapetinger ist anwesend, dieser allerdings aus der entfernten Vetternschaft: Odo, der Herzog der Burgunder und somit Gebieter eines der fünf großen regionalen Fürstentümer, deren Name inmitten des Königreichs noch an die ethnischen Gemeinschaften des frühen Mittelalters erinnert. Auch er hat das Alter des Königs. In der Rangfolge der Würden schließen sich die Grafen an. Radulf, der Graf von Soissons, ein Schwager Roberts von Dreux; Johann, der Graf von Beaumont; Walter von Châtillon, der Graf von Saint-Pol, ein Neffe des Grafen von Dreux und Vetter Philipp Augusts; Arnold, der Graf von Guines, der, noch kürzlich ein Feind des Königs von Frankreich, dessen Böden er vor Jahresfrist verheerte, unlängst das Lager gewechselt hat und in der laufenden Saison bereits von den Flandrern geschädigt wurde, die seine Domänen geplündert und niedergebrannt haben. Hierher gehören auch, obwohl sie keinen Grafentitel tragen, Matthäus von Montmorency, dessen Gemahlin eine Tochter des Grafen von Soissons und Nichte Roberts von Dreux ist; ferner sein Verwandter, der Vizegraf von Melun; schließlich Johann, der Graf von Nesle – ein Neffe des Grafen von Soissons und Schwager des Grafen von Saint-Pol –, der außerdem Kastellan von Brügge ist, also Herr in der Picardie und in Flandern zugleich, der aber treu zu den Franzosen steht. Alle diese Männer gehören der Generation des

Herrschers an. Nur ein einziger erscheint auf dieser Stufe der Hierarchie als Jüngling, der Graf Heinrich von Bar, den man als »jung« bezeichnet, weil er noch nicht verhciratet ist, der aber immerhin gerade die Nachfolge seines Vaters angetreten hat. Dieser weniger gesetzte Junggeselle kämpft gemeinsam mit den Rittern, die der Schar des Königs angehören.

Die Gruppe der Reiter, die sich um das Lilienbanner versammeln und deren Pferde sich dicht um das königliche Streitroß drängen, besteht aus Philipps ältesten Waffengefährten, langjährigen Freunden, die mit ihm lachen und mit ihm trinken – auch sie größtenteils Männer seines Alters. In leitender Position versehen sie die Hofämter innerhalb oder außerhalb des Palastes und sind alle Vettern: Bartholomäus von Roye, Walther der Jüngere, Johann von Rouvray und Wilhelm von Garlande. Peter Mauvoisin und Gerhard La Truie hingegen sind Lothringer im Kielwasser des Grafen von Bar. Eheschließungen, ob alt oder neu, verbinden diese Männer irgendwie mit dem Geschlecht der Kapetinger und mit sämtlichen Grafenfamilien. Garlande beispielsweise ist durch seine Gemahlin Neffe des Grafen Robert von Dreux und Schwager des Grafen von Saint-Pol; außerdem ist er der Schwiegervater des Grafen von Beaumont. Wilhelm des Barres – auch Le Barrois genannt – erscheint als der starke Mann des ganzen Trupps, an allen Höfen berühmt, seit er bei Akkon vor dem versammelten Heer der Kreuzfahrer zum Lanzenbrechen gegen Richard Löwenherz, König von England und Blüte der Ritterschaft, angetreten ist. Wilhelm hat das Amt des Seneschalls inne. Er ist der rechte Arm des Königs und begleitet ihn seit mehr als dreißig Jahren auf allen Feldzügen.

Die wenigen Ritter, deren Namen Wilhelm Brito außerdem nennt und von denen einige, die ein Banner tragen, ihre eigene Schar anführen, haben ihre Grundherrschaft meist in der Picardie, wie etwa Thomas von Saint-Valery, Hugo und Walther von Fontaines, Peter Tristan und Hugo und Johann von Mareuil, oder aber im Soissonnais, wie die Brüder von Condune. Nur zwei Normannen werden erwähnt, die aber schon seit langem Lehnsmänner des Königs von Frankreich sind: Stephan von Longchamp, der Pechvogel, und Wilhelm von Mortemer.

Gerüstet wie Ritter, tauchen auch zwei Prälaten der Heiligen Kirche unter den Kämpfenden auf: Philipp, der Bischof von Beauvais und Bruder des Grafen von Dreux, für den es eine unwiderstehliche Versuchung ist, alte Rachegelüste zu befriedigen, und der sich trotz seines kirchlichen Standes frohgemut in die Schlacht stürzt, allerdings nicht mit dem Schwert – damit würde er Gefahr laufen, Blut zu vergießen, was er nicht tun darf –, sondern ganz einfach mit der Keule; und Bruder Garin, der „Erwählte" von Senlis, was bedeutet, daß er für den Bischofssitz designiert, aber noch nicht geweiht ist. Die Bischofswürde soll ihn für lange Dienste belohnen, die er dem König geleistet hat. Als Ritter des Hospitaliter-Ordens und infolgedessen Fachmann der Kriegskunst, hat er dem acht Jahre jüngeren Philipp seit dessen Thronbesteigung ständig mit Rat und Tat zur Seite gestanden. Er ist der Nestor dieser Ilias.

Wilhelm Brito nennt nur einen einzigen Knecht zu Pferde, Peter von La Tournelle – ein Phänomen. Offenbar ist er nicht von adligem Geblüt, und doch kämpft er so tapfer, daß er der Ritterschaft würdig wäre. Auch ein Fußknecht wird erwähnt, dieser allerdings durchaus repräsentativ für seine Stellung: Niedrig, wie er ist, verstümmelt er in gemeinster Weise, mit dem Messer nämlich, das Gesicht des Grafen von Flandern. Immerhin steht das Fußvolk ordentlich in großen Haufen zusammen, die beinahe wie Personen wirken: die Kommunen. Es sind Schwurverbände, zu denen sich die kleinen Leute einiger Marktflecken und einiger Dorfgruppen zusammengeschlossen haben, um gewisse Privilegien zu erwirken, für die sie sich zu entsprechenden Gegenleistungen verpflichten. Manche dieser Kommunen hat König Philipp selbst ins Leben gerufen, andere hat er nur bestätigt – gegen den Waffendienst, den er von ihnen erwartet. Sobald Gefahr im Verzuge ist, werden alle waffenfähigen Männer der in der Kommune vereinten Gruppe mobilisiert. Für kriegerische Unternehmungen in weiter Ferne müssen die Kommunemitglieder eine festgelegte Anzahl Krieger stellen oder eine Ablösesumme für den Sold von Ersatzleuten aufbringen. Verzeichnisse aus dem Jahr 1204 – dem ältesten bis heute erhaltenen Register der kapetingischen Verwaltung vorangestellt – zählen neununddreißig Kommunen auf, die zerstreut zwischen dem Artois und Poitou, zwischen der Normandie und Sens liegen. Siebzehn von ihnen sind in Bouvines zugegen. Sie vertreten die Bischofssitze Noyon, Soissons, Amiens und Beauvais, die Handelsflecken Arras, Montdidier, Montreuil, Hesdin, Corbie, Roye und Compiègne sowie einige Verbände von Dorfgemeinschaften, namentlich Bruyères, Cerny, Crépy-en-Laonnais, Grandelain, Vailly und einen weiteren, dessen Name fehlt.

All diese Akteure, ob groß oder klein, ob berühmt oder unbekannt, sind eingebunden in ein verschlungenes Geflecht vielfältiger gegenseitiger Verpflichtungen, die einen sehr engen Zusammenhalt schaffen. Dafür sorgen in erster Linie die Familienbande: Trotz der Exogamievorschriften, deren Einhaltung die Kirche damals im Namen eines maßlos erweiterten Inzestbegriffs durchzusetzen versucht, sieht es im Endergebnis so aus, daß die gesamte Ritterschaft, sei es auf dem Wege der Abstammung, sei es auf dem Wege der Eheschließung, als eine einzige Verwandtschaft erscheint. Hinzu kommen die Bande der Lehnshuldigung, die dazu anregen, daß die einmal geschworene Treue gehalten wird und man vor allem bemüht ist, nicht wegen Felonie mit dem Verlust des Lehens bestraft zu werden. Noch entscheidender aber ist jene lange Freundschaft, die schon in früher Jugend geknüpft wird, in den Lehrjahren am Hof des gemeinsamen Herrn – eine Freundschaft, die an irgendeinem Pfingsttag mit den Feierlichkeiten der kollektiven Schwertleite gesegnet wurde und über Jahre hin mit den Freuden der Jagd und des Krieges genährt wird, mit dem Vergnügen, im Morgengrauen gemeinsam aufzubrechen, und mit einer Art Komplizenschaft, die es erlaubt, schöne Beute zu machen und sie am Abend beim geselligen Gelage aufzuteilen. Eine Freundschaft, die sicher auch manchmal getrübt wird durch Zwistigkeiten, Spannungen oder Herausforderungen, die aber dennoch für den wahren Zusammenhalt jeder um ein Banner sich scharenden Truppe sorgt. Wichtig sind auch die Bande der Nachbarschaft, das Gefühl, demselben Land anzugehören, das es gemeinsam zu verteidigen gilt und dessen Ansehen erhöht werden muß. Diese nachbarschaftlichen Bande sind ausschlaggebend dafür, daß Ritter und Knappen sich um den Mann versammeln, der in ihrer Region den Grafentitel trägt oder die wichtigste Festung befehligt; sie unterhalten auch den Kameradschaftsgeist jener Trupps, die von den Kommunen aufgeboten werden. Ein Konglomerat harter Kerne, zusammengeschweißt durch die Freundschaft ihrer Oberhäupter, die Männer gleichen Alters und oft auch gleichen Blutes sind: So stellt sich das Heer des Königs von Frankreich dar. Die Krieger kommen größtenteils aus Gegenden im Umkreis des Schlachtortes, aus dem Artois, der Picardie, dem Soissonnais, dem Laonnais, der Thiérache. Keine einzige Kommune aus der Île-de-France und dem Vexin – Paris durfte schließlich nicht ohne Verteidigung bleiben; auch Ritter von dort sieht man kaum: Die meisten kämpfen zu dieser Zeit im Süden, entweder mit Simon von Montfort im Albigenser-Gebiet oder mit Prinz Ludwig an den Grenzen des Anjou. Die Burgunder Ritterschaft ist gegenwärtig, im Gefolge ihres Herzogs. Die der Champagne ebenfalls, nur führt ihr Graf sie nicht persönlich an: Er ist noch ein Kind, gerade zwölf Jahre alt. Unter den Burgundern und den Champagnesen nennt Wilhelm Brito niemanden mit Namen: Für ihn sind sie bereits Fremde. Die Anzahl der Normannen ist gering, weil das Herzogtum, der Krondomäne erst kürzlich einverleibt, noch nicht zuverlässig ist und seine Krieger imstande sein könnten, auf der Stelle wieder kehrtzumachen. Kein Ritter, kein berittener Knecht, kein Fußknecht aus den Regionen südlich der Loire: Diese Gegend ist eine andere Welt. Das königliche Heer, das in Bouvines antritt, ist in erster Linie das Heer der alten *Francia*: Faktisch ist es das fränkische Heer.

Das gegnerische Lager stellt sich von vornherein als sehr viel weniger homogen dar. Intrigen machen ihm zu schaffen. Die Verdammungsurteile der römischen Kirche drücken es nieder. Es ist verdorben, bedeckt vom Schatten des Bösen. Im Unterschied zum König der Weißen hat der König der Schwarzen zwei Gesichter. Eines bleibt maskiert, das Gesicht des englischen Königs

Johann Ohneland. Dabei ist er der Drahtzieher: Aus der Ferne bestimmt er das ganze Spiel. Johann, der als jüngster Sohn Heinrich Plantagenets ohne Apanage ausging und deshalb den Beinamen Ohneland erhielt, ist nur zwei Jahre jünger als König Philipp. Ungeliebt, hat er einen Verrat nach dem anderen begangen und laufend Komplotte geschmiedet, erst gegen seinen Vater, dann gegen seinen Bruder Richard Löwenherz, indem er schließlich sogar dem König von Frankreich huldigte, der ihn nur weiter aufstachelte und sich natürlich ins Fäustchen lachte. Auf dem Sterbebett verpflichtete Richard die englischen Barone dennoch, Johann die Treue zu schwören. Mit zweiunddreißig Jahren wurde dieser endlich König und, was er sich schon immer sehnlichst gewünscht hatte, Herr der riesigen Festlandsbesitzungen seines Vaters und seiner Mutter Eleonore: Er bekam nicht nur die Grafschaft Anjou, die Wiege der Familie, sondern auch das Herzogtum Normandie, ein schwergewichtiges Vermögen, das Paris bedrohlich flankierte, und schließlich das Herzogtum Aquitanien. Wankelmütig, unfähig, ein militärisches Vorhaben lange zu verfolgen – man machte sich schon über sein »Weichschwert« lustig –, weitaus grausamer und verräterischer, als man es einem Herrn seines Ranges hätte verzeihen mögen, und, was die Sexualität betrifft, ein rücksichtsloser Draufgänger – kann man da noch von einem »Weichschwert« sprechen? –, hat Johann Ohneland unentwegt gegen sämtliche Verbote der christlichen Moral und der ritterlichen Ethik verstoßen. Man sagte ihm nach, er sei ein Sproß der Melusine mit Teufelsblut in den Adern, von innen her verdorben, ein Besessener, durch Zauberei und Hexerei verrückt geworden. Für den Engländer Fulko Fitz-Warin war »König Johann ein gewissenloser Mann, böse, unverträglich, allen guten Leuten verhaßt und ein Schmarotzer obendrein; und wenn er kein Gehör fand bei einer schönen Frau oder Jungfrau, Gemahlin oder Tochter eines Grafen, eines Barons oder eines anderen, wollte er sie sich dennoch gefügig machen, indem er sie entweder durch Versprechungen oder durch Geschenke lockte oder sie mit Gewalt entführte«. Diese unberechenbare traurige Gestalt machte jede Nachsicht sinnlos. Vier Jahre lang blieb Johann exkommuniziert, weil er die englischen Abteien genauso behandelt hatte wie die Gemahlinnen seiner Vasallen. Das Interdikt wurde über das gesamte englische Königreich verhängt und jegliche liturgische Feier wurde verboten – zur großen Verwirrung eines in Schrecken versetzten Volkes, das seinen König drängte, sich zu bessern. So tat er es denn ein Jahr vor Bouvines, indem er sich durch ein bloßes Lippenbekenntnis mit dem Papst versöhnte. Im Juli 1214 ist Johann Ohneland mehrere Tagesritte von Bouvines entfernt; er führt Krieg an der Loire, auf dem Boden seiner Ahnen, in dem Land, das er wirklich das seine nennen kann. Trotzdem sind sein Wille und die vierzigtausend Mark Silber, die in seinem Namen ausgeteilt werden, die eigentlichen Triebfedern der Schlacht.

Vor Ort nimmt ein anderer König seinen Platz ein. Einer muß schließlich gegenwärtig sein. Es ist der deutsche König Otto von Braunschweig. Otto ist ein Neffe König Johanns, ein Sohn aus der Ehe zwischen dessen Schwester und Heinrich dem Löwen, dem welfischen Herzog von Sachsen. Ein weitaus jüngerer Mann also. Man weiß nicht genau, wann er geboren wurde: Die einen sagen, 1182 in der Normandie, andere behaupten, um 1175 auf deutschem Boden. Fest steht, daß er im Haus von Richard Löwenherz erzogen wurde. *Superbus et stultus, sed fortis,* – »hoffärtig und dumm, aber mutig«, sagt die Ursperger Chronik über ihn. Nur weil sein Bruder sich gerade im Heiligen Land aufhielt, weil fünfzig mit insgesamt einhundertfünfzigtausend Mark Silber beladene Pferde mit ihm in der Normandie eintrafen, und weil König Richard Freundschaften im Rheinland unterhielt, während er großen Haß gegen den damaligen deutschen König, den Hohenstaufer Philipp von Schwaben, hegte, war Otto derjenige, den der Kölner Erzbischof 1198 von einigen deutschen Fürsten wählen und dann in Aachen krönen ließ. Zehn Jahre lang führte der welfische Gegenkönig zweifelhafte Feldzüge gegen seinen Rivalen. 1208 war seine Chance endlich gekommen. Nach der Ermordung Philipps von Schwaben heiratete Otto dessen Tochter; er nahm die Ratgeber des Ermordeten in seinen Dienst, fütterte sie mit englischem Geld, ließ sich neu wählen und begab sich im darauffolgenden Sommer nach Italien, um sich die Kaiserkrone abzuholen, wozu ihn nicht nur sein Titel als deutscher König berechtigte, sondern auch sein Blut und sein Name – der Name des zweiten Erneuerers des Weströmischen Reichs. Er umgarnte den Papst, der ihn unvorsichtigerweise krönte, nicht bedenkend, daß auch Otto vom Geschlecht der Melusine und folglich *a priori* ein Verräter war. Tatsächlich wurde er sogleich wortbrüchig. Er lief Sturm gegen die Italienpolitik des Heiligen Stuhls, was ihm gleich zweimal, 1210 und 1211, die Exkommunikation einbrachte. Am 27. Juli 1214 ist er immer noch gebannt. Auf Anraten Philipp Augusts hat der Papst in Deutschland einen anderen König wählen lassen, der gegen Otto antreten soll: Es ist der Staufer Friedrich, der 1213, erst fünfzehn Jahre alt, im Mainzer Dom gekrönt wurde. Im eigenen Königreich angefeindet, verfolgt von der göttlichen Rache, die der Bischof von Rom auf ihn gezogen hat, kommt der exkommunizierte und abgesetzte Kaiser nach Bouvines, weil das Geld des englischen Königs ihn wieder einmal lockt. Aber er kommt auch, weil er weiß, daß er hier seinem persönlichen Feind begegnen wird, demjenigen, der seinem Triumph als härtestes, als wichtigstes Hindernis im Wege steht: Philipp, dem König von Frankreich, dessen Intrigen die Macht des Welfen allenthalben untergraben und dessen Anspruch, sich Geltung als wahrer Erbe Karls des Großen zu verschaffen, dem ersteren nicht verborgen geblieben ist. Auf dem Schlachtfeld ist Otto umringt von den Leuten seines Hauses, von der großen und tapferen Schar der Fußknechte, die er in den Ländern an Rhein und

Maas, wo es von Abenteuersoldaten geradezu wimmelt, in seinen Sold hat nehmen können. Einige hohe Herren aus den Regionen des Reichs, in denen der Ghibelline unbeliebt ist, etwa aus dem alten Sachsen oder aus Niederlothringen, haben sich zu ihm gesellt: der Herzog von Brabant – sein Schwiegervater, der aber gleichzeitig Philipp Augusts Schwiegersohn und höchst unzuverlässig ist, jederzeit bereit, sich aus dem Staub zu machen –, der »behaarte« Graf von Holland und vier weitere Grafen aus Sachsen und vom Rhein, die treuesten natürlich, ein jeder in Begleitung seiner eigenen starken Ritterschar.

Auf Ottos Seite stehen außerdem drei Fürsten, die nicht aus dem Reich stammen. Sie haben sich dem deutschen König nur umständehalber angeschlossen und fühlen sich ihm weder durch Verwandtschaft noch durch Freundschaft noch durch den Vasalleneid verbunden. Allein der Haß auf Philipp August und die Hilfsgelder des Königs von England haben sie zu ihm getrieben. Wilhelm von Salisbury, genannt Langschwert, ein unehelicher Sohn Heinrichs II. und Halbbruder Johann Ohnelands, gilt als der Säbelrassler seiner Familie. Vor zwanzig Jahren, als Richard Löwenherz ihn beauftragte, die ritterlichen Turniere im englischen Königreich zu organisieren, konnte er die dortigen Kämpfer noch zum Narren halten. 1214 ist dieser Tausendsassa am Verblühen. Anders Ferrand, der Graf von Flandern: Er ist ein junger Mann, achtundzwanzig Jahre alt und voller Ungestüm. Als Sohn des Königs von Portugal hat er die Grafschaft Flandern durch seine Gemahlin bekommen und sich immer noch nicht damit abgefunden, daß er vor zwei Jahren, gleich nach seiner Hochzeit, um dem König von Frankreich huldigen zu dürfen und von ihm belehnt zu werden, die Kastellaneien Aire und Saint-Omer als Erbsteuer an seinen neuen Herrn abtreten mußte. Infolgedessen hat er seinen Dienst als Lehnsmann schlecht erfüllt. Im Vorjahr nun verheerte König Philipp sein Gebiet: Ferrand haßt ihn. Der dritte Graf ist der von Boulogne, Rainald von Dammartin. Hervorgegangen aus einer Lignage, die das Sagen über eine der befestigten Burgen der Île-de-France hatte, war sein Großvater Kämmerer im Kapetingerhaus gewesen. Rainald selbst wurde dort erzogen. Genauso alt wie Philipp August, war er schon als Kind dessen Gefährte und hatte die Waffen der Ritterschaft aus seinen Händen empfangen. Im Ungestüm der Jugend beging Rainald den ersten Verrat an diesem Freund, der zugleich sein Pate und sein Herr war, und natürlich nahm der König von England ihn mit offenen Armen auf. Wohin hätte er sich wenden sollen? Der Hof des Plantagenet war die Zuflucht aller Abtrünnigen. Schon Rainalds Vater hatte sich dorthin zurückgezogen. Trotzdem erklärte Philipp sich sehr schnell bereit, die alte Freundschaft wiederherzustellen, und um Rainald stärker an sich zu binden, gab er ihm seine eigene Cousine, Maria von Châtillon, zur Frau. Rainald aber verstieß diese Gemahlin im Jahr 1190, denn am Horizont war wunderbare Beute aufgetaucht: eine außerordentlich reiche Erbin, die schon reife Witwe des Grafen von Boulogne. Alle »Jungen« vornehmer Abkunft begehrten sie und plusterten sich vor ihr auf; Rainald entführte sie, schnappte sie Arnold von Guines vor der Nase weg und wurde Graf. Ein herrlicher Fang, der allerdings viel böses Blut machte und großen Groll heraufbeschwor – jene Sorte Haß, die, genährt vom üblen Nachgeschmack der Heiratspolitik, häufig unter den Lignagen entflammt und das Verhalten der Ritter weitgehend bestimmt. So brachte der Graf von Boulogne nicht nur den Grafen von Guines, sondern auch den von Saint-Pol und die ganze Familie Dreux gegen sich auf. Diese Animositäten erklären viel von Rainalds Haltung gegenüber dem französischen Herrscherhaus: Er fühlt sich dort von Fallen umgeben. Dieser schöne Mann, der ein sehr tüchtiger Ritter ist, Befehlshaber des bestgelegenen Hafens für die Überfahrt nach England, Züchter der schönsten Kriegspferde, Herr der kalten Meere und der großen Heringsbänke, und der in Bouvines zwei hochaufragende Fischbeinzierden an seinem Helmstutz trägt, hat lange zwischen den Königreichen laviert. Zehn Jahre zuvor hat er Philipp August noch nach Kräften in der Normandie gedient und ihm bei der Einnahme von Château-Gaillard geholfen; der König von Frankreich hat ihn mit Gunstbeweisen überschüttet, seine Nichte mit Rainalds Bruder verheiratet und dessen Tochter mit seinem zweiten, gerade erst geborenen Sohn Philipp Hurepel verlobt. Boulogne war der Mühen wert. Dennoch, seit fünf Jahren ist es Rainald von Dammartin – und hinfort darf er sich der Feindschaft des Kapetingerhauses sicher sein –, der zwischen König Johann, Otto und all denen vermittelt, die von Philipp geschädigt worden sind und sich nun gegen ihn zusammenschließen.

Von der ganzen Ritterschaft, die sich – im Lager der Verbündeten genau wie auf der anderen Seite – hinter den verschiedenen Bannern gruppiert, tritt die flandrische am sichtbarsten hervor: Aus ihrer Schar stammen die meisten Gefangenen von Bouvines, deren Namen uns dank der sorgfältig geführten Lösegeldverzeichnisse bekannt sind. Einige Figuren ragen heraus, so etwa Walther von Ghistelle und Buridan von Furnes, oder auch Arnulf von Audenarde, der sich 1212 gegen die Vermählung Ferrands mit der Erbin der Grafschaft Flandern eingesetzt hatte und viel in England verkehrt. Besondere Erwähnung verdient auch Hugo von Boves. Als nachgeborener Sohn einer jüngeren Linie des picardischen Geschlechts der Herren von Marle und Coucy, deren Oberhäupter in Bouvines auf der Seite des Kapetingers stehen, sucht er sein Glück im Abenteuer; er hat einen Steuerpächter des französischen Königs getötet und deshalb fliehen müssen. Wohin? Zu Johann Ohneland. Jetzt ist er Haushalter der englischen Schätze: Er verteilt Handgelder und Löhnungen. In aller Augen gilt er als der König der Söldner.

Die letzteren treten im Lager des Bösen – auf der verfluchten Seite, und nur hier – voll ins Rampenlicht. Neben dem Fußvolk des deutschen Königs und den starken Truppen der flandrischen Kommunen kämpfen die unberittenen »Brabanzonen« im geschlossenen Verband, in einem dichten Haufen, wie nur diese Spezialisten des aufs Töten angelegten Krieges ihn zu bilden verstehen. Gott haßt sie. Er wird sich an ihnen rächen. Und tatsächlich, zwei Jahre später vernichtet er den, der sie bezahlt, Hugo von Boves, indem er ihn im Meer ertränkt. Zur Stunde allerdings zeigt der Bericht sie im persönlichen Dienste Rainalds von Boulogne, dieses prachtliebenden sittenlosen Überläufers, der »ganz offen« Konkubinen im Gefolge hat. Aus den Abenteuersoldaten bildet er seine Schutzwehr – gewissermaßen die letzte Zuflucht seiner Schlechtigkeit.

Wie unter den Streitern des Guten gibt es auch unter den Streitern des Bösen zahlreiche wechselseitige Verpflichtungen, die, in ihrer Art genau die gleichen, den regionalen Ritterschaften, den Reiterscharen, den Aufgeboten der Kommunen und den Söldnertrupps engen Zusammenhalt verleihen. Nur daß bei ihnen zwischen diesen festen Kernen keine wirkliche Verbindung besteht. Allein die Gewinnsucht, der nachtragende Groll, der leidenschaftliche Wunsch, alte Rechnungen zu begleichen, und das Bemühen, vorbereiteten Rachefeldzügen auszuweichen, haben sie an diesem Tag und an diesem Ort zusammengeführt. So sieht es bei den Schwarzen aus: Aufgrund ihrer widersprüchlichen Beweggründe sind sie nicht vollständig vereint. Die Weißen bestimmen das Spiel. Und sie werden gewinnen.

Die Szene ereignet sich in Bouvines, nahe der Brücke. Diese Brücke und die in östlicher Richtung nach Tournai und dem Hennegau, in südlicher Richtung nach Arras und der Picardie führende Straße bieten in der damaligen Zeit die einzige Möglichkeit, das Flußtal der Marcq, das wie ein breiter Graben voller Sümpfe zwischen den Hochebenen liegt, zu überqueren; ein schwieriger Engpaß, vor allem dann, wenn es – wie 1214 – im Winter und im Frühling viel geregnet hat. Jenseits der Brücke stößt man auf ein altes Dorf, das schon in der Vorgeschichte an dieser Stelle errichtet wurde und den Mönchen von Saint-Amand untersteht. Im übrigen sieht man nur ein kleines Gehölz, eine Kapelle und im Hintergrund, etwas weiter entfernt, ein von den Karolingern gegründetes Kloster, Cysoing. Wenn es gelingt, die Brücke zu überschreiten und sie hinter sich abzubrechen, hat man eine sichere Sperre im Rücken; in ihrem Schutz kann man beruhigt anhalten, lagern, frische Kräfte sammeln, die Dinge auf sich zukommen lassen – genau das hat Philipp August an eben diesem Ort zwei Tage vor der Schlacht getan. Diesseits der Brücke aber erstreckt sich nach Osten eine Hochebene, so ausgedehnt, daß man in der Breite eine und in der Länge fünf Wegstunden rechnen muß. Wälder säumen den hinteren Rand. Das ganze Zentrum besteht aus landwirtschaftlichen Nutzflächen, das heißt aus großflächigen fruchtbaren Getreidefeldern, die am 27. Juli schon halb abgeerntet sind und zum weiten Galopp einladen. Eine typisch picardische Landschaft, die noch zur Grafschaft Flandern gehört. Einen Kilometer weiter östlich verläuft über die Schelde hinweg die Grenze zwischen dem Königreich Frankreich und dem Heiligen Römischen Reich; in westlicher Richtung, kaum weiter entfernt, stößt man auf das Artois, wo König Philipp zu Hause ist – jenes Gebiet, welches das Erbe seiner ersten Gemahlin war und jetzt der Lehnsherrschaft seines ältesten Sohnes untersteht. Bei Bouvines treffen die flandrischen, die kaiserlichen und die kapetingischen Böden aufeinander.

Hier lösen sich am 27. Juli zwischen Mittag und fünf Uhr abends auf einen Schlag all die hochkomplexen Verwicklungen der politischen Intrigen, die sich seit einiger Zeit in Europa entspinnen. Begehrlichkeiten, Ressentiments unter den Anführern einzelner Trupps, persönliche Feindschaften, ärgerliche Familienangelegenheiten wie Verstoßung oder Ehebruch, unverdaute Beleidigungen, nicht eingehaltene Versprechungen, verratene Freundschaften, Habgier und der Wunsch, alle anderen zu übertreffen, einen Rivalen in die Knie zu zwingen, um ihm dann zur eigenen Genugtuung gütigst wieder aufzuhelfen – dies sind die wahren Antriebskräfte der Konflikte. Im Interesse einer Lignage, eines Hauses oder eines Erbguts bringen sie Männer gegeneinander auf, die – hitzig und durchtrieben, geldgierig und verschwenderisch – seit ihrer Kindheit, seit sie die Welt der Frauen verlassen haben, in einem permanenten Wettstreit überall den Kampf herausfordern. Kein Zweifel, Bouvines ist in erster Linie ein Duell zwischen Eifersüchtigen und Neidern, die gekommen sind, weil sie sich gern schlagen. Trotzdem ist es angebracht, hier von Politik zu sprechen. Denn die langsame Überwindung des ursprünglichen Zustands der Wildheit und Entblößung hat im Abendland zur allmählichen Erstarkung bestimmter Lehnsherren geführt. Gemeint sind diejenigen, die in zunehmendem Maße Geld aus den Märkten, den Häfen, den großen Städten und den Handelswegen ziehen, und denen die religiösen Einrichtungen oder die Händler, die dringend Frieden brauchen, keine Anleihe in klingender Münze verweigern. Unterstützt von Klerikern, die im Rechnen ebenso geschult sind wie in der Buchführung, und die dank ihrer intellektuellen Bildung weniger rohe Vorstellungen über das entwickeln, was Souveränität bedeutet, ist es einigen Fürsten gelungen, sich als Erben der alten Richt- und Strafgewalt bestimmte Vorrechte zurückzuerobern, die infolge der sogenannten feudalen Auflösung längst nichtig geworden sind. Die Tumulte, die im Frühjahr regelmäßig dazu führen, daß jeder Burg unter dem Vorwand der Ehre ein kleiner Schwarm plündernder, auf Beute lauernder Reiter entströmt, werden von der Hand eines Grafen, eines Herzogs oder eines Königs in etwas kontrolliertere Bahnen gelenkt. Das jeweilige Oberhaupt gewinnt so ein geeignetes Mittel, für die Einhaltung der

Vasallenmoral und der Dienstverpflichtungen zu sorgen, die kleineren Herren besser an seine Person zu binden, die gesamte Ritterschaft seines Landes im Interesse der Allgemeinheit zu versammeln, seine Schiedssprüche durchzusetzen und die Treuebrüchigen zu bestrafen; der Einsatz bezahlter Mittelsmänner ermöglicht es ihm, aus der Ferne zu befehlen und sich, weil er mehr Geld bietet, weil er Soldaten bezahlen kann, Gehorsam zu verschaffen. Der Horizont dieses Mannes ist also viel weniger beschränkt als früher. Dabei unterscheidet sein Verhalten sich keineswegs von dem der Krautjunker seiner Rotte. Machthunger und Neid bestimmen fast alle seine Entscheidungen. Aber er hat es mit ebenbürtigen Gegnern zu tun, mit den Herren anderer Fürstentümer, die dem seinen an Größe nicht nachstehen. So nimmt der Krieg, ohne die Gangart zu ändern, neue Dimensionen an.

In der Zeit, die uns hier beschäftigt, gilt die Hauptsorge dieser Fürsten fünf Problemen, die mit Abstand als die wichtigsten gelten. Drei davon betreffen die gesamte Christenheit. Stark religiös gefärbt, lenken sie die Aufmerksamkeit nach außen. Dabei hat die allgegenwärtige Sache des Heiligen Landes unbedingten Vorrang. Sie ist nämlich immer noch offen, und sie wird immer schlimmer. Weder der Kreuzzug von 1190 noch der von 1204 – der vierte, der zur großen Plünderung Konstantinopels entartete – konnte den Heiden Jerusalem entreißen. Der Papst will die Sache in Ordnung bringen, das ist sein erstes Anliegen. Er denkt an nichts anderes. Um dieses Ziel zu erreichen, versucht er mit allen Mitteln, jede Zwietracht innerhalb des Volkes Gottes auszuräumen: Es ist wichtig, daß die Ritter aufhören, gegeneinander zu kämpfen, sich aus lauter Übermut gegenseitig zu zerstören, damit sie vereint über die Ungläubigen herfallen und sie besiegen können. Ein ähnliches Problem hatte sich in Spanien gestellt, wo es galt, den Druck der Mauren abzuwehren. Es ist soeben gelöst worden, in einer Schlacht: bei Navas de Tolosa. In einer anderen Schlacht, bei Muret, wurde auch das dritte Problem der Christenheit geregelt, das Problem der Häresie, der albigensischen Abtrünnigkeit, der inneren Pestilenz, die den Glauben bedroht. Bleiben zwei Konflikte, bei denen die Religion nur eine oberflächliche Rolle als Waffe, Vorwand oder Rechtfertigung spielt. Sie betreffen die vier wichtigsten Mächte des christlichen Europas: den Papst, den Kaiser, den König von Frankreich und den König von England. Die Konflikte sind uralt. So sehr miteinander verquickt, daß man sie kaum noch unterscheiden kann, haben sie sich in den Jahren vor Bouvines zugespitzt und sind im Zuge des allgemeinen Fortschritts in ihre schärfste Phase eingetreten.

Aus ein und derselben Bewegung heraus hat sich in den Fürstentümern und in der Kirche eine Machtkonzentration vollzogen. An der Schwelle des 13. Jahrhunderts nimmt die Kirche vollends die Gestalt einer Monarchie an, besser zusammengefügt als jede andere. Doch ihr Oberhaupt, der Nachfolger des Heiligen Petrus, möchte neben der Kirche auch die Welt beherrschen;

im Namen der Vorrangigkeit des Geistlichen erhebt er den Anspruch, sämtliche Fürsten dieser Welt zu führen, sie zu tadeln, zu strafen und wenn nötig abzusetzen. Lothar von Segni, der 1198 mit siebenunddreißig Jahren unter dem Namen Innozenz III. Papst wurde, ist vom absoluten Vorrang des Heiligen Stuhls noch fester überzeugt als seine Vorgänger. Seine Legaten sind allgegenwärtig, verwickelt in die fürstlichen Intrigen, und predigen den Frieden im Interesse des Kreuzzugs. Mehrere Herrscher haben ihr Fürstentum, um es wiederzubekommen, vom Heiligen Petrus, das heißt vom Papst, zum Lehen genommen. Der letzte war Johann Ohneland. Wie auch immer, im Angesicht des Bischofs von Rom erhebt sich der Kaiser, dessen Obrigkeit ebenfalls universell ist: Beraten von Männern, die das römische Recht in den Schulen Bolognas studiert haben, nennt er sich den Erben der Cäsaren, fest entschlossen, sich als solcher zu behaupten. Der Papst aber setzt den Kaiser ein. Mit der göttlichen Macht betraut, zu binden und zu lösen, darf er ihn auch absetzen. Der Kaiser indes weiß seit Karl dem Großen und seit Otto dem Großen, daß Gott ihn seinerseits beauftragt hat, die römische Kurie bei Bedarf zu reinigen, einen unwürdigen Papst gegebenenfalls zu vertreiben und den kleinen angefochtenen Herrn, welcher der *Pontifex maximus* in Rom und Umgebung ist, unter allen Umständen zu beschützen. Wie der allseitige Machtzuwachs und die Erstarkung der widerstreitenden Ideologien, haben seit fünfzig Jahren auch die italienischen Interessen des Papsttums zur Verschärfung der alten Rivalität beigetragen. Gegen die Nachkommen Friedrich Barbarossas, die außer der deutschen Krone und der Kaiserwürde die Herrschaft über Norditalien beanspruchen und von denen einer zu allem Überfluß das Königreich Sizilien geerbt hat, ist Innozenz III. folglich bereit, in Deutschland die konkurrierende Partei der Welfen zu unterstützen. Er setzt auf Otto von Braunschweig. Wir kennen seine Enttäuschung und seine Kehrtwendung. Die Exkommunikationen, die er über Otto verhängt, zeigen den Ärger eines Spielers, der seinen Stich verliert. 1214 trumpft er dann mit einer falschen Karte, mit Friedrich von Hohenstaufen, gegen den Neffen Johann Ohnelands auf.

In diesem Punkt treffen sich seine Machenschaften genau mit denen Philipp Augusts, und hier überschneidet sich auch der erste Konflikt mit dem zweiten, der seit eineinhalb Jahrhunderten gärt und sich immer mehr zuspitzt. Seit der Herzog der Normandie König von England geworden ist, sind die Beziehungen zwischen dem Kapetinger und seinem reichsten Vasallen schwierig geworden; die Spannungen verschärfen sich bis zum Äußersten, als der Plantagenet, Graf von Anjou, seine Macht auf das anglo-normannische Fürstentum und schließlich auf das riesige Herzogtum von Aquitanien ausdehnt. Der König von Paris muß erbittert um die Auflösung einer maßlos gewachsenen Macht kämpfen, die seine eigene auszuschalten droht. Seit der Thronbesteigung hat Philipp kein anderes Ziel verfolgt. Um es leichter zu erreichen, ist er so schnell wie möglich vom Heiligen Land zurückgekehrt, hat sich dem Staufer genähert und sich jeden Sommer in Kleinkriegen gegen Richard Löwenherz verausgabt, der bis zu seinem Tod im Vorteil blieb. Aber dann, gegenüber Johann »Weichschwert«, fühlt der König von Frankreich sich in der stärkeren Position. Er nutzt das Lehnsrecht weidlich aus. Bei der erstbesten Gelegenheit wird Johann Ohneland wegen Felonie vom Kapetingerhof zum Verlust aller Lehen verurteilt. Philipp beeilt sich, das Urteil zu vollstrecken, und tatsächlich gelingt es ihm, die Normandie und das Anjou an sich zu reißen, was ihm den Namen Augustus einbringt. Der König von England aber hält trotz der Einbußen standhaft durch und zieht alle französischen Barone, die sich aus Angst, aus Ärger oder in erpresserischer Absicht von ihrem Herrn entfernt haben, auf seine Seite. Außerdem holt er sich überall Geld, das in England reichlich vorhanden ist und eine härtere Kriegführung erlaubt. Ungeachtet des Bannstrahls, den der Papst zum wiederholten Male gegen ihn schleudert, vergreift er sich auch am Besitz der englischen Kirche. Zudem versteht er es, Rainald von Boulogne und Ferrand von Flandern in ihrem Groll zu bestärken; er führt Otto am Gängelband, und er gewinnt alle bedürftigen Ritter der Niederlande für seine Sache, indem er ihnen hohe Bezahlung verspricht und sie mit der Aussicht auf Plünderungen lockt. So bringt er ein schlagkräftiges Heer zusammen, das seinen Rivalen vom Norden her bedrohen soll, während er selbst, dessen Vater aus dem Anjou und dessen Mutter aus Aquitanien stammt, vom Süden her angreifen will.

Im Jahr 1213 gehen die Beteiligten in Stellung. Philipp versöhnt sich mit Innozenz III., dem zuliebe er Ingeborg wieder an den Hof holt. Der Papst erklärt König Johann für abgesetzt und überläßt England dem Kapetinger, der sich für die Überfahrt bereitmacht. Aber jetzt läßt Graf Ferrand die Maske fallen und sagt sich von ihm los. Der Feldzug über den Ärmelkanal muß abgeblasen werden: Johann Ohneland hat sich im letzten Moment vor den päpstlichen Gesandten in den Staub geworfen. Also bricht das Kriegsheer des Königs von Frankreich zur Verheerung Flanderns auf. Ein ganz gewöhnlicher Raubzug, in dessen Verlauf Philipp jedoch zu spüren bekommt, wie zäh sein Gegner ist: Der König brennt erst Lille, dann auch Cassel und Douai nieder, verliert aber seine Flotte und die Stadt Tournai, während Ferrand und Rainald mit ihren Pferden bis vor die Tore von Arras vordringen. Im Februar 1214 kommt die Kunde, daß Johann mit starken Truppen und viel Geld in La Rochelle gelandet ist: Er will Anjou zurückerobern. Doch schon die Tatsache, daß Philipp August im eiligen Zuge naht, veranlaßt ihn, sich nach Saintonge in Sicherheit zu bringen. Der König von Frankreich ist vorsichtig genug, ihm nicht nachzusetzen. Ende April läßt Philipp August seinen Sohn Ludwig mit der jungen Ritterschaft bei Chinon zurück. Er selbst zieht gen Norden, um dort der anderen Gefahr zu trotzen. Er trommelt seine Waffengefährten in der Picardie, im Ponthieu und im Artois zusammen: In diesem Sommer sollen die flandrischen Böden abermals geplündert werden. Anfang Juli bricht Otto von Aachen auf. Am 12. erreicht er Nivelles. Am 21. bekommt er die Soldgelder aus England. Zwei Tage später führt Philipp sein Heer von Péronne nach Douai; am 25. lagert es bei Bouvines und ist am folgenden Tag in Tournai. Am gleichen Morgen treffen Otto, der Graf von Flandern und der Graf von Boulogne in Mortagne ein, das drei Meilen weiter südlich am Zusammenfluß von Scarpe und Schelde liegt. In diesem Moment erfährt der König von Frankreich den genauen Standort seiner Feinde. Er beruft den Kriegsrat ein: Nacheinander tragen seine Vettern, der Herzog, die Grafen und die Ritter seiner Schar ihre Meinung vor. Die Mehrheit stimmt dafür, sich mit einem so großen Heer nicht weiter auf schwieriges Gelände vorzuwagen, sondern sich in der Morgendämmerung nach Frankreich hin zurückzuziehen. Vorsichtig soll das Heer die Brücke von Bouvines ein zweites Mal überqueren und bei Lille im Schutz der Sümpfe innehalten, um die Lage auszuspähen.

Soweit der notwendige Prolog. Hören wir jetzt den wichtigsten Zeugen.

Siegel Ludwigs VII.
Archives Nationales, Paris

Siegel Raimonds von Toulouse
Archives Nationales, Paris

Der Tag*

Wilhelm Brito berichtet:

Es gebührt sich nun, daß wir den glorreichen Sieg des guten Königs Philipp nach bestem Vermögen beschreiben.
Im Jahr 1214 nach Christi Geburt [zur gleichen Zeit, da König Johann von England, wie wir schon sagten, im Poitou Krieg führte, um das Land, das er verloren hatte, zurückzugewinnen, und da er, als Seine Hoheit Ludwig nahte, mit dem ganzen Heer die Flucht ergriff]** versammelte der gebannte und exkommunizierte Kaiser Otto, den König Johann von England gegen unseren König Philipp im Solde hielt, sein Kriegsheer bei der Burg von Valenciennes im Hennegau, auf dem Gebiet des Grafen Ferrand, der gegen seinen ligischen Lehnsherrn ein Bündnis mit Otto eingegangen war. Dorthin sandte ihm König Johann auf eigene Kosten allerhand edle Kämpfer und Ritter von großer Tapferkeit: Rainald, den Grafen von Boulogne, Wilhelm von Chester, den Grafen von Salisbury, genannt Wilhelm Langschwert, den Herzog von Limburg, den Herzog von Brabant, der Ottos Tochter geheiratet hatte, Bernhard von Horstmar, Otto von Tecklenburg, den Grafen Konrad von Dortmund, Gerhard von Randerath und viele andere Grafen und Barone aus Deutschland, Brabant, Hennegau und Flandern. Unterdessen zog der gute König Philipp in der Feste von Péronne seine Ritterschaft zusammen, soweit er ihrer habhaft werden konnte, denn sein Sohn Ludwig kämpfte zur gleichen Zeit im Poitou gegen König Johann und hatte einen großen Teil der französischen Ritterschaft bei sich.

Am Tag nach dem Fest der heiligen Magdalena brach der König von Péronne auf und fiel machtvoll in Ferrands Gebiete ein; er zog durch Flandern, indem er rechts und links alles niederbrannte und verheerte, und gelangte so bis zu der Stadt Tournai, die im Vorjahr durch eine List von den Flandrern eingenommen und schwer geschädigt worden war. Der König

---

* A. d. Ü.: Im französischen Original erscheint an dieser Stelle eine von Andrée Duby angefertigte Übertragung der altfranzösischen Version des Berichts von Wilhelm Brito. Georges Duby macht in einer Fußnote eigens darauf aufmerksam, daß alle im 13. Jahrhundert geschriebenen Texte zum Vorlesen bestimmt waren und daß der sprachliche Rhythmus daher von wesentlicher Bedeutung ist. Die deutsche Übersetzung dieses Abschnitts wurde unter Zugrundelegung des altfranzösischen Textes vorgenommen; sie versucht, den von Duby gesetzten Maßstäben gerecht zu werden.

** Die eckigen Klammern bezeichnen Stellen aus dem lateinischen Urtext, die nicht ins Altfranzösische übertragen wurden.

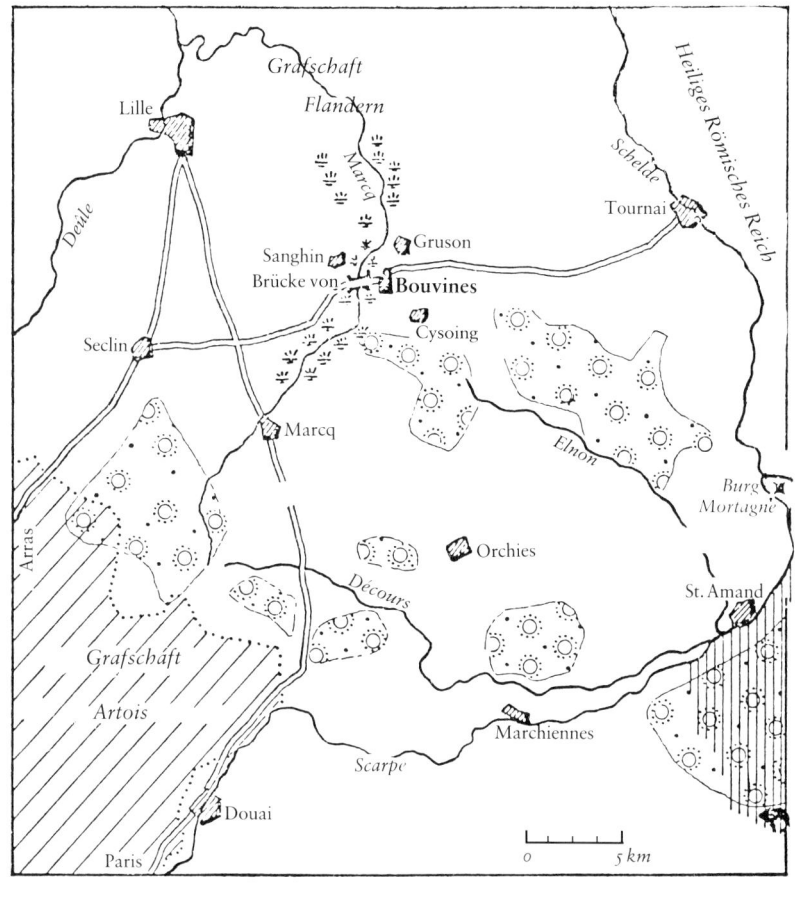

aber hatte Bruder Garin und den Grafen von Saint-Pol entsandt, denen die Rückeroberung recht mühelos gelungen war. Otto verließ Valenciennes und begab sich zu einer Burg namens Mortagne. Diese Burg war nach der Rückeroberung der Stadt Tournai, die nur sechs Meilen entfernt lag, von König Philipps Heer gewaltsam erstürmt und zerstört worden.

In der ersten Woche nach dem Fest des heiligen Philippus und des heiligen Jakobus* wollte der König seine Feinde angreifen, doch die Barone rieten ihm ab, weil die Wege schmal waren und ein Durchkommen schwierig sein würde. Also änderte er sein Vorhaben nach dem Ratschlag der Barone und ordnete den Rückzug an, um auf einem ebneren Weg in die Grafschaft Hennegau einzufallen und diese gänzlich zu verwüsten. Am nächsten Tag, dem 27. Juli, brach der König von Tournai auf, in der Hoffnung, während der folgenden Nacht mit seinem Heer bei einer Burg namens Lille auszuruhen. Doch es kam anders als beabsichtigt, denn Otto verließ die Burg Mortagne an demselben Morgen und setzte dem König so schnell er konnte nach, in ordentlichen Schlachthaufen. Der König wußte nicht und hätte nicht geglaubt, daß seine Feinde ihm derart folgen würden. Es geschah durch Zufall oder weil Gott es wollte, daß der Vizegraf von Melun sich mit einigen leicht gerüsteten Rittern vom Heer des Königs löste und in die Gegend ritt, aus der Otto kam. Dem ersten folgend, setzte sich auch Bruder Garin ab, der Erwählte von Senlis [wir nennen ihn Bruder Garin, weil er Ordensbruder der Hospitaliter war und stets das Ordensgewand trug], ein weiser Mann und kluger Ratgeber, der die Dinge, die da kommen würden, auf wunderbare Weise vorhersah. Diese beiden also entfernten sich etwa drei Meilen von dem Heer und blieben so lange zusammen, bis sie eine Anhöhe erreichten, von der aus sie ohne Sichtbehinderung erkennen konnten, wie die feindlichen Haufen eilig herannahten, wohlgeordnet und kampfbereit. Als sie das sahen, machte der Erwählte Garin unverzüglich kehrt und jagte zum König zurück; der Vizegraf von Melun indes harrte noch mit seinen Rittern, die ziemlich leicht gerüstet waren, an dem Standort aus. Auf schnellstem Wege zum König und zu den Baronen zurückgekehrt, brachte der Erwählte Garin ihnen Nachricht, daß die Feinde in ordentlichen Schlachthaufen eilig herannahten und daß die Pferde, wie er selbst gesehen hatte, schon Panzerdecken trugen, daß die Banner entfaltet waren und daß die vorderste Front aus berittenen Knechten und aus Fußknechten bestand, was als sicheres Zeichen für die Kampfbereitschaft gelten durfte.

Als der König dies hörte, hieß er sein ganzes Heer innehalten. Dann berief er die Barone und hielt Rat, was zu tun sei; die meisten aber waren gegen eine Schlacht und stimmten dafür, weiterzureiten. Otto und seine Leute, die

---

* A. d. Ü.: Hier liegt offenbar ein Irrtum der altfranzösischen Version vor. In Britos lateinischem Text heißt es an dieser Stelle: »Sabbato proximo post festum sancti Jacobi apostoli et Christophori martyris...«; zu deutsch: »Am ersten Samstag nach dem Fest des heiligen Jakobus und des heiligen Christopherus...«, also am 26. Juli.

derweilen an einen Bach gelangten, überquerten diesen nur in kleinen Scharen, weil das Gelände schwierig war; nachdem jedoch alle am anderen Ufer waren, taten sie dergleichen, als marschierten sie gegen Tournai. Da fingen die Franzosen an zu sagen, ihr Feind marschiere gegen Tournai. Nur Bruder Garin war ganz vom Gegenteil überzeugt, und er schrie und versicherte, man müsse unbedingt kämpfen, wolle man nicht beim Weitermarsch große Schmach und schwere Verluste erleiden. Am Ende siegte die Meinung mehrerer über die eines einzigen. Also machten sie sich wieder auf den Weg und ritten weiter bis zu einer kleinen Brücke, die Brücke von Bouvines genannt [zwischen dem oben erwähnten Ort Sanghin und einem Dorf namens Cysoing]. Bald hatte der größte Teil des Heeres die Brücke passiert, und der König hatte seine Rüstung abgelegt; doch war er noch nicht jenseits der Brücke, wie seine Feinde glaubten. Ihre Absicht war die, daß sie sich, sobald der König am anderen Ufer wäre, auf jene stürzen wollten, die hinter ihm über die Brücke kämen, und sie töten oder ihrem Willen unterwerfen wollten.

Während der König im Schatten einer Esche ein wenig ruhte, weil er sowohl vom Reiten als auch von der schweren Rüstung schon recht müde war [der Platz befand sich unweit einer kleinen Kapelle, gegründet zur Ehre des heiligen Petrus], stießen die Boten derer, die den letzten Haufen bildeten, zur Hauptmasse des Heeres. Mit unglaublichem Geschrei und voller Entsetzen verkündeten sie, die Feinde würden gleich dasein und hätten sich dicht zusammengeschlossen, um die Nachhut anzugreifen; der Vizegraf von Melun und alle, die ihn in leichter Rüstung begleitet hätten, und auch die Armbruster, die den Hochmut der Gegner dämpften und dem Angriff standhielten, seien in großer Gefahr und könnten der Dreistigkeit und der wütenden Raserei der Feinde nicht lange Einhalt gebieten. Da kam Erregung in das Heer, und der König begab sich in die obengenannte Kapelle, um ein kurzes Gebet zu Unserem Herrn zu sprechen. Als er wieder herauskam, ließ er sich eilig die Rüstung anlegen, dann sprang er freudig und so heiter auf sein Streitroß, als ginge es zu einer Hochzeit oder zu einem Fest, zu dem man ihn geladen hätte. In den Feldern ertönte der Ruf: »Zu den Waffen, Barone! Zu den Waffen!« Gellend erschallten Hörner und Trompeten, und die Truppen, die schon jenseits der Brücke waren, machten kehrt. Dann wurde das Banner von Saint-Denis, die Oriflamme, die an der Spitze des Heeres vor allen anderen Bannern hergetragen wurde, zurückgerufen. Aber sie kam weder schnell genug, noch wartete man auf sie; denn der König ritt schleunigst als erster zurück und setzte sich an die vorderste Front des vordersten Haufens, so daß niemand mehr zwischen ihm und den Feinden war.

Als Otto und die Seinen gewahrten, daß der König gegen alle Erwartungen zurückgekehrt war, hielten sie ganz bestürzt und von plötzlicher Angst ergriffen inne. Dann wandten sie sich nach rechts vom Wege ab, bewegten sich schräg nach Westen und verteilten sich so großzügig, daß sie das Feld weitgehend bedeckten. In einer schräg nach Norden geneigten Linie blieben sie so stehen, daß die Sonne, die an diesem Tag besonders heiß und glühend brannte, ihnen direkt in die Augen schien. Der König ordnete seine Haufen und dehnte sie gegenüber der feindlichen Front in einer nach Süden geneigten Linie über die Felder aus, derart, daß die Franzosen die Sonne im Rücken hatten. So wurden die Truppen hier wie dort in der gleichen Schlachtordnung aufgestellt. Und genau mittendrin befand sich der König in der vordersten Reihe seines Haufens: Bei ihm waren Wilhelm des Barres, die Blüte der Ritterschaft, Bartholomäus von Roye, ein alter Getreuer von weisem Verstand, der Kämmerer Walther der Jüngere, ein kluger, erprobter Ritter und reifer Ratgeber, ferner Peter Mauvoisin, Gerhard La Truie, Stephan von Longchamp, Wilhelm von Mortemer, Johann von Rouvray, Wilhelm von Garlande und Heinrich, der Graf von Bar, ein junger Mann von hohem Mut, edel in der Kraft und in der Tugend; er war ein Vetter des Königs und hatte die Grafschaft erst kürzlich, nach dem Tod seines Vaters, bekommen; außerdem viele andere gute Ritter, geübt in den Waffen und von wunderbarem Kampfesmut, die hier nicht namentlich genannt werden. Sie alle wurden dem Schlachthaufen des Königs als dessen spezielle Leibwächter beigegeben, denn sie hatten sich durch große Zuverlässigkeit hervorgetan und ihre erhabene Tapferkeit war allgemein bekannt. Gegenüber hatte Otto inmitten seiner Schar Stellung bezogen; als Erkennungszeichen hatte er den über einem Drachen schwebenden goldenen Adler an einer langen Stange in die Höhe ziehen lassen.

Ehe die Feindseligkeiten eröffnet wurden, ermahnte der König seine Barone und seine Schar; und obgleich sie alle schon von ganzem Herzen fest entschlossen waren, ihre Sache gut zu machen, hielt er ihnen eine kurze Rede in folgenden Worten: »Ihr Herren Barone und Ritter, wir haben unser ganzes Vertrauen und unsere ganze Hoffnung in Gott gesetzt. Otto und alle seine Leute sind vom Papst gebannt, weil sie als Feinde der Heiligen Kirche deren Sache zugrunde richten. Das Geld, das man ihnen zukommen ließ und mit dem man sie löhnt, stammt von den Tränen der Armen oder vom Raub an Klerikern und Kirchen. Wir aber sind Christen und pflegen den Brauch der Heiligen Kirche, und obwohl wir Sünder sind wie alle anderen Menschen, unterwerfen wir uns doch Gott und der Heiligen Kirche. Wir schützen und verteidigen sie nach bestem Vermögen, und darum vertrauen wir von ganzem Herzen auf das Erbarmen Gottes, der uns die Kraft geben wird, unsere Feinde [die auch seine Feinde sind] zu überwinden und zu siegen.« Nachdem der König derart gesprochen hatte, baten die Barone und die Ritter um den Segen [und er betete mit erhobener Hand, damit der Segen des Herrn über sie käme]. Es erschallten Glocken und Trompeten, alsdann stürmten die Franzosen mit großer und bewundernswerter Kühnheit gegen ihre Feinde.

In dieser Stunde und an diesem Ort befanden sich hinter dem König zwei Männer, sein Hofkaplan, der die vorliegende Geschichte schreibt, und ein Kleriker; und sobald sie den Schall der Trompeten hörten, huben sie mit lauter Stimme an, den Psalm zu singen und zu rezitieren: *Benedictus Dominus Deus meus, qui docet manus meas ad proelium etc.*, bis zu Ende, dann *Exurgat Deus*, bis zu Ende, und schließlich *Domine, in virtute tua laetabitur Rex*, so gut sie konnten, denn Tränen und Schluchzer behinderten sie sehr. Sodann riefen sie aus reiner Frömmigkeit vor Gott in Erinnerung, welche Ehre und welche Freiheiten die Heilige Kirche unter König Philipp genoß, und welche Schmach und welche Schmähungen sie durch Otto und durch König Johann von England erlitt und erlitten hatte. Mit Hilfe von Geschenken und Versprechungen war es dem letzteren gelungen, all die am Ort versammelten Feinde im eigenen Königreich gegen den König aufzuwiegeln, und etliche von ihnen kämpften gegen ihren ligischen Lehnsherrn, dessen Wohl sie eigentlich gegen jedermann hätten verteidigen müssen.

Der erste Angriff ging nicht vom Standort des Königs aus, denn ehe die Leute seines Treffens oder die der Umgebung sich ins Getümmel stürzten, kämpften einige schon auf dem rechten Flügel gegen Ferrand und seine Schar, ohne daß der König davon wußte. Die vorderste Front des Schlachthaufens der Franzosen war so aufgestellt und geordnet, wie weiter oben beschrieben, und erstreckte sich in einer Länge von tausendvierzig Schritt über das Feld. Zu diesem Haufen gehörte Bruder Garin, der Erwählte von Senlis, vollständig gerüstet, aber nicht um zu kämpfen, sondern um die Barone und die anderen Ritter zurechtzuweisen und zu ermahnen, damit sie der Ehre Gottes, des Königs und des Königreichs sowie der Verteidigung ihres eigenen Wohls gedachten; ferner Odo, der Herzog von Burgund, Matthäus von Montmorency, der Graf von Beaumont, der Vizegraf von Melun und die anderen adligen Kämpfer, außerdem der Graf von Saint-Pol, den manche verdächtigten, er hätte mehrfach Absprachen mit dem Feind getroffen. Und da er wohl glaubte, niemand hätte Verdacht geschöpft, machte er gegenüber Bruder Garin die Bemerkung, daß der König an diesem Tage einen guten Verräter an ihm haben würde. Im gleichen Haufen befanden sich auch hundertachtzig Ritter aus der Champagne, so aufgestellt, wie der Erwählte Garin sie angewiesen hatte: Dieser nämlich zog einige von ganz vorn zurück, weil er sie für feige und ängstlich hielt, während er andere, die er für kühn und kampfbegeistert hielt, auf deren Tapferkeit er sich verlassen konnte, in die erste Reihe stellte und sie alle wie folgt ermahnte: »Ihr Herren Ritter, das Feld ist weit, dehnt Euch zwischen den Rängen aus, damit der Feind Euch nicht einschließen kann; denn es geziemt sich nicht, daß einer den anderen als Schild benutzt; stellt Euch vielmehr so auf, daß Ihr alle gemeinsam zur gleichen Zeit wie in einer einzigen Front kämpfen könnt.« Nachdem er das gesagt hatte, schickte er, wie der Graf von Saint-Pol ihm geraten, hundertfünfzig berittene Knechte vor, die den Kampf eröffnen sollten, damit die edlen Ritter Frankreichs, deren Namen oben genannt worden sind, ihren Feind etwas beunruhigt und verwirrt fänden.

Aber die Flandrer und die Deutschen, die vor Kampfbegierde brannten, fanden es höchst unwürdig, daß sie zuerst von Knechten und nicht von Rittern gefordert wurden. Darum geruhten sie nicht, sich vom Fleck zu bewegen, sondern erwarteten die Angreifer und bereiteten ihnen einen herben Empfang; sie töteten fast alle ihre Pferde und fügten ihnen viele Wunden zu, aber nur zwei der Männer wurden tödlich verletzt. Diese Knechte stammten aus dem Tal von Soissons, überaus tapfere Leute und überaus kühn, die sich zu Fuß ebenso trefflich schlugen wie zu Pferde.

Walther von Ghistelle und Buridan, beide von edler Tapferkeit, ermahnten die Ritter ihres Treffens zum Kampf und riefen ihnen die Heldentaten ihrer Freunde und ihrer Ahnen in Erinnerung, dem Anschein nach so unerschrocken, als nähmen sie an einem Turniere teil. Nachdem sie etliche der oben erwähnten Knechte aus dem Sattel gehoben und niedergeworfen hatten, ließen sie von ihnen ab, um im freien Feld gegen die Ritter zu kämpfen. Da zogen ihnen einige aus dem Trupp der Champagnesen entgegen und stellten sich ihnen tapfer zum Kampf. Als die Lanzen gebrochen waren, zogen sie die Schwerter und tauschten treffliche Hiebe aus. Mitten im Handgemenge tauchten Peter von Remi und seine Gefährten auf; mit Gewalt nahmen sie Walther von Ghistelle und Johann Buridan gefangen und führten beide ab. Da aber hub ein Ritter ihrer Schar, seines Namens Eustach von Machelen, an zu schreien und brüllte voller Hochmut: »Tod den Franzosen, Tod den Franzosen!« Die Franzosen umzingelten ihn, so daß einer ihn festhalten, seinen Kopf zwischen Brust und Ellbogen klemmen und ihm den Helm herunterreißen konnte, während ein anderer ihm zwischen Kinn und Finteil ein Messer ins Herz rammte und ihn den Tod, mit dem er die Franzosen so hochmütig bedroht, aufs Schmerzlichste am eigenen Leib empfinden ließ. Nachdem Eustach von Machelen derart getötet und Walther von Ghistelle wie auch Buridan gefangen waren, verdoppelte sich die Kühnheit der Franzosen, jede Furcht fiel von ihnen ab, und sie setzten ihre Kraft voll ein, als wären sie sich des Sieges ganz gewiß.

Nach den berittenen Knechten, die der Erwählte Garin vorgeschickt hatte, damit sie den Kampf eröffneten, folgte der Graf Walter von Saint-Pol mit den Rittern seines Treffens, allesamt auserwählt und von edler Tapferkeit. Er stürzte so wild auf seine Feinde los wie ein hungriger Adler auf eine Schar Tauben. Sobald er mitten im Getümmel war, teilte er heftige Hiebe aus und wurde heftig angegriffen. Hier zeigten sich sein Herzensmut und seine Körperkraft, denn er schlug alle nieder, die in Reichweite waren, und tötete unterschiedslos Menschen wie Pferde, ohne irgend jemanden gefangenzunehmen. So viele schlug und metzelte er rechts und links gemeinsam mit den Seinen nieder, daß er die dichte Menge seiner Feinde ganz durchfurchte, kehrt machte und sich woanders wieder hineinstürzte, als hätte er sie mitten im Haufen eingekreist.

Nach dem Grafen von Saint-Pol rückte der Graf von Beaumont mit großer Kühnheit vor; desgleichen Matthäus von Montmorency mit seinen Leuten und Odo, der Herzog von Burgund, der viele treffliche Ritter im Gefolge hatte; alle warfen sich begierig und kampfeslustig ins Getümmel und lieferten ihren Feinden eine wunderbare Schlacht. Der Herzog von Burgund, ein beleibter Mann von phlegmatischem Gemüt, fiel zu Boden, denn sein Streitroß wurde unter ihm getötet. Als seine Leute ihn daniederliegen sahen, scharten sie sich um ihn und ließen ihn alsbald ein neues Pferd besteigen. Kaum daß er, arg betrübt über den Sturz, wieder im Sattel saß, kündigte er Rache an für diese Schmach; er schwang die Lanze, gab seinem Pferd die Sporen und drang wutentbrannt in den dichtesten Haufen seiner Feinde ein. Er achtete nicht darauf, wohin er schlug, noch wem er begegnete, sondern rächte sein Mißgeschick an allen gleichermaßen, als hätte jeder einzelne der Gegner ihm sein Pferd getötet.

Woanders kämpfte der Vizegraf von Melun, der allerhand berühmte, in den Waffen erprobte Ritter bei sich hatte. An seinem Standort griff er die Feinde in der gleichen Weise an, wie der Graf von Saint-Pol es getan hatte; er durchbrach die feindliche Aufstellung und kehrte an anderer Stelle mitten durch den Haufen hindurch zurück. In diesem Getümmel erhielt Michael von Harnes einen Lanzenstich, der ihm durch Schild, Panzer und Schenkel ging, ihn gleichsam am Sattelbogen und am Pferd aufspießte und ihn mitsamt dem Tier zu Fall brachte. Auch Hugo von Maleveine und viele andere, deren Pferde tödlich getroffen wurden, gingen zu Boden, standen aber mutig wieder auf und schlugen sich zu Fuß nicht weniger tapfer als zu Pferde.

Der Graf von Saint-Pol, der nach sehr heftigem und sehr ausdauerndem Gefecht schon recht erschöpft war von der Vielzahl der Hiebe, die er ausgeteilt und empfangen hatte, zog sich einen Augenblick aus dem Getümmel zurück, um sich zu erfrischen, sich auszulüften und ein wenig zur Besinnung zu kommen. Dabei wandte er das Gesicht den Gegnern zu. Während er so ruhte, gewahrte er einen seiner Ritter, der so von Feinden umzingelt war, daß ein Durchkommen zu ihm unmöglich schien. Obwohl der Graf noch nicht wieder bei Kräften war, schnürte er seinen Helm, schmiegte sich eng an den Hals seines Pferdes, umklammerte ihn mit beiden Armen, gab dem Tier die Sporen und jagte so durch alle Feinde hindurch, bis er bei seinem Ritter war. Dann stellte er sich in die Steigbügel, zog das Schwert und teilte derart wuchtige Hiebe aus, daß er das feindliche Getümmel mit wunderbarem Heldenmut aufbrach und zersprengte. Nachdem er seinen Ritter – sei es aus Kühnheit, sei es aus Übermut – unter großen Gefahren für Leib und Leben befreit hatte, kehrte er zu seinem Haufen zurück und wurde von seinen

Leuten empfangen. Wie die Augenzeugen berichten, hatte er sich in solche Todesgefahr begeben, daß er von zwölf Lanzen auf einmal getroffen worden war, und doch hatte man, weil Gottes Gnade ihm half, weder ihn noch sein Pferd in den Staub werfen können. Nachdem er diese wunderbare Heldentat vollbracht und sich mit seinen Rittern, die derweilen in Ruhestellung geblieben waren, ein wenig erfrischt hatte, legte er die Rüstung wieder an und stürzte sich erneut ins dichteste Getümmel.

Jetzt wurde die Schlacht, die bereits drei Stunden währte, hier wie dort so glühend und so heftig geführt, daß Pallas, die Göttin der Schlachten, über die Kämpfenden hinweg durch die Luft schwebte, als wüßte sie noch nicht, wem sie den Sieg schenken sollte. Am Ende wogte die ganze Flut des Kampfes gegen Ferrand und die Seinen. Zu Boden geworfen, verletzt und vielfach stark verwundet, wurde er mit etlichen seiner Ritter gefangengenommen und in Fesseln gelegt. Er hatte so ausdauernd gekämpft, daß er halbtot war und der Schlacht nicht mehr standhalten konnte, als er sich den Brüdern Hugo und Johann von Mareuil ergab. Kaum daß Ferrand gefangen war, flüchteten alle, die auf diesem Flügel für seine Partei gekämpft hatten, sofern man sie nicht tötete oder gefangennahm.

Während Ferrand mit seiner Schar vollständig aufgerieben wurde, kehrte die Oriflamme, das Banner von Saint-Denis, endlich zurück und hinter ihr die Legionen der Kommunen, die schon fast bei den Zelten gewesen waren, namentlich die der Kommunen von Corbie, Amiens, Arras, Beauvais und Compiègne; alle eilten zum Schlachthaufen des Königs, dorthin, wo sie das königliche Banner mit den goldenen Lilien im azurblauen Feld erblickten; das Banner wurde an diesem Tag von einem Ritter namens Galo von Montigny getragen. Galo war ein trefflicher Ritter und sehr stark, aber er war kein reicher Mann. Die Kommunen marschierten durch sämtliche Haufen der Ritterschaft hindurch und bezogen vor dem König Stellung, um sodann gegen Otto und dessen Männer vorzurücken. Aber die Ritter in Ottos Schlachtreihe, allesamt von hervorragender Tapferkeit, schlugen sie gleich bis zum Treffen des Königs zurück, trieben sie nach und nach auseinander und durchbrachen ihre Haufen, so daß sie der Schlachtreihe des Königs recht nahekamen. Als Wilhelm des Barres, Wido Mauvoisin, Gerhard La Truie, Stephan von Longchamp, Wilhelm von Garlande, Johann von Rouvray, der Graf Heinrich von Bar und die anderen edlen Kämpfer, die dem König eigens als Leibwachen beigegeben waren, nun sahen, daß Otto und die Deutschen seines Haufens geradewegs zum König vorzudringen suchten und daß sie es ausschließlich auf seine Person abgesehen hatten, ritten sie vor, um den *furor Teutonicus* abzuwehren und zu zügeln. Sie ließen den König, um den sie besorgt waren, hinter sich zurück. Während sie nun gegen Otto und die Deutschen kämpften, gelangten deren Fußknechte, die vor ihnen waren, plötzlich an den König heran und rissen ihn mit Lanzen und Eisenhaken vom Pferd, so daß er zu Boden fiel. Ohne die Gnade Gottes und ohne die spezielle Rüstung, die seinen Körper schützte, hätten sie ihn auf der Stelle getötet. Aber die wenigen Ritter, die bei ihm geblieben waren, und Galo von Montigny, der lebhaft das Banner schwenkte, um Hilfe zu holen, und Peter Tristan, der freiwillig vom Pferd stieg und, um den König zu retten, die Hiebe mit dem eigenen Leib abfing, vernichteten und töteten sämtliche Fußknechte, die in Reichweite kamen. Der König sprang auf und bestieg sein Streitroß so behende, wie niemand es für möglich gehalten hätte. [Als der König wieder im Sattel saß und das Fußvolk, das ihn zu Fall gebracht hatte, vollständig aufgerieben war, versammelte sich der Haufen des Königs vor Ottos Schlachtreihe.] Nun begann ein herrliches Getümmel. Hier wie dort wurden Menschen und Pferde in wildem Gefecht niedergestreckt und getötet, denn alle schlugen sich mit wunderbarem Kampfesmut. Da, in unmittelbarer Nähe des Königs, wurde Stephan von Longchamp, ein tapferer, zuverlässiger und treu ergebener Ritter, tödlich getroffen; ein Messer wurde ihm durch die Augenklappe seines Helmes bis ins Gehirn gestoßen. Die Feinde des Königs bedienten sich bei dieser Schlacht einer Sorte Waffen, die man nie zuvor gesehen hatte, denn sie trugen lange, schmale, von der Spitze bis zum Heft dreischneidige Messer, die sie im Kampf anstelle von Schwertern und Degen benutzten. Doch dank der Gnade Gottes trugen die Degen und die Schwerter der Franzosen, deren Kampfesmut nicht nachließ, den Sieg über die Grausamkeit der Feinde und über ihre neuen Waffen davon; denn sie kämpften so beherzt und so ausdauernd, daß sie Ottos ganzen Haufen mit Gewalt abdrängten, ihn zum Rückzug zwangen und so nahe an seine Person herankamen, daß Peter Mauvoisin, mehr mit Kampfeskraft denn mit der Weisheit dieser Welt begabt, ihm in die Zügel fiel und ihn derart aus dem Gewühl zu zerren suchte. Er sah jedoch, daß sein Vorhaben wegen des Getümmels und wegen der vielzähligen Schar, die sich dicht um Otto drängte, nicht gelingen würde. Da stieß Gerhard La Truie, der ebenfalls zugegen war, mit einem Messer [das er blank in der Hand hielt] nach des Kaisers Brust, und als er nicht durchkam [weil die festen Rüstungen, mit denen die Krieger unserer Zeit sich schützen, undurchdringlich sind], stieß er ein zweites Mal zu, um den Fehlschlag wettzumachen. Während er so auf Ottos Leib zielte, traf er den Kopf des sich aufbäumenden Pferdes, und das mit großem Geschick geworfene Messer drang diesem durch das Auge ins Gehirn. Das Pferd, das den heftigen Stich wohl spürte, bekam es mit der Angst und wurde wild. Es wandte sich in die Richtung, aus der es gekommen war, so daß Otto unseren Rittern den Rücken zeigte und eiligst davonjagte. Als Beute überließ er seinen Feinden den Adler, die Fahne und alles, was er auf das Schlachtfeld mitgenommen hatte. Als der König ihn so davonreiten sah, sagte er zu seiner Schar: »Otto flieht, heute werden wir sein Angesicht nicht mehr erblicken.« Der aber war nicht weit gekommen, als sein Streitroß tot zusammenbrach. Gleich wurde ihm ein zweites, ganz frisches Pferd gebracht, und als er wieder im Sattel saß, setzte er seine Flucht schleunigst fort, wie einer, der den Kampfesmut der Ritter Frankreichs nicht länger ertrug, denn Wilhelm des Barres hatte ihn noch zweimal am Hals gepackt, ihn aber nicht zu halten vermocht, weil das Pferd des Kaisers stark und stürmisch war und weil seine Leute sich dazwischenwarfen. In dem Augenblick, da Otto entfloh, wurde die Schlacht auf beiden Seiten trefflich und glühend geführt. Ottos Ritter kämpften so beherzt, daß es ihnen gelang, Wilhelm des Barres, der sich weiter vorgewagt hatte als die anderen, niederzuwerfen und sein Pferd zu töten. Walther der Jüngere, Wilhelm von Garlande [beide mit gebrochenen Lanzen und blutigem Schwert] sowie Bartholomäus von Roye, ein trefflicher und kluger Ritter, [und die anderen, die bei ihnen waren] hatten unterdessen entschieden, daß es gefährlich sei, den König derart allein und ohne Deckung hinter sich zu lassen. Aus diesem Grund wollten sie sich nicht ganz vorne ins Getümmel stürzen, wie Le Barrois es tat, der seinen Feinden nun zu Fuß gegenüberstand und sich, wie gewohnt, mit wunderbarem Kampfesmut verteidigte. Weil aber ein einziger Mann zu Fuß nicht sehr lange gegen eine große Überzahl standhalten kann, wäre er am Ende getötet oder gefangengenommen worden, hätte Thomas von Saint-Valery, ein edler Ritter und tüchtig im Waffengebrauch, der mit fünfzig Rittern und zweitausend Fußknechten herbeigeeilt kam, ihn nicht aus den Händen der Feinde befreit.

Erneut entbrannte die Schlacht, denn während Otto floh, kämpften die edlen Ritter seines Haufens standhaft weiter, namentlich Bernhard von Horstmar, ein Ritter von großer Tapferkeit, Graf Otto von Tecklenburg, Graf Konrad von Dortmund, Gerhard von Randerath sowie etliche andere starke und kampfesmutige Ritter, die Otto eigens wegen ihrer großen Tapferkeit ausgewählt hatte, damit sie ihm während der Schlacht als Leibwächter dienten. Sie alle kämpften hervorragend, und sie vernichteten und töteten die Unseren. Dennoch obsiegten die Franzosen, und die beiden obengenannten Grafen sowie Bernhard von Horstmar und Gerhard von Randerath wurden gefangengenommen. Der Wagen, auf dem die Fahne angebracht war, wurde zertrümmert, der Drachen heruntergerissen und zerstört, und der goldene Adler wurde mit ausgerissenen und gebrochenen Flügeln vor dem König niedergelegt. So wurde Ottos Haufen nach dessen Flucht vollständig aufgerieben.

Rainald, der Graf von Boulogne, der das Getümmel die ganze Zeit aufrechterhalten hatte, schlug sich immer noch so beherzt, daß niemand ihn besiegen oder überwältigen konnte. In der Schlacht bediente er sich einer neuen Kunst, denn er bildete einen doppelten Wall aus seinen gut gepanzerten Fußknechten, die kreisförmig wie ein Rad eng aneinandergedrängt zusammenstanden. Es gab nur einen einzigen Eingang in diesen Kreis, der sich ihm öffnete, wenn er verschnaufen wollte oder zu arg von Feinden bedrängt wurde; diese Möglichkeit nutzte er mehrmals.

Wie man inzwischen von den Gefangenen erfuhr, hatten derselbe Graf Rainald, Graf Ferrand und Kaiser Otto vor Beginn der Schlacht geschworen, sie würden sich weder nach rechts noch nach links wenden, noch würden sie gegen irgendeine Schlachtreihe antreten außer der und nur der, in welcher der König sich befände. Und sie hatten versprochen, den König zu töten, sobald sie ihn gefangen hätten, denn sie glaubten, daß sie sich, wenn der König tot wäre, das ganze Königreich leicht unterwerfen könnten. Um dieses Schwures willen wollten sie nirgendwo ins Gefecht treten außer gegen den Haufen des Königs. Ferrand, der denselben Schwur geleistet hatte, wollte sich geradewegs auf den König stürzen, konnte es aber nicht, weil die Abteilung der Champagnesen sich dazwischenwarf und so heftig gegen ihn kämpfte, daß sie sein Vorhaben vereitelte. Auch Graf Rainald hatte am Anfang des Getümmels alle anderen gemieden, sich gleich dem Haufen des Königs zugewandt und war direkt auf ihn losgegangen. Aber dann, als er schon in seiner Nähe war, packte ihn, wie etliche glauben, der Schrecken, und es überkam ihn eine natürliche Angst vor seinem rechtmäßigen Herrn. Er stürzte sich an einer anderen Stelle ins Getümmel und kämpfte gegen den Grafen Robert von Dreux, der im gleichen Haufen unweit des Königs von einem dichten Knäuel umgeben war.

Der Graf Peter von Auxerre, ein Vetter des Königs, schlug sich mutig für seinen Herrn, während sein Sohn Philipp, der durch seine Mutter ein Vetter von Ferrands Gemahlin war, im anderen Lager gegen den eigenen Vater und gegen die Krone von Frankreich kämpfte. Die Sünde und der Böse Feind hatten die Herzen einiger so stumpf gemacht, daß sie, obwohl der eigene Vater, die Brüder und die Vettern in der Partei des Königs waren, nicht davon abließen, diese aus Angst vor Gott zu bekämpfen, und wenn es ihnen gelungen wäre, hätten sie zu ihrer großen Schmach und Schande ihren rechtmäßigen Herrn ebenso vertrieben wie ihre leiblichen Freunde, die sie eigentlich von Natur aus lieben müßten.

Graf Rainald hatte der Schlacht anfangs nicht recht zustimmen wollen, obwohl er mutiger und ausdauernder kämpfte als irgend jemand sonst; da er aber die Kühnheit und die Tapferkeit der Ritter Frankreichs sehr wohl kannte, hatte er eindringlich vom Kampfe abgeraten. Darum war er von Otto und seinen Leuten des Verrats verdächtigt worden, und hätte er nicht doch noch in die Schlacht eingewilligt, hätten sie ihn gefangengesetzt und in Ketten geschlagen, wozu er gegenüber Hugo von Boves kurz vor Eröffnung der Feindseligkeiten folgende Bemerkung machte: »Hier haben wir nun die Schlacht, die du gutheißt und empfiehlst, während ich sie ungut heiße und nicht empfehlen kann. Es wird jedoch so kommen, daß du, schlecht und feige, die Flucht ergreifst, während ich unter Einsatz meines Lebens kämpfen werde; dabei weiß ich wohl, daß man mich am Ende töten oder gefangennehmen wird.« Nachdem er dies gesagt hatte, begab er sich an den vorgesehenen Platz in seinem Haufen und kämpfte heftiger und ausdauernder als alle seine Parteigänger.

Unterdessen lichteten sich in Ottos Lager die Reihen, denn der Herzog von Brabant, der Herzog von Limburg und Hugo von Boves waren bereits entflohen, als auch die anderen in Scharen von vierzig oder fünfzig Mann oder in unterschiedlich großen Gruppen die Flucht ergriffen. Graf Rainald indes kämpfte so entschlossen weiter, daß niemand ihn der Schlacht entreißen konnte. Nur sechs Ritter hatte er noch bei sich, die ihn nicht im Stich lassen wollten und ihn kräftig im Kampf unterstützten. Da näherte sich ein tapferer und kühner Knecht namens Peter von La Tournelle, der zu Fuß kämpfte, weil die Gegner sein Streitroß getötet hatten; er schlug sich zu dem Grafen durch, lüftete die Panzerdecke von dessen Pferd und stieß dem Tier das Schwert so tief in die Weichen, daß es bis zum Heft versank. Einer von Rainalds Rittern, der diesen Hieb beobachtet hatte, riß die Zügel des Grafen an sich und zerrte den Widerstrebenden mühsam aus dem Getümmel; dann machte er sich so schnell er konnte aus dem Staube, doch die Brüder Kono und Johann von Condune setzten ihm nach und warfen den tapferen Ritter zu Boden. Das Streitroß des Grafen brach tot zusammen, und Rainald fiel so, daß sein rechter Oberschenkel unter den Hals des Pferdes geriet. Um ihn gefangenzunehmen, eilten sowohl Hugo und Walther von Fontaines wie auch Johann von Rouvray herbei. Während sie miteinander stritten, wem die Gefangennahme des Grafen zustünde, kam aus einer anderen Richtung Johann von Nesle. Dieser Johann war ein schöner, stattlicher Ritter, aber seine Tapferkeit entsprach weder der Schönheit noch der Größe seines Körpers, denn er hatte während des ganzen Tages gegen niemanden gekämpft. Nun aber zankten er und seine Ritter mit denen, die den Grafen festhielten, denn Johann wollte völlig grundlos einigen Ruhm wegen der Gefangennahme eines so großen Mannes erheischen. Am Ende hätte er ihnen den Grafen tatsächlich entrissen, wäre am Ort des Geschehens nicht der Erwählte Garin aufgetaucht. Sobald der Graf diesen Mann erblickte, überließ er ihm sein Schwert und bat ihn als einzige Gunst um sein Leben. Doch ehe Garin daselbst erschienen war und derweilen die Ritter noch miteinander stritten, hatte ein Knecht namens Commotus Rainald den Helm vom Kopf gerissen, wie einer, der tapfer und kampfesmutig war; dann hatte er ihm im Gesicht eine große Wunde zugefügt und seinen Panzer unten angehoben, um ihm das Messer in den Bauch zu stoßen; die Klinge aber hatte keine Öffnung gefunden, weil die Beinschienen fest an den Panzer genäht waren. Während Rainald nun von den anderen festgehalten wurde und man ihn zwang, sich vom Boden zu erheben, blickte er um sich; da gewahrte er Arnulf von Audenarde, der ihm mit einigen Rittern in höchster Eile zu Hilfe kam; als Rainald die Männer in seine Richtung schwenken sah, ließ er sich wieder zu Boden fallen und tat dergleichen, als könne er sich nicht auf den Beinen halten, denn er hoffte, auf diese Weise würde Arnulf ihn befreien. Aber diejenigen, die ihn umgaben, zwangen ihn mit heftigen Schlägen, ein Packpferd zu besteigen, und Arnulf wurde wie alle anderen, die bei ihm waren, festgehalten und gefangengesetzt.

Als sämtliche Ritter des gegnerischen Lagers tot, gefangengenommen oder durch Flucht entkommen waren und Ottos Schar das Schlachtfeld geräumt hatte, verblieben daselbst noch siebenhundert tapfere und kühne Fußknechte aus Brabant, die wie eine Mauer zur Verteidigung und zum Schutz gegen die Gewalt der Feinde vor ihren Leuten aufgestellt worden waren. Der König, der sie sehr wohl bemerkte, schickte Thomas von Saint-Valery, einen edlen, lobenswerten [und recht gebildeten] Ritter, gegen sie in den Kampf. Dieser Thomas hatte fünfzig treffliche und zuverlässige Ritter aus seiner Heimat im Gefolge, außerdem zweitausend Fußkämpfer. Nachdem er seine Schar ordentlich versammelt hatte, fiel er über die Gegner her wie ein hungriger Wolf über die Lämmer. Obwohl er ebenso wie seine Leute, die sich den Tag über eifrig geschlagen hatten, sehr erschöpft vom vielen Kämpfen war, rieb er die Brabanter durch hervorragende Tapferkeit gänzlich auf und nahm etliche gefangen. Danach geschah etwas, worüber man nur staunen kann, denn als Thomas nach dem Sieg alle seine Leute zählte, fehlte nur ein einziger, der gesucht und bei den Toten gefunden wurde; man brachte den Mann ins Lager und führte ihn den Ärzten vor, die ihn in kurzer Zeit wieder gesund machten.

Der König gebot, daß seine Leute die Flüchtenden nicht weiter als eine Meile verfolgten, denn das unbekannte Gelände war gefährlich und die Nacht stand bevor; desgleichen wollte er verhindern, daß die Fürsten und die reichen Männer, die in seiner Gefangenschaft waren, durch irgendeinen Zufall entkämen oder trotz der Wachen mit Gewalt befreit oder entführt würden. Denn solches fürchtete der König sehr. Bald erschallten Hörner und Trompeten, um denen, die noch auf Verfolgungsjagd waren, das Zeichen zur Rückkehr zu geben; und als sämtliche Abteilungen zurückgekehrt waren, zogen sie gemeinsam zum Lager, jubelnd und voller Freude.

[Wie wunderbar ist doch die Milde unseres Fürsten! Wie neu und einzig sein Erbarmen in unserem Jahrhundert!] Mit seinen Baronen bei den Zelten angelangt, ließ der König sich noch am selben Abend alle edlen Männer vorführen, die seine Leute während der Schlacht gefangengenommen hatten. Es waren ihrer dreißig, fünf Grafen und fünfundzwanzig andere von so hohem Adel, daß jeder sein eigenes Banner in den Kampf geführt hatte – ganz abgesehen von der großen Anzahl weniger hochgestellter Gefangener. Als sie nun versammelt vor dem König standen, schenkte dieser ihnen in seiner großen Güte und in der erbarmungsvollen Milde seines Herzens allen das Leben, obgleich jene, die aus dem Königreich stammten und seine ligischen Lehnsmänner waren, aber dennoch gegen ihn konspiriert, seinen Tod geschworen und mit allen Mitteln versucht hatten, ihn zu töten, nach Gesetz und Landesgewohnheit schuldig waren und ihr Leben verwirkt hatten. [Wahrlich, so sehr der König unbeugsame Strenge gegen alle Aufrührer walten ließ, so sehr und noch viel inniger blühte in ihm die Milde gegenüber allen Unterworfenen. Denn es war stets sein höchster Grundsatz gewesen, die Unterworfenen zu schonen und die Hochmütigen niederzuwerfen.] In Ketten geschlagen und gefesselt wurden die Gefangenen auf Karren geladen und zu den Kerkern verschiedener Orte gebracht. Am nächsten Tag machte der König sich auf den Rückweg nach Paris.

Als er Bapaume erreichte, wurde ihm – ob wahr oder falsch – gemeldet, Graf Rainald habe Otto eine Botschaft zukommen lassen und dem Kaiser anempfohlen und geraten, er solle nach Gent zurückkehren, die Geflohenen dort empfangen und seine Streitkräfte wieder versammeln, um die Schlacht mit Unterstützung der Bürger von Gent und der anderen Feinde des Königs zu erneuern. Als der König dies hörte, geriet er außer sich vor Zorn gegen den Grafen. Er stieg in den Turm, in dem Rainald und Ferrand, die größten unter allen Gefangenen, festgehalten wurden. Und getrieben von seiner Wut über Rainalds Dreistigkeit, hielt er diesem alles vor, was er für ihn getan hatte, und sagte zu ihm: Als Rainald sein ligischer Lehnsmann gewesen sei, habe er, der König, ihn zum Ritter der neuen Ritterschaft gemacht, und als er arm gewesen sei, habe er ihn reich gemacht; Rainald aber habe ihm nach all diesen Wohltaten das Gute mit Bösem vergolten. Denn er und sein Vater, Graf Alberich von Dammartin, hätten sich Heinrich, dem König von England, zugewandt und sich mit ihm verbündet, zum Schaden des französischen Königs und des französischen Königreichs. Und als Rainald nach diesem Vergehen zu ihm zurückgekehrt sei, habe er ihm alles verziehen, ihn in Gnade und in Liebe aufgenommen und ihm die Grafschaft Dammartin überlassen, obwohl diese ihm von Rechts wegen nicht mehr zustand; denn sein Vater, der obengenannte Graf Alberich, hatte sie vertan und sie als Verbündeter des Feindes, für den er in der Normandie sein Leben ließ, nach richterlichem Urteil verloren. Der König aber gab Rainald obendrein auch noch die Grafschaft Boulogne. Trotz aller dieser Wohltaten ließ der Treulose ihn abermals im Stich: Er verbündete sich mit König Richard von England und blieb, solange dieser lebte, im feindlichen Lager. Erst als König Richard tot war, kehrte er zum König von Frankreich zurück, und wieder nahm dieser ihn in Freundschaft auf und gab ihm außer den beiden Grafschaften, die er zuvor bekommen hatte, noch drei weitere, nämlich Mortain, Aumale und Varennes. Doch ungeachtet auch dieser Wohltaten wiegelte Rainald ganz England, ganz Deutschland, ganz Flandern, Hennegau und ganz Brabant gegen seinen König auf, dem er schon ein Jahr zuvor im Hafen von Damme einen Teil seiner Flotte zerstört hatte; ja schlimmer noch, denn im Verbund mit den anderen Feinden Frankreichs hatte er seines Königs Tod geschworen und auf dem Schlachtfeld von Mann zu Mann gegen ihn gekämpft. Und das war immer noch nicht alles. Denn nachdem der König ihm das Leben geschenkt und sich aus lauter Herzensgüte bereit erklärt hatte, die vielen Unbotmäßigkeiten zu vergessen, setzte Rainald dem Übel nun die Krone auf, indem er Kaiser Otto und alle, die dem Getümmel entkommen waren, ermutigte, die Geflohenen wieder zu versammeln, um erneut gegen Frankreich in die Schlacht zu ziehen: »Mit all diesen Übeln«, sagte der König, »hast du mir vergolten, was ich dir an Wohltaten angedeihen ließ; trotzdem werde ich dir nicht das Leben nehmen, denn ich habe es dir geschenkt; aber ich werde dich so einkerkern, daß du nimmermehr entkommst, ehe du nicht sämtliche Übel gesühnt hast.«

Nachdem der König diese Worte an Graf Rainald gerichtet hatte, ließ er ihn nach Péronne in einen gut befestigten Kerker bringen und ihn in starke Eisenfesseln legen, die geschickt zusammengefügt und miteinander verbunden waren. Die Kette, die sie zusammenschloß, war so kurz, daß der Gefangene keinen halben Schritt tun konnte, und in der Mitte dieser kleinen Kette war eine große festgemacht, zehn Fuß lang, durch welche die erste an einen dicken Stamm gebunden war, so schwer, daß zwei Männer ihn kaum jedesmal vom Fleck bewegen konnten, wenn Rainald seinen natürlichen Bedürfnissen nachgehen wollte. Ferrand kam nach Paris in einen neuerbauten, sicheren und hohen Turm außerhalb der Stadtmauern, welchen man den Turm des Louvre nennt.

Wilhelm Langschwert, der Graf von Salisbury, wurde noch am Tag der Schlacht dem Grafen Robert von Dreux ausgehändigt, damit dieser ihn im Austausch gegen seinen eigenen Sohn, der, wie oben erwähnt, in England gefangengehalten wurde, an Wilhelms Bruder Johann, den König von England, übergab. Aber König Johann, der, voller Haß auf das eigene Fleisch und Blut, seinen Neffen Arthur getötet und dessen Schwester Eleonore zwanzig Jahre lang im Kerker festgehalten hatte, war nicht bereit, einen fremden Mann im Austausch gegen den eigenen Bruder herzugeben. [Ganz ähnlich wie der Luchs bei Merlin. Denn als Merlin seinen Vater mit einem Löwen verglich, sagte er: »Aus ihm wird ein Luchs hervorgehen, der überall eindringt und sein eigenes Geschlecht zugrunde richtet. Wegen ihm wird Neustrien seine beiden Inseln verlieren und seiner Würde beraubt werden.«] Die anderen Gefangenen wurden teilweise in den Châtelets des Grand Pont oder des Petit Pont untergebracht und ansonsten auf die verschiedenen Kerker des Königreichs verteilt.

[Wie richtig, gerecht und untadelig sind Deine Urteile, o Herr, der Du die Vorhaben der Fürsten vereitelst und die Pläne der Völker durchkreuzt! Du, der Du das Böse duldest, um es zum Guten zu wenden, der Du Deine

Rache aufschiebst, damit die Übelwollenden Zeit zur Umkehr haben, und der Du erlaubst, daß die Unbußfertigen mit ebenso angemessener wie verdienter Rute gezüchtigt werden. Du, der Du die Absichten der Bösen, wenn sie die Guten auszurotten drohen, stets in ihr Gegenteil verkehrst.]

Die während der Schlacht gefangenen Feinde hatten sich nicht nur gegen den König verschworen, sie hatten ihm auch seine eigenen Leute durch Versprechungen und Geschenke abgeworben und auf ihre Seite gezogen; so etwa Herwig, den Grafen von Nevers, und alle Großen aus den Gebieten südlich der Loire, aus Maine, Anjou und Poitou, ausgenommen nur Wilhelm des Roches, Seneschall von Anjou, und Juhel von Mayenne. Der Vizegraf von Sainte-Suzanne und viele andere hatten dem König von England ihre Unterstützung zugesagt, allerdings nur heimlich, denn aus Angst vor König Philipp wollten sie abwarten, bis sie Gewißheit über den Ausgang der Schlacht hätten. Die Feinde des Königs hatten das Königreich Frankreich schon ganz unter sich aufgeteilt, als wäre der Sieg ihnen sicher, und Kaiser Otto hatte jedem einzelnen seinen Teil versprochen: Graf Rainald von Boulogne sollte Péronne mit dem ganzen Vermandois bekommen, Ferrand sollte Paris haben und den anderen waren andere Städte und andere Länder verheißen. Was die Grafen Rainald und Ferrand betrifft, so wäre ein solches Versprechen nicht vonnöten gewesen, denn Ferrand bekam sein Paris und Rainald sein Péronne, allerdings nicht zu Ruhm und Ehren, sondern zur Schmach und zur Schande.

Alles, was wir hier über die Anmaßungen und den Verrat der Gegner gesagt oder berichtet haben, wurde dem König von Männern zugetragen, die auf seiten der Feinde standen und Sprachrohr ihres Rates waren: Es liegt uns fern, von ihnen oder ihren Taten etwas gegen unser Gewissen zu erzählen, auch wenn sie Feinde des Königreichs sind; wir berichten nur, was wir für reine Wahrheit halten.

Wie der Volksmund bezeugt, hatte die alte Gräfin von Flandern, eine Tante des Grafen Ferrand von Spanien und Tochter des Königs von Portugal, daselbst geboren und Königin-Gräfin genannt, den Ausgang der Schlacht im voraus wissen wollen. Sie bediente sich der Zauberei, ganz nach dem Brauch der Spanier, die gern von dieser Kunst Gebrauch machen, und erhielt folgende Antwort: »Es wird ein Kampf entbrennen. Im Laufe der Schlacht wird der König niedergeworfen, mit Füßen getreten und von Pferdehufen drangsaliert werden und wird doch kein Grab haben. Und nach dem Sieg wird man Ferrand mit großen Feierlichkeiten in Paris empfangen.« Das alles entspricht der Wahrheit, wenn man die Antwort bloß richtig versteht; denn es traf alles genauso ein, wie in doppelsinnigen Worten vorhergesagt, ganz nach des Teufels Art, der diejenigen, die ihm dienen, am Ende stets enttäuscht, indem er trügerische Zweideutigkeit walten läßt, was auf das gleiche hinauskommt wie ein rätselhafter Spruch.

Wer könnte das große Fest, das dem König nach seinem Sieg auf dem Rückweg durch Frankreich vom ganzen Volk bereitet wurde [wer könnte den Jubel, die Glückwünsche, die triumphierenden Gesänge und die zahllosen Freudentänze der Anwohner], in Worte oder in Gedanken fassen oder gar auf Tafeln und auf Pergament beschreiben? Überall sangen die Geistlichen liebreiche, köstliche Lobgesänge zu Ehren Unseres Herrn; überall ertönte das Glockengeläut der Abteien und der Kirchen; die Klöster waren innen wie außen feierlich mit seidenen Tüchern geschmückt; die Gassen und die Häuser der treuen Städte hatten ein Kleid aus prachtvollen Gehängen und reichem Zierrat angelegt; Wege und Straßen waren mit jungen Ranken, grünen Zweigen und frischen Blüten bestreut; das ganze Volk, groß und klein, Männer und Frauen, ob alt oder jung, strömte scharenweise zu den Durchgangsorten und den Kreuzungen; Bauern und Erntearbeiter versammelten sich mit Rechen und Sensen über den Schultern [denn es war die Zeit der Getreideernte], um Ferrand, den sie als bewaffneten Mann noch kurz zuvor gefürchtet hatten, nun in Fesseln zu sehen und zu beschimpfen. Die gemeinen Bauern, die alten Weiber und die Kinder schämten sich nicht, ihn zu verspotten und zu schmähen, und sie nutzten die Gelegenheit, Witze über seinen doppelsinnigen Namen zu machen, den man für Menschen wie für Pferde gebrauchte. Der Zufall wollte es, daß zwei Pferde von der Farbe der Eisenschimmel, die eben mit dem Wort *ferrant* bezeichnet werden, Ferrand auf einer Sänfte trugen, und so spottete man lauthals, daß zwei Eisenschimmel einen dritten trügen und daß Ferrand, der vor Wut mit den Füßen gestampft und sich aus lauter Stolz gegen seinen Herrn erhoben hätte, nun in Eisen geschlagen sei. Derart wurden der König bejubelt und Ferrand geschmäht, bis Paris in Reichweite kam. Dort zogen die Bürger und die ganze Studentenschaft der Universität [der Klerus und das Volk] dem König [mit Hymnen und Gesängen] entgegen und zeigten die große Freude ihres Herzens durch Veranstaltungen draußen; denn sie machten ein unvergleichliches Fest mit den schönsten Feierlichkeiten; und da der Tag ihnen nicht lang genug war, feierten sie auch des Nachts bei großer Beleuchtung, so daß die Nacht hell war wie der Tag. Derart währte das Fest sieben Tage und sieben Nächte ohne Unterbrechung. [Vor allem die Studenten hörten nicht auf, ihre Freude mit kostspieligem Aufwand durch Festmähler, Chöre, Tänze und Gesänge kundzutun.]

Es vergingen wenige Tage, bis die Poitevinen, die sich insgeheim gegen den König verschworen hatten, mit maßlosem Entsetzen von dem großen Sieg erfuhren und alles dafür taten, sich mit dem König auszusöhnen. Der König aber, der ihre Täuschungen und ihre Unbotmäßigkeit oftmals zu spüren bekommen hatte und sehr wohl wußte, daß ihre Liebe und ihre Gunst keine Früchte tragen, sondern ihrem Herrn stets zum Schaden und zum Nachteil gereichen würden, lehnte jede Verhandlung ab und wollte sich nicht mit ihnen einigen; statt dessen versammelte er sein Heer und zog eilends nach Poitou, wo König Johann sich befand. Als das Heer bei einer reichen, gut befestigten und gut bewachten Burg namens Loudun angekommen war, schickten der Vizegraf von Thouars, ein ebenso weiser wie mächtiger Mann, und die vornehmsten Herren von ganz Aquitanien ihre Gesandten zum König und flehten ihn an, er möge sie in Gnade und in Liebe empfangen oder ihnen Waffenstillstand bieten. Und der König, der seine Feinde nach alter Gewohnheit lieber durch einen Frieden als durch eine Schlacht bezwang, nahm den Vizegrafen von Thouars dank der Fürsprache des Grafen Peter von Bretagne, der ein Vetter des Königs war und die Nichte des Vizegrafen geheiratet hatte, in Eintracht auf.

König Johann von England, der fünfzehn Meilen von der Burg Loudun entfernt im Lande weilte, wußte nicht, was er tun und lassen sollte, denn er hatte weder einen Rückzugsort, an den er ungefährdet hätte fliehen können, noch wagte er, auf den König zu warten oder gegen ihn in die Schlacht zu ziehen. Am Ende schickte er seine Gesandten, die mit dem König über einen Frieden verhandeln oder wenigstens irgendeinen Waffenstillstand erwirken sollten. Die Gesandten waren der Magister Robert, Kardinallegat von Rom, und Graf Rainulf von Chester und viele andere Männer. Der Legat und die übrigen Gesandten verhandelten so lange, bis der König in seiner Herzensgüte einen Waffenstillstand auf fünf Jahre erließ, obgleich sein Heer, abgesehen von all den zahlreichen Getreuen und Knechten zu Fuß oder zu Pferde, aus über zweitausend Rittern bestand, mit denen er leicht und in kurzer Zeit ganz Aquitanien und dazu noch den König von England mit dessen ganzer Schar hätte besiegen können. Als er diese Dinge erledigt hatte, kehrte der König nach Frankreich zurück. Am 17. Oktober wurden die Gemahlin des Grafen Ferrand und die Flandrer vorstellig, um mit ihm in Verhandlungen zu treten. Gegen die Ansicht und den Willen seiner Leute ordnete der König die Auslieferung Ferrands unter der Bedingung an, daß die Flandrer ihm Gottfried, den Sohn des Herzogs von Brabant, auf fünf Jahre als Geisel überstellten, daß sie sämtliche Burgen und Festungen in Flandern und Hennegau auf eigene Kosten niederreißen ließen und daß sie für Ferrand wie auch für jeden anderen Gefangenen ein Lösegeld nach Maßgabe der jeweiligen Schuld bezahlten. Auf diese Weise wurden Ferrand und alle seine Bundesgenossen aus dem Kerker entlassen. Was die Grafen Herwig von Nevers und die anderen betrifft, die dem König ligische Mannschaft geleistet und sich der Verschwörung oder des Verrats verdächtig gemacht hatten, so wollte der König keine andere Rache an ihnen nehmen, als daß er sie bei den Heiligen schwören ließ, sie würden ihm und der Krone von Frankreich künftig wohlgesonnen und treu ergeben sein.

[Am 17. März des folgenden Jahres ereignete sich eine Mondfinsternis, die mit dem ersten Hahnengeschrei begann und bis nach dem nächsten Tagesanbruch währte.]*

Während König Philipp, wie gesagt, in Flandern gegen Otto und die anderen Feinde kämpfte, trat sein Sohn Ludwig in Anjou gegen König Johann und die Poitevinen an. Er beendete die Belagerung der Burg La Roche-aux-Moines, noch ehe er überhaupt dort angekommen war, und trieb Johann mit dem ganzen Heere schmählich in die Flucht. Da nun Vater und Sohn durch Gottes Hilfe zwei Siege zur gleichen Zeit errungen hatten, gründete der König bei der Stadt Senlis eine dem Orden des heiligen Viktor von Paris gestiftete Abtei, die zur Erinnerung und zum Gedenken an die großen Siege, die Gott ihnen geschenkt hatte, den Namen La Victoire erhielt.«

* Hier endet der von Wilhelm Brito verfaßte Teil der Chronik.

KOMMENTAR

Der Frieden

Der Bericht Wilhelm Britos ist nicht das einzige Zeugnis. Andere Texte, die zur gleichen Zeit oder wenig später geschrieben wurden, aber unabhängige Versionen liefern, bieten sich als Ergänzung an und laden in manchen Punkten zu Korrekturen ein. Weniger ausführlich, unterscheiden sie sich insofern von Britos Bericht, als sie einen anderen Standpunkt als den des Hofes von Frankreich wiedergeben und die Schlacht in ein anderes Licht stellen. Um die offizielle Spur des Ereignisses richtig zu interpretieren, sollten diese ebenfalls sehr direkten Erzählungen berücksichtigt werden. Im wesentlichen geht es um vier Zeugnisse, von denen drei auf lateinisch verfaßt worden sind. Der getreueste ist die *Relatio Marchianensis de Pugna Bovinis*, die, wie der Titel schon sagt, im Kloster bei Marchiennes entstand und zweifellos in der ersten Aufregung über das Ereignis geschrieben wurde; Waitz hat sie nach einem Manuskript der Bibliothek von Douai in den *Monumenta Germaniae Historica* herausgegeben. Auch die von 1165 bis 1214 reichende Fortsetzung der flandrischen Chronik *Flandria Generosa* liefert ganz am Schluß einen fast unmittelbaren Bericht über Bouvines; offenbar wurde der Autor durch die glanzvolle Wirkung der Schlacht, die das Interesse an der Geschichtsschreibung allenthalben belebte, zu diesem Teil seiner Arbeit angeregt; zweifellos war er ebenfalls Mönch, und zwar ein Zisterzienser aus der Abtei Clairmarais bei Saint-Omer; jedenfalls neigte er der französischen Seite zu. Wie wir von Alberich des Trois Fontaines wissen, war auch ein Erzdechant aus Lüttich derart vom Echo des kapetingischen Sieges beeindruckt, daß er sich daranmachte, alles zu erzählen, was ihm an Denkwürdigkeiten über seine Zeit bekannt war; dieser Kanoniker ist möglicherweise identisch mit dem 1219 gestorbenen Verfasser der *Vita Odiliae*, einer Lebensgeschichte der heiligen Odilia; der letzte Teil dieses Werkes – der einzige, der uns erhalten geblieben ist, weil Ägidius aus der Abtei Orval in der Diözese Trier ihn um 1250 in seine *Geschichte der Bischöfe von Lüttich* aufnahm – feiert den Triumph, den der heilige Lambert 1213 in der Schlacht bei Steppes nahe Montenaeken davontrug, indem er seinen Schützlingen, den Einwohnern Lüttichs, zum Sieg gegen den Herzog von Brabant verhalf. Im Anschluß an diesen Erfolg wird die Auseinandersetzung auf dem Schlachtfeld von Bouvines beschrieben. Das vierte Zeugnis ist in der Volkssprache verfaßt. Es handelt sich um eine Chronik der Jahre 1185–1217, die nach 1220 für Robert von Béthune geschrieben wurde; der Autor, ein Vertrauter des Auftraggebers und möglicherweise nicht aus dem Stand der Geistlichen, war einer jener Hausschriftsteller, die man damals auch in der Umgebung sehr kleiner Herren fand. Er hatte bereits eine *Geschichte der Herzöge von der Normandie und der Könige von England* redigiert und darin viel über Johann Ohneland erzählt, dem sein Herr gedient hatte. Anschließend machte er sich an sein zweites Werk, das sich mehr mit den Angelegenheiten Frankreichs beschäftigt und dem Tag von Bouvines viel Platz einräumt.

Ergänzt durch diese vier Berichte wird Wilhelm Britos Text besser lesbar. Zur Vermeidung fehlerhafter Interpretationen aber setzt die Lektüre voraus, daß die zeitgenössischen Institutionen, die Spielregeln der Schicklichkeit, ja ein ganzes System geistiger Bilder und Vorschriften wieder an ihrem richtigen Platz angesiedelt werden, daß alles in seinem ursprünglichen Kontext erscheint, was an der Schwelle des 13. Jahrhunderts in diesem Teil der Welt den Rahmen jeder kriegerischen Handlung bildete. Einen Rahmen, dessen Grundlagen damals schon seit mehr als zwei Jahrhunderten bestanden. Um richtig zu verstehen, was am 27. Juli 1214 auf dem Schlachtfeld von Bouvines geschah, müssen wir in diese ferne Vergangenheit zurückblicken.

Seit jeher, in all den Jahrtausenden, die sich im Dunkel der Vorgeschichte verlieren, galt der Krieg – die Schriften der gebildeten Leute bezeichnen ihn zur Zeit von Bouvines mit dem latinisierten germanischen Wort *werra* – als eine gute Sache. Man hielt ihn für die normale Beschäftigung aller Männer, die imstande waren, ihn zu führen. Jedes Jahr, wenn der Frühling kam, lebte er wieder auf, und die Götter segneten ihn. Der Krieg erfüllte eine wesentliche ökonomische Funktion, mindestens ebenso wichtig wie die produktive Arbeit: Um die materiellen Grundlagen der großen oder kleinen Lebensgemeinschaft, des Stammes, des Klans oder der Familiengruppe zu schützen, mußte notwendigerweise gekämpft werden; kämpfen bedeutete aber auch – genau wie das Beerensammeln oder die Jagd – eine Vermehrung der Ressourcen, denn auf fremdem Boden nahm man alles mit, was mitzunehmen war: den Schmuck, die Nahrungsmittel, das Vieh, die Knaben und die Mädchen. So war der Frieden immer nur eine zufällige Unterbrechung, die man hinnehmen mußte, weil die Umstände es erforderten, weil die Kräfte erschöpft waren, weil nichts mehr auszubeuten war oder weil schlechtes Wetter herrschte – eine vorübergehende Pause, ein Zwischenspiel, ein kurzer Augenblick, in dem die Umverteilung der Reichtümer, die normalerweise mit dem Krieg einherging, andere Wege nahm, die der Gabe und der Gegengabe, des Austausches durch Eheschließung, des Handels.

Als nun aber das Jahr 1000 nahte, bekam der Krieg im christianisierten Westen plötzlich einen schlechten Ruf. Eine umwälzende Veränderung. Im Denken der führenden Kirchenmänner entwickelte sich ein anderer Friedensbegriff, der im Zentrum eines globalen Bildes von der Welt, der menschlichen Gesellschaft und dem Seelenheil stand, ein Friedensbegriff, der auch maßgebend war für den damals von den Bischöfen und den Äbten der größten Klöster unternommenen Versuch, die Welt zu erneuern, die Strukturen des sichtbaren Universums wieder mit der Beispielhaftigkeit der göttlichen Absichten in Einklang zu bringen. Das tausendste Jahr der Passion Christi nahte. Mit dem Himmel mußte ein neues Bündnis geschlossen werden. Alle Menschen – nicht mehr nur die Mönche, die das Weltliche ohnehin verachteten – sollten Buße tun, sich reinwaschen vom Schmutz der fleischlichen Sünden; alle sollten der Gewalt ebenso abschwören wie dem Blutvergießen, zugleich aber auch dem Geld und den Begierden des Fleisches entsagen. Die Angriffslust und alle darauf beruhenden Aktivitäten wurden verdammt und hinfort zu den Sünden gezählt. Das Gute, das Gerechte, das Normale war der Frieden; der Frieden war die Ordnung der Dinge; der Frieden war Gott selbst. Man kann die umwälzende Bedeutung dieser Vorstellung kaum ermessen: Ein ganzes Wertsystem wurde radikal und definitiv auf den Kopf gestellt. (Es ist kein Zufall, daß dieser Wandel sich im gleichen Moment vollzog, in dem für die Handelsbeziehungen innerhalb Europas ein entscheidender Aufschwung begann: An die Stelle der Raubzüge trat der Handel, gegründet auf den Frieden der Messen und der Märkte, auf die Verbreitung klingender Münzen, die alle den Stempel des Kreuzes trugen – desselben Kreuzes, das an den Scheidewegen den Eingang eines Asyls markierte und auf den Kleidern der Kreuzfahrer anzeigte, daß sie einen besonderen Schutz gegen jeden Angriff genossen. Damit aber kam ein Widerspruch in die Ideologie der Kirche, die in der Tat nicht nur die Raublust bremste, sondern auch die Neigung zum zweckfreien Schenken, den Sinn für Freigebigkeit und die Uneigennützigkeit – jene Tugenden, die eng mit der Aggressivität in der Moral der Krieger zusammenhingen. Die Kirche tendierte immer mehr dazu, das Gewinnstreben zu dulden, es für straflos zu erklären. Das war der Anfang einer langen Bewegung, die schließlich dazu führen sollte, daß die Kirchenmänner gemeinsame Sache mit den Geschäftsleuten machten und den Profit heiligten.)

Eines allerdings stand fest, und man konnte sich der Einsicht nicht verschließen: Gott führt hienieden keine ungeteilte Herrschaft. Seine Ordnung auf Erden wird getrübt – wie die des Himmels, wenn ein Meteor den regelmäßigen Lauf der Sterne stört. Eine dualistische Weltsicht beherrscht das Denken dieser Zeit. In der Schöpfung, im Naturell des Menschen kommen zwei Wesen zusammen, das spirituelle und das leibliche. Der Geist und das Fleisch. Das Fleisch aber, feucht, nächtlich, kriechend, ist die Nährmutter aller Laster, unter denen der Stolz, der sich jeder Erkenntnis verweigert, den ersten Platz einnimmt. In ihm wurzeln die Habsucht und die Neigung zur rohen Gewalt. Darin liegt denn auch der Gegensatz zwischen dem Frieden und dem Krieg: Während der eine vom Geist herkommt, kommt der andere vom Fleisch und vom Blut. Wer das himmlische Königreich errichten will, muß sich folglich dafür einsetzen, daß der Einfluß der Waffen – ebenso verflucht wie der des Geldes und der Wollust – geschmälert wird. Das wiederum bedeutet, daß er selbst kämpfen muß, und hier zeigt sich ein zweiter Widerspruch, der noch tiefer geht als der erste. Denn Gott ist nicht nur das Lamm. Man muß ihn sich auch als Heerführer vorstellen – was durch zahlreiche Stellen der Heiligen Schrift gerechtfertigt wird –, als einen furchtbaren König, der mit dem Schwerte droht. Dieses Bild drängt sich um so leichter auf, als es mit den Bildern der vorchristlichen Moral übereinstimmt, mit den Bildern jener Ethik, die der herrschenden Gesellschaftsschicht, aus der alle Würdenträger der Kirche hervorgegangen sind, eigen ist: der Gruppe der Kriegführer. So wird das Imaginäre des Christentums dieser Zeit zutiefst von der kriegerischen Mentalität durchdrungen; man zeigt den Ewigen Gott als Blitze schleudernden Herrn, und man stellt Christus auf den Seiten der Apokalypsen mit einem Schwert zwischen den Zähnen dar. Tatsächlich liefert Gott den gegnerischen Kräften, die sich seinen Geboten widersetzen, einen täglichen Kampf, er führt Angriffe gegen sie, belagert Festungen und tritt die niedergeworfenen Feinde mit Füßen. Der gute Christ muß sich seinen Heerscharen anschließen, sich seinem Banner unterstellen; er ist aufgefordert, mit Gott zu kämpfen; unter Einsatz seiner Waffen soll er ihm helfen, die Schwachen zu verteidigen, Schmähungen zu rächen, wider die Ungläubigkeit ins Feld zu ziehen. *Tuitio, ultio, dilatatio* – verteidigen, rächen, das Reich des wahren Glaubens erweitern: Dies sind die drei Aspekte einer Aktion, die auch der gute Gott vertritt. Einer militärischen Aktion. Weil die Welt unvollkommen ist, kann der Frieden nicht ohne den Krieg entstehen.

Unter diesem Vorzeichen wird der Krieg wieder zu einer gerechten Sache, und kämpfen heißt nicht mehr sündigen. Schon die Kirchenväter haben es gesagt. Isidor von Sevilla beispielsweise: »Gerecht ist der Krieg, wenn er *kraft eines Edikts* geführt wird, um das eigene Hab und Gut zurückzuholen und um die Angreifer zu vertreiben.« Denn Gott hat seine auserwählten Stellvertreter auf Erden. Es sind dies die Könige, durch die Weihe mit göttlicher Macht begabt. Gewiß hat jedermann das Recht – die Auslegung des XXIII. Dekrets bestätigt es eindeutig –, für seine eigene Verteidigung zu kämpfen und eigene Rache zu üben; die Vorsehung wird seine legitimen Ansprüche sogar unterstützen. Der »friedenstiftende« König indes muß darüber wachen, daß bei diesen privaten Racheakten die Ordnung gewahrt wird; er muß seinen Schiedsspruch anbieten, ehe die Gegner handgemein werden, er muß den Vorsitz der Schlichtungsversammlungen führen, mit dem Schwert in der Hand für die Ausführung des Urteils sorgen und, wenn er darum ersucht wird, jenen Opfern zu Hilfe eilen, die nicht stark genug sind, sich aus eigener Kraft zu rächen. Er muß all denen Beistand leisten, die niedergedrückt sind durch die Kräfte des Bösen – dies ist seine erste Pflicht, und die Segensformeln der Weihezeremonie weisen sie unter Anrufung des Gottes der himmlischen Heerscharen seinem Schwert und seiner Fahne zu. Feldzüge, die er um dieses Zieles willen führt, sind geheiligt und gesegnet. Als Wilhelm, der Herzog von der Normandie, im Jahr 1066 angetan mit einem Rosenkranz aus Reliquien zum Feldzug gegen den König der Engländer aufbrach, wies der Papst ihn höchstpersönlich an, »er möge gegen den Meineidigen beherzt zu den Waffen greifen, und schickte ihm das Banner des Heiligen Petrus, dessen Kraft ihn vor jeder Gefahr bewahren sollte«. Da die Kriegshandlungen der rechtmäßigen Oberhäupter des Volkes stets als Gegenschlag dargestellt werden, als Antwort auf eine »Verletzung des Friedens«, auf einen Bruch der universellen Ordnung, dessen jeder gute Christ sich erwehren muß, sind sie im wahrsten Sinne des Wortes geheiligt. Sie sind ein Friedenswerk, und da der Frieden Christus ist, sind sie auch ein Glaubenswerk. In der Mitte des 11. Jahrhunderts bringt der Geschichtsschreiber Rodulf Glaber das unauflösliche Bündnis klar zum Ausdruck, indem er in einem Atemzug von der »Reform des Friedens und der Institution des heiligen Glaubens« spricht. Als Glaubensangelegenheit ist der Frieden konsequenterweise eine Angelegenheit der Kirche. Doch damit die Ordnung der Welt unangetastet bleibt, beschränkt die Funktion der Kirche sich darauf, jene Institution durch das Gebet zu unterstützen, auf der nach Gottes Willen jedes friedenstiftende Unternehmen beruhen sollte: das Königtum.

Nun kommt es aber vor, daß die Könige und die in Frankreich seit Ende des 10. Jahrhunderts mit königsähnlicher Macht begabten Herren der großen regionalen Fürstentümer unfähig sind, ihre Aufgabe zu erfüllen. Ist dies der Fall, brechen die Deiche und wilde Ausgelassenheit überflutet das Land. Ein solches Versagen und einen daraus resultierenden Ausbruch der Unordnung, des schlechten Krieges und der mit ihm einhergehenden Häresie glaubten die Prälaten kurz vor dem Jahr 1000 im Süden Galliens zu erkennen, in denjenigen Provinzen, die am weitesten von den Palästen der Herrscher entfernt waren. Sie fühlten sich deshalb verpflichtet, die Sache des Friedens in die eigene Hand zu nehmen und die Mission, die eine königliche hätte bleiben müssen, selbst zu erfüllen. Aus diesem Grund hielten sie mit Unterstützung der regionalen Fürsten eine Reihe von Konzilien ab, auf denen die Bewegung des »Gottesfriedens« ihren Anfang nahm. Im Laufe der Versammlungen, die ihr den ersten Auftrieb gaben, bildete sich allmählich jene globale Vorstellung von der menschlichen Gesellschaft heraus, die ich weiter oben bereits erwähnt habe: eine Einteilung der Menschen in drei streng voneinander getrennte Ordnungen, die je eine der drei Funktionen übernehmen sollten, die bislang die Funktionen des Königtums gewesen waren.

Diese Einteilung in die Männer des Gebets, die Krieger und die Mühseligen spiegelte tatsächlich die Realität der sozialen Beziehungen wider. Am Ende einer jahrhundertelangen Entwicklung, die sich sowohl auf die Kampftechniken als auch auf die politischen Verhältnisse und die menschlichen Beziehungen ausgewirkt hatte, war das Volk der Landarbeiter nun im Rahmen der Grundherrlichkeit gänzlich unterworfen, gänzlich der Ausbeutung durch die Herren preisgegeben, während das militärische Spiel hinfort unbestritten als das Monopol einer kleinen Zahl von Reitern galt, die als einzige mit wirksamen Waffen ausgerüstet waren. Genau in dem Moment, in dem die Pflicht des Waffendienstes Gestalt annahm, den diese Spezialisten des Krieges, in der Umgangssprache Ritter genannt, dem Fürsten ihrer Region aufgrund der Huldigung und der Belehnung schuldig waren, verlangte die neue Konzeption der gesellschaftlichen Ordnung, daß alle waffenlosen und daher gefährdeten Christen, das heißt die Mönche, die Geistlichen und die Masse der Armen, durch einen besonderen Frieden geschützt wurden, der nicht mehr der eines schwachen Königs war, sondern der Frieden Gottes. Die Kriegführung hingegen sollte einigen Reichen vorbehalten sein. Auf diese Weise zog die neue Ideologie eine scharfe Trennungslinie zwischen dem Bereich der Waffen, der gleichzeitig der des Bösen war, und dem Rest. Sie steckte die sozialen Grenzen genau ab, errichtete zur Abschottung einen Wall aus Interdikten, um ein Übergreifen der Gewalt zu verhindern, und drohte allen, die diese Tabus zu brechen wagten, mit der Rache des allmächtigen Gottes. So hatte die Ritterschaft ihren eigenen Platz und konnte in Zaum gehalten werden, aber sie war gewissermaßen isoliert, aus der Gesetzlichkeit verstoßen, den Kräften des Bösen ausgeliefert.

Doch bald erkannte die Kirche es als ihre Pflicht, diese Männer, die zwar gewalttätig, raublustig und gefährlich sein mochten, die aber immerhin getauft waren, aus den Fängen des Satans zu erretten. Sie wollte ihnen zum Seelenheil verhelfen und versuchte, sie zu bändigen. Die Waffen, die außer den Rittern niemand tragen durfte und die als Emblem ihrer Vorrangigkeit galten, wurden nun von den Priestern gesegnet, und zwar mit den gleichen Weiheformeln wie das königliche Schwert bei der Salbungszeremonie. So sollten die Mitglieder der Ordnung der Krieger überzeugt werden, daß sie gut daran taten, die gleiche Verpflichtung auf sich nehmen, wie einst die Könige, und Kriege nur noch dann zu führen, wenn es um die Verteidigung der Schwachen, um die Ahndung ungesühnter Verbrechen oder um die Erweiterung der Christenheit ging. Die Kirche wollte allen, die dank ihrer Geburt, ihres Blutes und ihres Reichtums der Ritterschaft angehörten, das Gefühl geben, eine Art König zu sein, oder sie jedenfalls zu Handlangern des neuen

Friedens machen, des Gottesfriedens, den sie predigte. Zu Streitern des gerechten, des heiligen Krieges.

Im Jahr 1095 rief sie alle Ritter auf, an der Befreiung des Grabes Christi mitzuwirken; sie öffnete ihrer Aggressivität Tür und Tor, aber nur unter der Bedingung, daß die Gewalt sich außerhalb der christlichen Gemeinschaft im fernen und heilbringenden Abenteuer des Kreuzzuges ergoß. Schon lange vorher, im zweiten Jahrzehnt des 11. Jahrhunderts, als das tausendste Jahr der Passion nahte, hatte man den Rittern im Zuge des allgemeinen Strebens nach kollektiver Buße besondere Enthaltsamkeiten abverlangt, analog zu den üblichen Vorschriften des Fastens und der sexuellen Abstinenz, die noch hinzukamen. So wurde der Begriff des gerechten Krieges auf das Verhalten jener Männer angewandt, die zum Kampf berufen waren; so zeigte sich der Unterschied zwischen dem Zulässigen und dem Unzulässigen, zwischen dem Reinen und dem Unreinen. Dem Weißen und dem Schwarzen. In jeder Diözese wurden die Ritter zu Versammlungen geladen, auf denen sie sich gemeinsam durch Eid verpflichteten, bestimmte Regeln einzuhalten – etwa die, keinen Krieger anzugreifen, der um seiner Sünden und um seiner Erlösung willen beschlossen hatte, den Harnisch während der Fastenzeit abzulegen und sich durch diese Geste vorübergehend ins Lager der Armen, das heißt unter den Schutz des Gottesfriedens, zu begeben. 1027 wird zum ersten Mal der Grundsatz formuliert, daß niemand seinen Feind zwischen der letzten Stunde des Samstages und der ersten Stunde des Montages angreifen darf. Ein Sonntagsfrieden, der im Gedenken an die Passion Christi bald auf den Donnerstag, den Freitag und den Samstag jeder Woche ausgedehnt wurde: die sogenannte »Waffenruhe Gottes«. Bei Verstößen gegen derartige Vorschriften waren die Bischöfe ermächtigt, als Richter aufzutreten; sie sollten den Bannstrahl gegen die Friedensbrecher schleudern und sie durch Exkommunikation aus der christlichen Gemeinschaft ausschließen, indem sie den Zorn des Himmels auf sie zogen und alle, die sich nicht besserten, zu den schlimmsten Höllenqualen verdammten. Da die neue Moral des Krieges als Glaubenssache galt, war es ganz natürlich, daß sie der Gerichtsbarkeit der Bischöfe unterstand.

Und bald schien die Zuständigkeit nur noch beim Papst zu liegen. Denn die Kirche straffte sich im Laufe ihrer inneren Reform während des 11. Jahrhunderts und versammelte sich immer geschlossener unter der Autorität des Bischofs von Rom, der sich infolgedessen zum höchsten Friedensordner aufwarf. 1059 erweiterte eine römische Synode die *Treuga Domini* auf die gesamte Christenheit. Die Regeln der Waffenruhe, die im Zentrum eines ganzen Systems auf vermehrte Enthaltsamkeit ausgerichteter Bußvorschriften standen, wurden 1095 in Clermont von Papst Urban II. feierlich bestätigt, und zwar in der gleichen Rede, in der er den heiligen Krieg verkündigte, so daß an der Komplementarität von Kreuzzug und Gottesfrieden kein Zweifel blieb. 1119, auf dem Konzil von Reims, formulierte Calixt II. eine Friedensdoktrin, die, weil sie die des Papstes war, für die ganze Kirche gelten sollte. Der Chronist Ordericus Vitalis hat den Inhalt dieser Erklärung folgendermaßen wiedergegeben: Christus ist gekommen, um den Frieden zu errichten, »darum sollten wir uns mit aller Kraft bemühen, seinen Gliedern (das heißt, den christlichen Völkern, die durch sein Blut erlöst worden sind) Frieden und Seelenheil zu bringen, denn wir sind die Diener und Verwalter der Ordnung Gottes«; »die Aufruhr stiftenden Krieger rufen Wirren hervor und treiben die Völker auseinander, ... sie verhindern die beschauliche Vertiefung in spirituelle Dinge, ... sie plündern die Kirchen, ... sie zerrütten den Klerus, ... sie zerstören die Ordensdisziplin, ... und sie geben Scham und Keuschheit in beklagenswerter Weise den wilden Umtrieben des Bösen preis«; der Frieden ist »das Gemeingut aller vernunftbegabten Kreaturen«, aller Lebewesen, für die der Geist einige Bedeutung hat; er herrscht unangefochten im Himmelreich, dem unverdorbenen Teil der Schöpfung; »durch den Frieden unauflöslich vereint, leben die Bewohner des Himmels in der Freude, während die Sterblichen es stets versäumen, sich durch ein solches Band zu vereinigen.« Damit die sichtbare Welt sich nicht allzu krass von der unsichtbaren unterscheidet, ordnet der Papst die strikte Einhaltung der Waffenruhe Gottes an. Er bedroht alle mit dem Anathem, die sich der Aufforderung verweigern sollten, »den Kriegswirren ein Ende zu bereiten, wie das göttliche Gesetz es verlangt, und sich gemeinsam mit den Völkern, die ihnen untertan sind, in Sicherheit der Ruhe zu erfreuen«.

Im Namen dieser Moral und indem sie sich über alle Fürsten der Welt erheben, wollen die Päpste hinfort, *ratione peccati,* jede politische Entscheidung korrigieren, die den Krieg von der gerechten Sache ablenken könnte. Wenn nötig, werden sie die Oberhäupter des Volkes mit geistlichen Strafen belegen. Während des ganzen 12. Jahrhunderts hat es immer neue, der päpstlichen Autorität unterstellte Versammlungen gegeben – 1123 im Lateran, 1130–1131 in Clermont und in Reims, 1139 wieder im Lateran –, 1148 in Reims, 1163 in Tours und 1179 zum dritten Mal im Lateran –, auf denen die Friedensbestimmungen bestätigt, erweitert und präzisiert wurden. Innozenz III. organisiert auch später noch, in den Pfingstfeiertagen des Jahres 1212, Prozessionen für den Frieden und den Kreuzzug. Die innere Eintracht wiederherstellen und den kriegerischen Unternehmungsgeist aller Streiter Christi nach außen lenken, dies ist die Mission der Legaten des Heiligen Stuhls. Seit der Thronbesteigung Philipp Augusts veranstalten sie, immer zudringlicher werdend, eine Art ununterbrochenes Ballett, indem sie ständig zwischen den kriegführenden Mächten hin und her wandern, ermahnend, verhandelnd, drohend. Zur Zeit von Bouvines ist die römische, monarchische und totalitäre Kirche, die Kirche Innozenz'

III., mehr denn je bestrebt, die Sache des Friedens und des Glaubens zu ihrer eigenen Angelegenheit zu machen.

Der Aufschwung des Wachstums, der das ganze Abendland seit mehr als zwei Jahrhunderten belebt, stellt der Ideologie des kirchlichen Friedens allerdings konkrete Hindernisse in den Weg. Vor allem insofern, als er eine zunehmende Stärkung der großen politischen Formationen ermöglicht. Die von den Prälaten initiierte Friedensbewegung hatte sich in der Tat dort entwickelt, wo die Macht der Fürsten versagte. Aber auch die schwachen Fürsten hatten sich ihre Vorrechte nie nehmen lassen. Der Gedanke, sie seien von Gott beauftragt, für die Ordnung des Friedens und des Krieges zu sorgen, ging im Grunde nie verloren. Und sobald sie konnten, versuchten sie wieder danach zu handeln.

So weit aber waren sie 1214 im Süden des französischen Königreiches noch lange nicht. In einem Süden, der recht nahe bei Paris begann, sobald man Tours, Orléans und Chalon-sur-Saône hinter sich ließ. Diese weitläufige Region, aus der die Begriffe eines Friedens und einer Waffenruhe Gottes hervorgegangen waren, in der sich die ersten Ansätze der sogenannten Gregorianischen Reform entwickelt hatten, in der die Päpste persönlich umhergezogen waren und mehr Einfluß gewonnen hatten als irgendwo sonst, in der es eine eigene Auffassung von den Grenzen und den Beziehungen zwischen dem Sakralen und dem Profanen gab – was auch erklärt, daß sie die Wiege der höfischen Liebe war und die Lehre der Katharer so entgegenkommend aufgenommen hat –, diese Region war nach den Worten des Abtes von Cluny, Petrus Venerabilis, in der Mitte des 12. Jahrhunderts immer noch »ohne König, ohne Herzog und ohne Fürsten«. Zur Zeit von Bouvines hat sich daran nichts geändert. Die Herren der Fürstentümer – die hier sehr viel größer und weniger geschlossen sind als im Norden – können sich kaum gegen die Macht der tausend unabhängigen Burgen und der mit Türmen bewehrten Städte durchsetzen; mit Müh und Not stützen sie sich auf das Netz jener Bindungen, die ihnen aus Huldigungen und Lehnskonzessionen erwachsen, Bindungen von Mann zu Mann, die in diesen Gegenden noch kaum von Historikern erforscht worden sind, aber weitaus lockerer erscheinen als andernorts. Allenthalben befinden sich großflächige Freigüter, Lehen ohne Dienstverpflichtung, ungeteilt in den Händen zahlreicher Mitlehnsherren, unter denen die Schuldigkeit der gegenseitigen Hilfe und Beratung auf unüberschaubare Weise zerfällt. In den Augen der Ritter aus der Île-de-France, die davon träumen, sich dieser Landstriche zu bemächtigen, wimmelt es hier jedenfalls von Menschen ohne Treu und Glauben, von »Überläufern«, auf die gar niemand sich verlassen kann, weil sie ihren Eid vergessen und ihren Herrn jederzeit für einen anderen im Stich lassen.

Wilhelm, der Marschall von England und Held des ritterlichen Krieges, zu dessen Ruhm kurz nach Bouvines ein Lied geschrieben wurde, fragte Philipp August eines Tages hinsichtlich der Leute aus dem Poitou, deren Kehrtwendungen die kapetingischen Machenschaften gegen den Plantagenet begünstigten, warum die Verräter, die in Frankreich einst verbrannt, in Stücke gerissen und von vier Pferden geschleift worden waren, jetzt Herren und Meister wären; der König antwortete ihm: »Das ist die Folge ihrer Käuflichkeit. Sie sind wie Arschwische: Nach Gebrauch wirft man sie weg.« Tatsächlich haben die Ritter des Südens einen anderen Sinn für Ehre, den die Nordfranzosen nicht verstehen. Er ist es, der das Gerüst der fürstlichen Macht aufweicht, der dafür sorgt, daß die Unordnung freien Lauf hat, der die Herzöge und die Grafen hindert, sich ihrer Pflicht gemäß als Bewahrer des Friedens durchzusetzen. Der Frieden, der in diesen Provinzen blüht, ist nicht ihr Frieden. Wie schon zu Anfang des 11. Jahrhunderts ist es der Frieden jener Konzilien und Versammlungen, auf denen die Ritter der einzelnen Länder regelmäßig gemeinsam schwören. Es ist der Frieden der Bischöfe und des Papstes.

In jeder Diözese untersteht die *justice de chrétienté* – das Recht, diejenigen zu strafen, die ihren Eid brechen, die sich zu Plünderungen und Gewalttätigkeiten hinreißen lassen – allein den Prälaten; für sie ist der Fürst ein schlichter *adjutor*, um dessen Vermittlung nur gebeten wird, wenn man die Angeklagten zwingen muß, vor Gericht zu erscheinen oder sich an den Richterspruch zu halten. Seit den sechziger Jahren des 12. Jahrhunderts, seit es in den südlichen Ländern gefährlich geworden ist, die öffentlichen Wege zu benutzen, seit die ständige Bedrohung dazu führt, daß die Märkte sich leeren und der Handel versiegt, seit die bewaffneten Banden immer zahlreicher gedeihen und die häretischen Ausbrüche allenthalben Auftrieb bekommen, sind es die Bischöfe und nicht mehr die aus gutem Grunde der Komplizenschaft mit den Unruhestiftern verdächtigten Fürsten, die von den päpstlichen Konzilien beauftragt werden, den heiligen Krieg gegen alle zu organisieren, die sich nicht an die Verbote halten oder die als Feinde Gottes im Lager des Bösen kämpfen. Die Prälaten teilen die gleichen Ablässe, die gleichen Schutzbriefe wie an die Pilger des Heiligen Landes nun an sämtliche Männer aus, die »im Eifer des Glaubens« und »in gerechter Absicht« gegen die antreten, deren Waffen beschmutzt sind, und bestrafen alle waffenfähigen jungen Männer, die ihnen nicht ohne Zögern folgen, mit Exkommunikation. Im häretischen und päpstlichen Süden Frankreichs gehen die Bischöfe dazu über, nicht nur die Ritter, sondern schlichtweg alle zum Kampf zu versammeln. In jeder Gemeinde muß jeder Mann über fünfzehn Jahren schwören, daß er den Friedensstiftern Beistand leisten wird. Sogar die Mitglieder der dritten Ordnung, die Arbeiter, die nach den ursprünglichen Vorstellungen des Gottesfriedens auf immer unbewaffnet hätten bleiben sollen, sind aufgerufen, unter dem Banner der Heiligen Heerfolge zu leisten. Und wenn sie unfähig sind, müssen sie bezahlen und bei der jährlichen Sammlung für die »Allgemeinheit des Friedens« ihren Beitrag abliefern. Es ist ein bischöflicher, auf die jeweilige Diözese beschränkter Frieden, der aber immer populärer wird. So entsteht ein Rahmen, der sich bald mit gärender Unruhe aus der Welt der Handwerker und Zwischenhändler füllt.

Im Winter des Jahres 1182 kommt es in Le Puy zu einem heftigen, beunruhigenden Ausbruch. Ein Zimmermann, ein ungebildeter, häßlicher Handarbeiter, der zu allem Überfluß Familienvater ist und seine Ehe beibehalten will, hat eine Erscheinung der Jungfrau Maria gesehen; er hat ein Zeichen von ihr empfangen und ist beauftragt worden, den Frieden zu predigen. Sogleich schart sich eine Sekte um ihn. Einige Monate später war diese Sekte bereits stark angewachsen, und bald hatte sie ihre eigene Kasse – denn ihre Anhänger waren keine Elenden, sondern Fabrikanten und Handeltreibende, deren Geschäfte sicher unter den Wirren des ritterlichen Krieges litten, die aber dennoch allerhand gespart hatten, die über Geld verfügten und es sich leisten konnten, Eintritt zu bezahlen, die Insignien der Bruderschaft zu kaufen, ihre Beisteuer regelmäßig abzuliefern. Man erkannte sie an ihrer Kleidung, Symbol der freiwilligen Reinigung: einem Kapuzenmantel aus weißer Wolle. Die Mitglieder waren in der Tat Büßer, die das Würfelspiel ebenso verdammten wie jeden überflüssigen Schwur, die untereinander auf Rache verzichteten und sich gegenseitig Hilfe versprachen. Vertreter der Barmherzigkeit und der Reinheit, aber bewaffnet: Um dem Aufruf der Jungfrau Maria Folge zu leisten, verpflichteten sie sich, gemeinsam gegen die Anstifter des Krieges ins Feld zu ziehen. Nach langem Zögern konnte der Bischof im Frühjahr nicht mehr umhin: Er mußte der Bewegung seinen Segen geben; er versuchte, ihr Fürsten und Ritter zur Seite zu stellen, und schickte sie in den Kampf gegen die Briganten: Triumphierend kehrten die Kapuzinaten eines Abends mit dem abgeschlagenen Haupt eines Bandenchefs nach Le Puy zurück. Aber schon bald, infolge einer raschen, unvermeidlichen Abweichung von dem zunächst eingeschlagenen Weg, begehrte die Sekte auch gegen die soziale Ordnung auf. Im Schoß ihrer Gemeinschaft, in den Bußhaltungen, die sie von ihren Mitgliedern verlangte, und unter dem einheitlichen Gewand, das die Merkmale des gesellschaftlichen Standes verbarg, waren alle irdischen Unterschiede aufgehoben: Sind die Kinder Gottes nicht frei und untereinander gleich, wie sie es schon in den ersten Tagen der Schöpfung waren, wie sie es in der Herrlichkeit der Wiederkunft Christi sein werden? Warum also den Herren Steuern zahlen? Steuern sind der Preis für einen Schutz, den die Krieger, wie man sieht, nicht mehr gewährleisten. Und warum sollte das Volk, das mittlerweile bewaffnet ist und sich selbst verteidigen kann, eigentlich fortfahren, durch grundherrliche Abgaben die Ordnung einer Ritterschaft zu unterhalten, die ihre Funktion nicht mehr erfüllt?

Mit dem Argument der notwendigen Vorbereitung auf das nahende Ende der Zeiten sagte die Bewegung der Kapuzinaten allen ungerechtfertigten Privilegien den Kampf an. Den Privilegien der Krieger und der Männer des Gebets. In diesem Moment offenbarte die Sekte denen, die sie bedrohte, ihr wahres Gesicht: Eine auf Umsturz sinnende Fratze. Sämtlichen Kanonikern, die zugleich Grundherren waren, stellte sich die Friedensvereinigung plötzlich als Teufelsbrut dar, deren abgrundtiefe Schwärze sich durch die weißen Kutten kaum verdecken ließ. Um mit ihr fertig zu werden, riefen die Priester nun die anderen Grundherren, die Ritter, zu Hilfe; und tatsächlich fanden sie bei allen Gehör. Ob gut oder schlecht, die Ritter vergaßen jeden Zwist und dachten nur noch an eines: an die Absicherung des sozialen Gebäudes, das jetzt an der Basis ins Wanken geriet. Die Bischöfe organisierten unverzüglich einen Feldzug gegen die gottlosen falschen Brüder, mit erhobenem Schwert machten sie sich auf, die von ketzerischen Keimen verseuchte Pestilenz bei den Wurzeln auszurotten. Trotzdem kann 1214 niemand sicher sein, daß sie nicht bald wiederauflebt. Im Süden Frankreichs ist das Königreich immer noch gespalten: Ein dauerhafter Frieden kann sich nicht allein auf das Einverständnis der Prälaten und der Armen gründen; läßt man die letzteren sich bewaffnen, ohne daß die Spezialisten des Krieges sie mit einem starken Aufgebot umrahmen, ist die trifunktionale Ordnung, die der Schöpfer der menschlichen Gesellschaft zugewiesen hat, schnell zerbrochen. Für das Friedenswerk ist eine Mitwirkung der Fürsten unverzichtbar. Und daran mangelt es diesen Regionen noch. Im Norden dagegen gibt es solche Widersprüche nicht. Zwar hatten sich im Jahr 1212 auch dort, auf dem Lande, scharenweise »Kinder« zusammengerottet – das heißt Leute aus dem Volk, die nicht in einem Haushalt lebten, Hirten oder hungerleidende Nachgeborene auf Abenteuersuche –, die ebenfalls Briefe des Himmels schwangen und sie Philipp August zeigten, der daraufhin die Lehrer der Pariser Schulen um Rat ersuchte. Doch diese Horden armer Leute träumten nur davon, das Grab Christi zu befreien. Sie hatten nicht vor, Raufbolde zu jagen, noch wollten sie – selbst wenn sie im Vorüberziehen Scheunen plünderten, in denen der Zehnt gelagert wurde – die grundherrlichen Rechte abschaffen, um den inneren Frieden zu errichten: Es herrschte eine gewisse Ordnung in diesen nördlichen Provinzen, wo die Fürsten den göttlichen Absichten schon seit langem gerecht geworden waren, wo sie die Friedensinstitutionen wieder selbst in die Hand genommen hatten.

Geschmiedet im Süden des Königreichs, waren die Friedensinstitutionen in den zwanziger Jahren des 11. Jahrhunderts nach Nordfrankreich eingedrungen, sobald sich gezeigt hatte, daß der König auch in diesen Gegenden nicht mehr genügend Macht besaß, um die Ordnung zu erhalten. Aber anders als im Süden integrierten sie sich hier sogleich in die Strukturen einiger regionaler Fürstentümer, deren Herren ihre Stärke bewahrt hatten. Die solidesten, namentlich Flandern und die Normandie, gingen mit gutem Beispiel voran. Flandern übernahm die Friedensinstitutionen 1042–1043 auf dem Konzil von Thérouanne. Allerdings nur partiell: Der Gottesfrieden bleibt ebenso unerwähnt wie der ganze Reigen der Verbote, die den heiligen Stätten, den Klerikern, den Mönchen und den Armen Schutz vor Gewalttaten bieten sollen; lediglich die Waffenruhe wird proklamiert. Und hier, in Flandern, obliegt es dem Grafen, ihr in Zusammenarbeit mit dem Bischof Achtung zu verschaffen. Der Fürst bewahrt seine Vorrechte: In den Tagen der Enthaltsamkeit, an denen kein Krieg geführt werden darf, hat er als einziger das Recht, Feldzüge zu führen, sofern diese dem Wohl der Allgemeinheit dienen und sofern er darüber wacht, daß die Krieger, die mit ihm ziehen, ihre Einberufung nicht mißbrauchen. Auch die Delikte des Friedensbruchs werden nicht vom Bischof bestraft, sondern vom gräflichen Gerichtshof, vor dem die Angeklagten sich rechtfertigen können, indem sie, begleitet von zwölf Gleichgestellten, einen Eid ablegen oder sich der Probe des glühenden Eisens unterziehen. Die fürstliche Macht behauptet sich also als Quelle jeden Friedens. Das gleiche gilt für die Normandie, wo die Friedensregelungen nach dem Modell der Vorschriften von Thérouanne übernommen wurden, sobald Herzog Wilhelm, der spätere Eroberer von England, sich seiner Macht gewiß war und zur Festigung derselben Rückendeckung bei der Kirchenführung suchte: Die Initiative ging von ihm aus. Auch hier wurde lediglich eine Waffenruhe angeordnet, ein zeitweiliges Verbot privater Racheakte: An den geheiligten Tagen wurde jeder Krieg für unerlaubt erklärt, außer wenn der Herzog oder der König von Frankreich ihn persönlich anführte; keine Strafgewalt ersetzte die des Fürsten. Am Ende des 11. Jahrhunderts, als Wilhelms Erbe sich die Macht entgleiten ließ und eine Flut der Gewalt über die normannischen Landschaften hereinbrach, versammelten sich die Bischöfe des Landes in Rouen und versuchten, eine Friedensordnung nach dem Vorbild der südlichen Provinzen einzurichten: Ein besonderer Schutz sollte für die Kirche und die Armen gelten, alle Männer über zwölf Jahren waren aufgerufen, das Friedensbündnis zu beschwören, und die Mitglieder des Schwurverbandes, der Miliz, sollten von Prälaten ausgehoben werden. »Aber«, heißt es bei Ordericus Vitalis, »da die übergeordnete Gerichtsbarkeit den Bischöfen keinen Beistand leistete, halfen diese Verfügungen nicht viel. Alle Vorschriften, die sie enthielten, waren beinahe nutzlos.« In der Tat, unter dem neuen Herzog, Heinrich Beauclerc, wurde der Frieden wieder zu einer Angelegenheit des Fürsten.

Was den König betrifft, so dauerte es noch lange, bis er sich als oberster Hüter der Ordnung durchsetzen konnte, denn er hatte sein eigenes Fürstentum bei weitem nicht so fest in der Hand. Auf dem Gebiet der Krondomäne hatten die Burgherren unmittelbar vor den Toren der kapetingischen Paläste autonome Machtbereiche etabliert. So bestand die erste Aufgabe des Herrschers darin, diese Konkurrenten aus dem Weg zu räumen, was nicht einfach war. Zu Anfang des 12. Jahrhunderts hatte Ludwig VI., der Großvater Philipp Augusts, bei diesem Unterfangen seine Kräfte verausgabt; unentwegt zu Pferde, war er, gefolgt von einer kleinen Schar treuer Freunde, den Gefährten seiner Kindheit, mit der Fackel in der Hand gegen die Palisaden unscheinbarer Festungen angestürmt und hatte sich auf kümmerliche Handgemenge eingelassen, die sich jeden Sommer wiederholten, mangels ausreichender Mittel. Dem Kleinkrieg, den er allein kraft seiner Tugenden und seiner Position als Auserwählter Gottes führte, stand damals die Kampfeskraft Wilhelms des Roten gegenüber, der als König von England reich genug war (das Land jenseits des Ärmelkanals hatte bereits Geld im Überfluß), um Truppen in den Sold zu nehmen. Dem Kapetinger indes stand ein Ratgeber zur Seite, der die Dinge von einer höheren Warte aus betrachtete und über ein abstraktes Verständnis der Prinzipien verfügte: Suger, der Abt von Saint-Denis. Ihn verfolgte die Erinnerung an die Zeit der Karolinger, die Idee eines großen, einheitlichen Königreichs. Er orientierte sich vor allem am Denken des Pseudo-Dionysius Areopagita – den er für den Dionysius in der Krypta seiner Abtei hielt –, an einer Theologie des Lichts, das sich vom einzigen Brennpunkt der göttlichen Liebe aus stufenförmig nach unten verbreitet, an der mystischen Konzeption einer Hierarchie der Mächte. Suger griff diese Vision des Kosmos auf, indem er den gesalbten König als einzige Hypostase Gottes über sämtliche Fürsten des Königreichs erhob und die Fürsten ihrerseits eine Stufe höher stellte als die Ritter; so war der Herrscher durch die Maschen einer feudalen Kette, durch die staffelförmige Aneinanderreihung wechselseitiger Dienste mit jedem einzelnen verbunden, bis hin zum niedrigsten Ritter. Und während König Ludwig sich in scheinbar sinnlosen Feldzügen verausgabte, proklamierte Suger: »Es ist die Pflicht der Könige, daß sie mit mächtiger Hand und kraft ihrer ursprünglichen Amtsgewalt gegen die Kühnheit der Tyrannen vorgehen, die den Staat durch endlose Kriege zerreißen, ihr Vergnügen in Plünderungen suchen, die Armen peinigen und die Kirchen verheeren.« Wenn die Anführer der lokalen Banden, die dem Statthalter Gottes bei seiner Friedensaktion als treue Hilfskräfte hätten dienen müssen, einer zügellosen Habgier und Raublust verfallen, darf der König sich also, um die Verirrten wieder auf den rechten Weg zu holen, direkt auf die Kirche und auf die Armen stützen, deren bestallter Schutzherr er ist. Das ist der Hauptgedanke, die Triebfeder aller majestätischen Erhöhungen, die den König von Frankreich in Bouvines mit einer besonderen Aura umgeben.

In seinem Bericht über das Leben Ludwigs VI. stellt Suger sehr betont einen Dorfpfarrer heraus, der mit einem Trupp Bauern seiner Gemeinde ausgezogen war, um gegen einen schlechten Herrn zu kämpfen und die Ritter des königlichen Hauses beim Angriff auf die Burg von Le Puiset zu unterstützen. Damit legte er den Finger auf eine höchst bedeutsame Neuerung: In dem Fürstentum, das dem Kapetinger unterstand, organisierten sich damals die Kommunen, die in Wirklichkeit nichts anderes als Friedensvereinigungen waren. Gemeindemilizen, bestehend aus Männern des Volkes, von der gleichen Art wie jene, die der Erzbischof von Bourges 1038 gegründet hatte, und wie sie später in den Diözesen des Südens entstehen sollten. Mit einem grundlegenden Unterschied allerdings: Hier folgten die Kommunen nicht dem Bischof, sondern dem Herrscher. Und ihre Mobilmachung war kein Faktor der Unordnung. Da der König von Gott beauftragt war, sein Volk zu führen, durfte er die Armen bewaffnen und sie in den gerechten Krieg schicken, ohne die Ordnung der Welt zu stören: Der König war schließlich geheiligt. Ordericus Vitalis, an normannische Verhältnisse gewöhnt, schildert das Auftauchen dieser Kommunen mit einigem Erstaunen. Ludwig VI., schreibt er, hatte nicht genügend Kraft, »um die Tyrannei der Briganten und der Aufrührer zu unterbinden«; darum wandte er sich an die Bischöfe, die »in Frankreich Volksgemeinschaften gründeten, derart, daß die Priester dem König mit Bannern und Pfarrkindern folgten, wenn dieser zu Belagerungen oder in den Kampf auszog«. Amalrich von Montfort soll Ludwig VI., seinen Herrn, sogar noch ermutigt haben: »Mögen die Bischöfe, die Grafen und die Barone Deiner Domäne sich um Dich versammeln, mögen die Priester Dir mit ihren Pfarrkindern folgen, wohin Du befiehlst, auf daß ein Heer aus der Allgemeinheit des Volkes gemeinsame Rache an den öffentlichen Feinden übe.« Und die Bischöfe »gehorchten eifrig, indem sie die Priester ihrer Diözese ebenso wie deren Pfarrkinder mit dem Anathem bestraften, wenn selbige sich nicht beeilten, dem König während der vorgeschriebenen Zeiten auf seinen Feldzügen zu folgen.« Der König von Frankreich ist der König des Jüngsten Gerichts, der König des versammelten Menschengeschlechts; da er in direkter Verbindung zum Himmel steht, darf er, der rechte Arm Gottes, in Zeiten der Waffenruhe nicht nur kämpfen, sondern es ist ihm sogar erlaubt, für seinen Krieg, den Krieg des Guten, Männer zu sammeln, die nicht zum Kampf berufen sind, und sie dem heiligen Banner, das er über seinem Haupte schwingt, zu unterstellen. Es ist kein Zufall, daß die Oriflamme in Bouvines von den Leuten der Kommunen gehütet wird. Sie ist die Legitimation ihrer Anwesenheit, der Garant ihrer Effektivität.

Jedenfalls war es der bischöfliche Frieden, den der Kapetinger, weniger schwach als seine Vorfahren, an sich zu ziehen suchte, sobald er dazu imstande war. Anfangs wurden alle seine Feldzüge von Konzilien gebilligt. Ein solches fand 1115 in Soissons unter dem Vorsitz eines päpstlichen Legaten statt, der heftig gegen die Verletzer des göttlichen Friedens eiferte und den König feierlich aufforderte, gegen einen der Friedensbrecher, Thomas von

Marles, einzuschreiten; dabei garantierte er allen Waffengefährten des Königs die gleichen Immunitäten, die den Streitern Christi für jeden geheiligten Krieg versprochen waren. Auf dem Rückweg von der gesegneten Expedition wurde der Graf von Nevers, der dem König geholfen hatte, durch Theobald von Blois gefangengenommen. Luwig VI. erhob sofort Einspruch bei der bischöflichen Gerichtsbarkeit und brachte seine Klage schließlich auf dem Reimser Konzil von 1119 vor den Papst persönlich, der ihm recht gab. In diesen geheiligten Rahmen schrieb sich hinfort jede Kriegshandlung der Könige von Frankreich ein. Aus der gleichen Zeit stammt die besondere Aufmerksamkeit gegenüber dem Banner von Saint-Denis und zweifellos auch der Gebrauch des Kriegsgeschreis: »Montjoie-Saint-Denis!« (Der Ruf erinnert sowohl an den besonderen Schutz durch den ersten Pariser Märtyrer als auch an die päpstliche Schirmherrschaft, denn Montjoie ist die letzte Etappe auf der Reise nach Rom, der Ort, an dem der Pilger die Heilige Stadt endlich erblickt.) Im Namen Gottes obliegt dem Kapetinger die *tuitio*: Auf dem eben erwähnten Konzil, das 1119 in Reims stattfand, übernahm Ludwig VI. die Zuständigkeit für die so eng mit Rom verbundene Abtei Cluny, die »seiner Verteidigung, seinem Schutz und seiner Obhut« unterstellt wurde; 1124 trommelte er alle großen Lehnsmänner zusammen und zog, *pro defensione patriae*, Kaiser Heinrich V., der in das Königreich einfallen wollte, entgegen. Im Namen Gottes obliegt ihm auch die *ultio*: 1127, nachdem er den Rat eines Konzils eingeholt hatte, führte Ludwig VI. sein Kriegsheer nach Flandern, um den Tod Graf Karls des Guten zu rächen und die gottlosen, verruchten Mörder zu vernichten – »die edelste Tat seiner Regierungszeit«, schreibt Suger, nach dessen Beschreibung die flandrischen Länder »wie durch Züchtigungen und reichliches Blutvergießen gereinigt und wiedergetauft« zurückblieben. Gestützt auf einen Brief des Bischofs Ivo von Chartres vermutet der Historiker Arieh Graboïs, daß derselbe König Ludwig schon vor 1114 – möglicherweise nach dem Beispiel des Grafen Robert von Flandern, der 1111 den Frieden von Thérouanne bestätigte – den Versuch unternommen hat, eine Friedensregelung für das gesamte Königreich Frankreich zu erlassen und somit den Gedanken einer erhabenen Gerichtsbarkeit des Königs, die sich unmittelbar aus dem göttlichen Auftrag herleitet und der fürstlichen Gerichtsbarkeit daher überlegen ist, in die Tat umzusetzen. Jedenfalls nahm in diesen Jahren der Begriff der »Krone« erstmals Gestalt an, das heißt, die abstrakte Vorstellung eines ganzen Bündels unwandelbarer Rechte, die sich unabhängig von der Person des Herrschers mit der Königswürde verbanden, symbolisiert durch ein Objekt: durch das Emblem der Krone, die vom Vater auf den Sohn überging und bei den Mönchen von Saint-Denis in bester Obhut war. Zu den Vorrechten der Krone gehörte auch die oberste Herrschaft über alle Burgen, die Sinnbilder des öffentlichen Friedens: In seinem Schutzbrief für das Kloster Cluny – das weit von der königlichen Domäne entfernt, aber in den Grenzen des Königreichs lag – hatte Ludwig VI. festgelegt, daß »alle Festungen, Burgen und Schutzwälle in der Hand der Krone von Frankreich« bleiben sollten, damit sie »öffentlich den Belangen und der Verteidigung der Krone von Frankreich« dienten.

Um die Mitte des 12. Jahrhunderts – etwa sechzig Jahre vor Bouvines, kurz nach der Geburt Philipp Augusts, unter der Herrschaft Ludwigs VII. – kam es zu einer entscheidenden Wende in den beharrlichen Bemühungen der Könige, die oberste Gewalt über Krieg und Frieden zurückzugewinnen. Der Herrscher selbst war für diesen Umschwung nicht verantwortlich – obwohl der unglückliche Gemahl Eleonores von Aquitanien den schlechten Ruf, den er bei den französischen Historikern gewöhnlich genießt, sicher nicht verdient. Die Wende erfolgte in dem besonders günstigen Moment, da die Prosperität des königlichen Landes in jeder Hinsicht kräftig gedieh, da die großen Baustellen der Kathedralen eine nach der anderen eröffnet wurden, da die Schulen von Paris erstrahlten, da in der Île-de-France jedweder Handel im Aufschwung begriffen war und der Weinbau eine Ausdehnung erlebte. Als Herr der Zollrechte und Nutznießer hoher Ernteabgaben profitierte der Kapetinger mehr als irgendein anderer von dieser Prosperität, die ihm im übrigen erlaubte, seinen Einfluß in viel weiterer Ferne geltend zu machen. Sie versetzte ihn vor allem in die Lage, die Felonie der größten Lehnsmänner, der Grafen von Champagne oder von Anjou, außerhalb seiner eigenen Grundherrlichkeit zu bestrafen, nachdem die Burgherren im Innern der Krondomäne allmählich gefügig geworden waren und dem König mittlerweile bei der Bestellung der Hofämter dienten.

Sie erlaubte ihm ferner, seiner liturgischen Funktion vollständig gerecht zu werden, weite Pilgerfahrten zu unternehmen, wie sein Ahne Robert der Fromme es getan hatte, allerdings in einem ganz anderen Geist. Nicht etwa im Sinne einer persönlichen Vorbereitung auf den nahenden Tod, nicht als letzte Läuterung durch einen Akt der Buße, sondern, wie Joinville es in bezug auf den Heiligen Ludwig sagen wird, indem er für das Wohl seines ganzen Volkes »Leib und Leben aufs Spiel setzte«. Das war er sich schuldig, und zu diesem Zweck überschritt Ludwig VI. die Grenzen des Königreichs als Pilger Christi, zu diesem Zweck besuchte er die Chartreuse, Santiago de Compostella und drang schließlich bis Jerusalem vor. Die außerordentlich langen Fahrten hatten den Vorteil, daß der Monarch sich fremden Herren zeigen konnte, deren Väter und Vorfahren seit Menschengedenken nie in den Genuß der Möglichkeit gekommen waren, einen König von Frankreich zu sehen oder zu berühren, ein Wort mit ihm zu wechseln oder gar mit ihm zu essen und zu trinken. Vor allem aber erkannte die römische Kirche denen, die das Geleit des Königs bildeten, für die Zeit der Pilgerfahrt sämtliche Privilegien zu, die sie jedem garantierte, der eine Reise ins Heilige Land unternahm. Parallel dazu wurde das gesamte Königreich während der zwei Jahre, die der Kreuzzug dauerte, dem Schutz der Kirche, das heißt dem Gottesfrieden, unterstellt. Zweifellos war es diese Maßnahme, die Ludwig VII. befähigte, nach seiner Rückkehr im Juni 1155 in Soissons eine große Versammlung einzuberufen, an der nicht nur die Erzbischöfe von Reims und Sens mit ihren Suffraganen teilnahmen, sondern auch der Herzog von Burgund und die Grafen von Champagne und von Flandern, das heißt alle Großen aus diesem Teil des Königreichs, die später in Bouvines vertreten sein sollten. Dort, auf dieser Versammlung, erließ er »auf Ansuchen der Kirchenmänner und nach dem Rat der Barone, ...um das hitzige Ungestüm der Niederträchtigen zu zügeln und die Gewalt der Plünderer einzudämmen«, den Frieden für das ganze Königreich. Einen Frieden auf zehn Jahre, der volle Sicherheit für die Kirchen, die Bauern und die Kaufleute versprach; desgleichen für jedermann, »wer immer er sein mochte, sofern er bereit war, vor dem zuständigen Richter zu erscheinen«. Ein kollektiver Schwur begründete den Frieden. Diesmal allerdings war es der Herrscher, der als oberster Beschützer des Schwurverbandes auftrat: »Durch das königliche Wort haben wir mitten auf dem Konzil vor allen Anwesenden bekundet, daß wir den Frieden unverletzlich halten und nach bestem Vermögen jeden richten werden, der gegen diese Verordnung verstößt.« Genau darin besteht die Innovation. Die äußere Hülle ist unverändert die des Gottesfriedens geblieben. Aber der König übernimmt die Verantwortung für das ganze System der Friedensinstitutionen, um es dem *ordo* des Königreichs einzugliedern.

Von diesem Moment an nahm das militärische Spiel im nördlichen Frankreich – im Frankreich von Bouvines – neue Dimensionen an. Auf lokaler Ebene hatte die Unruhe sich bei weitem nicht gelegt. In den Festungen lauerten immer noch kleine Haufen tatendurstiger Ritter, jederzeit zur Rache und zur Plünderung bereit. Aber ihre Oberhäupter, die von den großen Gewinnen immer weniger abbekamen, konnten ihnen kaum noch Besseres bieten als ausgemergelte Pferde und rostige Waffen. Der König hingegen – wartete er nicht mit einem prachtvollen Kriegsheer auf, das im Glanz der modernsten Harnische erstrahlte? Alsbald verneigte sich alles vor der kapetingischen Majestät, die von den Herren der Kirche gesegnet war. So geschah es in Südburgund, als die Könige – erst, 1166 und 1171, Ludwig VII., dann, 1180, im Jahre seiner Thronbesteigung, Philipp August – im Namen Gottes mit dem königlichen Heer einzogen. In welcher Absicht? Um die Armen zu verteidigen und zu rächen. Wir sind gekommen, heißt es in der Einleitung der Schutzbriefe, weil »der Boden von Burgund durch die Abwesenheit der Könige lange ohne die Disziplin und die mäßigende Hand einer gerechten Führung auskommen mußte; diejenigen, die in diesem Land einige Macht besaßen, konnten sich gegenseitig beliebig angreifen, die Schwachen unterdrücken, das Kirchengut verheeren. Wegen so viel Schlechtigkeit sind wir, getrieben vom Eifer Gottes, mit dem Heer nach Burgund gekommen, um Rache zu üben und um den Frieden und das Land zu reformieren«. Keine Spur von Widerstand. Aber eine Flut von Worten. Jeder klagt dem König und den Baronen sein Leid. Und jedem soll Gerechtigkeit widerfahren – nicht durch das Schwert, sondern durch Gerichtsverhandlungen. Und die Geistlichen rühmen die Statthalter der göttlichen Macht, deren bloße Ankunft die Keime der Fruchtbarkeit ringsum belebt: In der kleinen Kirche von Avenas im Mâconnais zeigen die Altarbilder Ludwig VII. nach dem Feldzug, wie er das Heiligtum selbst, dessen neuer Gründer er gewissermaßen ist, in seiner schützenden Hand hält, während auf der Rückseite das Bildnis dessen erscheint, dessen sichtbarer Vertreter er ist: Christus im Glorienschein, umgeben von seinen Aposteln, im Mittelpunkt der kosmischen Ordnung. Die alte Friedensideologie und das ganze System der dahinterstehenden Institutionen sind von nun an nur noch Waffen in den Händen der Könige, die sie mit bestem Gewissen für ihre Ziele benutzen – die Ziele ihrer Politik, wie man es jetzt wohl nennen darf.

Und die Dimensionen dieser Politik erweitern sich zunehmend: Schon die Unruhen in Burgund, um deren Befriedung die Kapetinger sich bemüht hatten, erschienen hier, an der Grenze des Königreichs, als Aufwallung eines viel weiterreichenden Konflikts, der damals zwischen dem Papst und Kaiser Friedrich Barbarossa bestand. Zwei übereinstimmende Daten, das des III. Laterankonzils und das der Salbung Philipp Augusts, eröffneten jene Periode, in der endlich klare Sicht am Horizont entstand, in der man genau verfolgen konnte, wie sich das große Spiel zwischen den Königen entwickelte, dem deutschen König, dem König von England und dem König von Frankreich – eine schwierige Partie, bei der der Papst nur noch ein Partner unter anderen war und die schließlich auf Bouvines hinauslaufen sollte. Die Legaten des Heiligen Stuhls, eifriger denn je und überall zugegen, spielten ihre Rolle als Agenten des päpstlichen Friedens weiter, erlebten aber oft eine harte Abfuhr, so daß sie unverrichteter Dinge von dannen ziehen mußten. So erging es dem Kardinallegaten Peter Capuano, der im Winter 1198–1199 versuchte, einen Frieden zwischen Richard Löwenherz und König Philipp zu vermitteln. Das *Chanson de Guillaume le Maréchal* zeigt die Angelegenheit aus englischer Sicht:

>*»Der König von Frankreich war schlau,*
>*listiger noch als ein Fuchs.*
>*Gleich rief er einen seiner Meister*
>*(einen Kleriker mit Schulbildung)*
>*und gab ihm die Reliquien,*
>*derer man bedarf,*
>*um mit Erfolg voranzukommen.*

> *Denn es ziemt sich stets am Hofe Roms,*
> *daß man die Hände salbt.*
> *Und die Reliquien des Heiligen Rufinus*
> *wie auch die des Heiligen Albinus,*
> *(ein klassischer Kalauer: Rufinus steht für das*
> *rote Gold und Albinus für das weiße Silber)*
> *der guten Märtyrer von Rom,*
> *sind daselbst sehr hochgeschätzt.*
> *Ohne sie ist keinen Heller wert,*
> *was die Gesetze und die Rechtsgelehrten sagen...«*

Der Papst läßt sich für die Mission gewinnen und schickt seinen Kardinal, der König Richard folgende Rede hält:

> *»Große Sünde ist's und große Schmach,*
> *daß zwischen Euch so arger Krieg besteht.*
> *Das Heilige Land wird darüber verlorengehn.*
> *Welch eine Wohltat wäre es,*
> *wenn lange Waffenruhe zwischen Euch bestünde...*
> *Derart, daß niemand Schaden nähme*
> *und jeder besäße, was er besitzt.«*

Richard Löwenherz ist außer sich vor Wut: Als er auf dem Rückweg vom Kreuzzug trotz aller kirchlichen Schutzbriefe im Reich gefangengenommen worden war, hatte der Papst seine Freilassung mit keiner Geste beschleunigt; und jetzt will er ihn, den König von England, mit zuckersüßen Worten zum Frieden überreden, nur weil König Philipp in einer schlechten Lage ist. Der Legat Peter wird hinausgeworfen. Dabei kommt er glimpflich davon: Wenn man ihn unversehrt ziehen läßt, ohne ihm die Genitalien abzuschneiden, so nicht, weil er Kardinal der römischen Kirche ist, sondern weil er als »Botschafter« gekommen ist und in dieser Eigenschaft den Schutz des Ehrenkodex der profanen Kriegsethik genießt. Wie man sieht, gilt Rom als das, was es geworden ist: eine politische Macht. Man benutzt sie nach Bedarf, wenn sie etwas Nennenswertes zu einer Intrige beitragen kann. Ansonsten scheut sich niemand, gegen sie aufzutreten und ihr jegliches Recht abzusprechen, sich in die Angelegenheiten der Könige einzumischen. Etwas später, als Papst Innozenz III. dem König von Frankreich, *ratione peccati*, vorwarf, er hätte Johann Ohneland sein Erbe weggenommen, antwortete Philipp August mit einem schlichten Verweis auf das Lehnsrecht, das seine Intervention voll rechtfertige und die Kirche nichts anging. Glauben wir nicht, die allgemeine Erstarkung der Souveränität in den Jahren vor Bouvines hätte die Sache des Friedens unverändert heilig sein lassen. In Wirklichkeit sieht es so aus, daß die Könige – als geheiligte Persönlichkeiten umgeben und unterstützt von ihren Mitbrüdern in der Heiligkeit, den Bischöfen – im Nordosten Europas und angesichts der Ansprüche des anderen Herrschers, des Bischofs von Rom, mit lauter Stimme bekräftigen, daß der Frieden ihre ureigenste Aufgabe sei: eine Funktion, die der allmächtige Gott ihnen anvertraut habe. Sie fordern die Obergewalt über jede Kriegshandlung, deren höchster Einsatz und letzte Rechtfertigung hinfort stets eine Krone ist. Dieser königliche Anspruch, dieses Gebaren sind das Ergebnis einer Evolution, die ein ganzes Jahrhundert erfüllt hat und deren Höhepunkte denen einer anderen Evolution entsprechen: den Höhepunkten einer Geschichte, die sich im gewöhnlichen Leben abspielt, im Alltäglichen, fern von Theorien und Prinzipien, auf der Ebene der Produktion und des Handels, vor den Kulissen der frisch gerodeten Lichtungen und der Marktplätze. Einer tiefgreifenden, determinierenden Geschichte: der des Geldes.

Miniatur
aus der Bibel von Winchester
Kathedrale von Winchester

Der Krieg

Das Geld war 1214 längst Bestandteil sämtlicher Mechanismen des Krieges. Schon im Jahr der Thronbesteigung Philipp Augusts – im Jahr des III. Laterankonzils – schrieb Richard Fitzneale, der Schatzmeister des englischen Königs, in seinem *Dialogus de scaccario* die klaren Worte: »Geld ist nicht nur in Zeiten des Krieges nötig, sondern auch im Frieden.« Im Frieden dient es der Mildtätigkeit der Fürsten (ein kostbarer Hinweis auf die Rolle, die dem Geld damals zugewiesen wurde); »im Krieg wird es für die Befestigung der Burgen ausgegeben, man braucht es für die Besoldung der Soldaten und für viele andere Gelegenheiten mehr, je nach Art der Personen, die für die Verteidigung des Königreichs bezahlt werden.« Es ist dies die Reflexion eines Fachmanns der Finanzen; doch alle, die den gottgewollten Waffenstillstand predigten, hätten ein starkes Argument daraus ziehen können: Im Frieden schwillt der Strom der Almosen unverzüglich an und somit auch der Gnadenregen, den man förmlich vom Himmel fallen sieht. Dreißig Jahre vorher hatte Petrus Venerabilis – der erste unter den Äbten von Cluny, der sich mit unüberwindlichen Geldsorgen herumschlagen mußte – ähnliche Gedanken geäußert. Er beschuldigte seinen Vorgänger Pons von Melgueil, der versucht hatte, das Amt, aus dem er ausgeschieden war, mit Gewalt zurückzuerobern, er habe die Reichtümer des Hauses vergeudet. Wie? Indem er Söldner angeworben und bezahlt hatte, brutale Draufgänger, die, um seine Autorität wiederherzustellen, in das Kloster eingedrungen waren, und dies zu allem Übel mitsamt den Weibern, die ihnen folgten. In Hinsicht auf einen Konflikt mit dem Herrn einer nahe bei Cluny gelegenen Burg schreibt Petrus Venerabilis an einer anderen Stelle: »Alle meine Nachbarn, die Ritter, die Burgherren, die Grafen und sogar der Herzog von Burgund spornten mich an, zu den Waffen zu greifen, als hätten sie Geld gerochen.« Schon viel früher, im Jahr 1127, hatte der gleiche Geruch, der dem sagenhaften Schatz ihres Grafen anhing, die Ritter Flanderns betört. Mehr als die Freundschaft oder die Vasallentreue war es die Verlockung dieser vielversprechenden Beute gewesen, die sie veranlaßt hatte, den ermordeten Grafen Karl den Guten zu rächen.

Ist der Krieg nicht immer auch ein Mittel, ja sogar das beste Mittel, in den Besitz klingender Münzen zu gelangen, sich jene kostbaren Objekte anzueignen, die in den Schmuckkammern der kleinen Gutsherren noch so selten sind und doch von Tag zu Tag notwendiger werden? Für den anglonormannischen Bereich, wo das Münzgeld damals ohne Zweifel reichlicher zirkulierte als in irgendeiner anderen Region der lateinischen Christenheit, wird die militärische Verwendung des Geldes seit den letzten Jahrzehnten des 11. Jahrhunderts bezeugt. Das Bußbuch eines hier abgehaltenen Konzils unterschied schon 1070 zwischen solchen Rittern, die als Vasallen unentgeltlich kämpften, um ihren Lehnsdienst zu erfüllen, und solchen, die einen Lohn erhielten. Robert Kurzhose weigerte sich gegenüber seinem Vater, Wilhelm dem Eroberer, noch länger dessen »Söldner« zu sein: »Ich möchte«, sagte er, »etwas Eigenes haben, um die zu bezahlen, die mir folgen.« Am Anfang des 12. Jahrhunderts erscheint die Besoldung von Kriegern in diesen Gegenden schon als ein ganz normaler Vorgang. So normal, daß Suger den armen und reinen Ludwig VI. von Frankreich am liebsten in Kontrast zu dem englischen König Wilhelm den Roten setzte, den er als »trefflichen Händler und Aufkäufer von Kriegern« beschrieb. In den Niederlanden bildete sich bereits ein Zuliefermarkt. 1103 vereinbarte Heinrich I. Beauclerc mit dem Grafen von Flandern, der als Unterhändler diente, die Stellung von tausend Rittern gegen ein Jahrgeld von hundertzwanzigtausend Denaren. Solche Gewohnheiten machten in der damaligen Zeit die strategische Bedeutung der fürstlichen Schatzkammern aus. Eine entscheidende Bedeutung. Sobald Stephan von Blois die Reichtümer Heinrichs I. in die Hand bekam, triumphierte er dank der flandrischen Rotten, die er unverzüglich rekrutierte; doch kaum war der Vorrat erschöpft, mußte er sich – nach 1139 – dem Willen seiner Söldner beugen, die vergeblich ihren Lohn verlangten. Von nun an war das Geld die Seele des Krieges, und der Sieg fiel denjenigen Fürsten zu, die am meisten Geschick zeigten, es dort aufzutreiben, wo es verborgen war. In allen Regionen, in denen das allmähliche Erwachen des Warenverkehrs seine Spuren hinterließ – ein Erwachen, das die ersten Fortschritte des fürstlichen Steuerwesens übrigens kräftig vorantrieb –, begannen die großen Herren während der ersten Hälfte des 12. Jahrhunderts, die Unsicherheiten des feudalen Kriegsdienstes mit Lohnzahlungen zu polstern. Diejenigen unter ihren Vasallen, die sich sträubten, die gebotene Heerfolge zu leisten, durften sich durch eine Ablösesumme freikaufen. In der Grafschaft Flandern beispielsweise konnten die Ritter sich ab 1127 von ihren Verpflichtungen befreien, indem sie jedes Jahr zweihundertvierzig Denare zahlten. Alles, was auf diese Weise zusammenkam, wurde an diejenigen Lehnsmänner verteilt, die dem Aufruf ihres Herrn Folge leisteten und ihm für diese zusätzliche Belohnung eine standhaftere und weniger gleichgültige Unterstützung schuldig waren. Durch die Abwesenheit der einen konnten die Fürsten gegenüber den anderen freigebiger sein und sich besserer Dienste versichern. Denn zunächst galt der Sold als eine Freigebigkeit des Herrn, als eine »Wohltat«, eine Gabe, genau wie alle anderen Gaben, die innerhalb dieser Gesellschaft die zuverlässigste Grundlage der Macht bildeten. Was mit dem Sold bezahlt wird, ist ein Dienst von der gleichen Art, wie er aus der Einsetzung in ein Lehen resultiert. Er garantiert eine Treue, die vasallitischen Charakter hat. Aus diesem Grunde konnte die Sitte der Besoldung leicht und ohne verzerrende Wirkungen in die ritterliche Moral eingehen. Es war normal, daß der Herr sich freigebig zeigte, und je mehr er es tat, um so mehr liebte man ihn, um so mehr hielt man ihn in Ehren. Auch wollten die bezahlten Ritter denen, die sich freikauften, durch größere Treue überlegen sein. So sah man sie beispielsweise bei der Belagerung von Shrewsbury als letzte, die Widerstand leisteten und sich lange weigerten, die Übergabebedingungen zu akzeptieren. Auf die gleiche Ethik der mannhaft erfüllten Aufgabe, des wohlverdienten Lohns, berief sich ein anderer normannischer Heerführer: Er ermahnte die Gefährten seines Trupps, daß sie nicht zögern sollten, sich gegen einen deutlich überlegenen Feind ins Getümmel zu stürzen; wenn sie nichts täten, würden sie mit gutem Recht nicht nur den Sold, sondern auch den Ruhm verlieren, »und ich nehme an«, fügte er hinzu, »daß wir von Stund an nicht mehr das Brot des Königs essen dürfen«. Zu Beginn des 13. Jahrhunderts ist das regelmäßig ausbezahlte Geld ein wichtiger Faktor für den Zusammenhalt all der kleinen Kampfgruppen, die sich um ein Banner scharen, ein Faktor, der ihre Mitglieder hindert, bei der erstbesten Gelegenheit auseinanderzulaufen, der sie »zurückhält«, wie man damals zu sagen pflegte. Die meisten Ritter von Bouvines, die alle Helden sind, haben für ihre Anwesenheit Geld bekommen oder erwarten zumindest, daß sie etwas bekommen werden. Es ist nichts Anstößiges daran, dieses Geld entgegenzunehmen. Der Skandal kam erst später, als die Summen, die von den kriegsunwilligen Vasallen eingezogen wurden, nicht mehr der Belohnung jener Ritter dienten, die größeren Eifer an den Tag legten, sondern der Anwerbung von Kriegern, die keine Adligen waren, die aus der Hefe des Volkes stammten. Was Anstoß erregte, war die schnelle Vermehrung der Söldnerbanden.

Vereinzelt entdeckt man solche Banden schon an der Schwelle des 12. Jahrhunderts, sobald das Münzgeld in den Rittersälen der Burgen oder in den Belagerungszwecken errichteten Zelten zu klimpern beginnt. Ordericus Vitalis erzählt von einem »berüchtigten Bogenschützen«, der unter Robert Kurzhose, als die Normandie von Unruhen erschüttert wurde, lauter Briganten und »wilde Kerle« um sich geschart hatte. Mit dieser seiner Bande verdingte er sich einem Burgherrn, und als er eines Tages im Kampf getötet wurde, gab der Herr, der ihn liebgewonnen hatte, Almosen für seine Seele; die Bauern des Ortes, den er verteidigt hatte, mochten ihn ebenfalls: Angeführt vom Dorfpfarrer zogen sie aus, seinen Tod zu rächen. Galbert von

Brügge berichtet über die Heldentaten eines anderen Berufskämpfers, der ebenfalls Bogenschütze war und die Gegner während der flandrischen Wirren von 1127 durch seine Treffsicherheit terrorisierte. Solche Leute sind gefürchtet. Zwar bewundert man sie wegen der fachmännischen Art, mit der sie ihr Metier verrichten, zwar schätzt man die Hilfe, zu der sie fähig sind, aber weil ihr Geschäft der Tod ist, weil sie die Verbote überschreiten und die sozialen Barrieren durchbrechen, indem sie sich unter die Krieger mischen, ohne daß sie durch ihre Stellung zum Tragen der Waffen bestimmt wären, weil diese Abenteuersoldaten niedriger Herkunft sind und im Unterschied zu den Männern der Kommunen nicht im Dienst des Friedens kämpfen, hält man sie schon in dieser frühen Zeit für verflucht, vom Geist des Bösen besessen. Sobald man ihrer habhaft wird, bringt man sie um. Alle, die in den Chroniken vorkommen, enden auf diese Weise: Sie gelten als Keime des Verderbens, die man so schnell wie möglich zerstören muß. In Wirklichkeit ist man diesen Vertretern des Bösen lange Zeit selten begegnet; man sah sie nur im Getümmel der schlimmsten Wirren. Um die Mitte des 12. Jahrhunderts, genau zu dem Zeitpunkt, da König Ludwig VII. versuchte, einen Frieden für das ganze Königreich zu errichten, änderte sich alles. Die erschreckende Neuheit bestand darin, daß die Söldner plötzlich in dichten Scharen herbeiströmten. Hinfort wimmelte es von diesen »Vagabunden ohne Manneszucht«, die nach den Worten des Ordericus Vitalis »wie Milane aus fremden Ländern hereinbrachen und nur ans Plündern dachten«. Zur gleichen Zeit nahm der Krieg, wie wir bereits gesehen haben, ungekannte Dimensionen an.

Um die »Lohnarbeiter« des Kampfgewerbes zu bezeichnen, tauchte zuerst – ab 1127 in Flandern, namentlich in dem Bericht Galberts von Brügge – das auch später noch am häufigsten gebrauchte Wort *cottereaux* auf. Möglicherweise nannte man sie so, weil man sie mit den *cottiers* verband, das heißt mit sehr armen Hintersassen, bedeutungslosen Arbeitskräften der großen Domänen; wahrscheinlicher aber, weil ihre Waffe nicht das edle Schwert war, sondern *le couteau*, das Messer. Später ist gelegentlich auch von *routiers* (Wegelagerern), *ribauds* (Hurenjägern) oder *paillards* (Lumpenpack) die Rede. Doch der wichtigste Zug, den das Vokabular hervorhebt, ist die Fremdheit dieser Leute, deren Sprache man nicht versteht: Oft nennt man sie Brabanzonen – wie in den Berichten über die Schlacht von Bouvines –, aber man sagt auch Aragonier, Navarresen, Basken oder Gallier. In den Augen der Zeitgenossen sind es offenbar zweierlei geographische Räume, die diese Brut regelmäßig ausstoßen. Einmal die wilden Grenzgebiete, die rauhen und elenden Berge, die Gegenden der Hirten, der Jäger, der Halsabschneider; von dort kommen die Söldnerscharen im Rhythmus wechselnder Jahreszeiten, ähnlich wie die Tagelöhner, die zur Heueinfuhr, zur Kornernte und zur Weinlese in die Ebenen hinabsteigen. Es heißt aber auch, sie kämen aus Brabant – zu verstehen als die gesamten Niederlande. Aus jener Region also, die den Herzögen der Normandie und den Königen von England die ersten Söldner vermittelt hatte; aus einer Gegend, in der die nachgeborenen Söhne jederzeit bereit waren, die kleinen Gutshöfe zu verlassen, um anderswo ihr Glück zu suchen. Vor allem aber – und das halte ich für das Wichtigste – aus einem Land mit dicht bevölkerten Städten und weitläufigen verrufenen Vorstädten, in denen die frisch entwurzelten, hungerleidenden Bauern zusammenströmten, um des reinen Überlebens willen zu allem bereit, sogar zum Töten; einem Land mit gewalttätigen Städten, wo die jungen Leute der Kommunen sich trafen und in die nahegelegenen Wälder zogen, um sich im Bogenschießen zu üben, wo die Handelskarawanen Station machten, begleitet von Männern, die leicht das Messer zogen. In der Tat scheinen die Söldner sich nicht aus dem Adel zu rekrutieren, so sehr dieser auch darben mag: Die Söhne der armen Ritter sind zwar stets auf Soldgelder aus, aber sie wollen in Ehren kämpfen. Die *Cottereaux* hingegen wirbt man im gemeinen Volke an, unter den Elenden, den Schiffsausladern und Gelegenheitsarbeitern, unter den Treidlern, den Fleischergehilfen, ja sogar unter den niederen Klerikern, die sich von der Kirche abgewandt haben. Ein Beispiel dafür ist jener Wilhelm, der die Dienste seines Trupps erst an Friedrich Barbarossa, dann an Richard Löwenherz verkaufte.

Es waren in der Tat die größten und reichsten Fürsten, diejenigen, die über volle Schatzkammern verfügten, die den Söldnern Angebote machten. Als diese Pestilenz sich wie eine schwarze Wolke über die Provinzen Frankreichs legte, wurde sie, wie die Texte zeigen, zuerst 1159 von dem englischen König Heinrich II. eingesetzt und etwas später, 1162, von dem Grafen der Champagne: Gegen den letzteren verhängte der Erzbischof von Reims das Anathem, weil seine Söldner die kirchlichen Grundherrschaften verwüstet und sechsunddreißig Dorfbewohner in einer Kirche umgebracht und verbrannt hatten. Zwei Jahre später treffen sich der König von Frankreich und der römische Kaiser, die beiden Stützpfeiler der Christenheit, an der Grenze ihrer Staaten zu einer jener brüderlichen Unterredungen, die seit der Karolingerzeit zur Tradition gehören. Sie schwören, daß sie auf ihren Gebieten zwischen dem Rhein, den Alpen und Paris »keine Brabanzonen oder *Cottereaux* zu Fuß oder zu Pferde« mehr dulden werden. Weiter heißt es: »Wer immer sich dieser Briganten bedient, wird von dem zuständigen Bischof oder Erzbischof exkommuniziert, und sein Grundbesitz wird so lange mit dem Interdikt belegt, bis er diejenigen, die er mittels seiner Söldner hat berauben lassen, nach Maßgabe der geschätzten Verluste entschädigt hat.« Diese schönen Worte indes sollten den Grafen von Chalon nicht daran hindern, bald danach, im Jahre 1165, als er gegen Cluny zu den Waffen griff – wobei der Kaiser ihn ganz offensichtlich unterstützte und zweifellos einen

Teil der Kosten übernahm –, »den Weg des Teufels, der es gewagt hatte, Unseren Herrn in Versuchung zu führen, einzuschlagen, ...« und »eine Vielzahl – mindestens vierhundert – Briganten zu versammeln, die man gemeinhin Brabanzonen nennt, Männer, die vor Gott keine Achtung haben.« Schon zu diesem Zeitpunkt ist die Stärke der Söldnerbanden nicht zu unterschätzen. Zehn bis fünfzehn Jahre später haben sie noch einmal kräftig zugelegt, sie sind konsistenter, autonomer und durchsetzungsfähiger geworden. Nach und nach sind die meisten nach Südwesten abgewandert, in die Länder der Plantagenets: Richard bezahlt sie, um seine Macht in Aquitanien zu sichern. Man kennt ihre Anführer, jene »Räuberhauptmänner«, die in den Chroniken seit den achtziger Jahren des 12. Jahrhunderts namentlich erwähnt werden. Hauptmänner obskurer Herkunft, von denen man jedoch weiß, daß sie mit den Fürsten verkehren und daß sie ein Vermögen machen; manchmal werden sie von ihren Dienstherren vermählt, ausgestattet oder in eine Grundherrschaft eingesetzt, bei deren Eroberung sie geholfen haben; jedenfalls sind sie im Alter reich genug, um Kirchen zu bauen und Stifte zu gründen. Das Alter macht sie fromm. Für den vornehmen Herrn, der mit ihnen verhandelt, besteht das größte Problem in der Zahlung der Lohngelder. Denn dieses Werkzeug, das sich als effizient erweist, ist außerordentlich teuer. Zumal die Söldner bei den Preisverhandlungen in einer starken Position sind: Sie setzen sich mit mehreren Fürsten ins Benehmen, vorzugsweise mit solchen, die untereinander verfeindet sind und sich aus Gründen der Konkurrenz gegenseitig überbieten. Es sei hinzugefügt, daß es sich bei dieser Art von Lohnarbeitern um gefährliche Krieger handelt, jederzeit fähig, sich selbst zu dienen. 1183 weiß Richards Bruder Jung-Heinrich nicht mehr, wie er seine Söldnerscharen zufriedenstellen soll: Er gibt die Abtei Grandmont zur Plünderung frei und zwingt die Bürger von Limoges, ihm zweihundertvierzigtausend Denare zu leihen. Aber das reicht nicht, und so muß er im Kloster Saint-Martial noch einmal die gleiche Summe zusammenraffen. Welche ökonomische Rolle die Söldner spielen, liegt auf der Hand: Sie sind hervorragende Agenten einer Bewegung, die zur Auflösung der gehorteten Schätze führt, die Geldkreisläufe der damaligen Zeit speist, sie anschwellen läßt und auf diese Weise den kontinuierlichen Aufschwung des Handels gewährleistet. Die Banden lassen sich so teuer bezahlen, daß jeder Dienstherr sich beeilt, sie zu entlassen, sobald der Feldzug zu Ende ist. Trotzdem lösen sie sich nicht auf. Bis zur nächsten Dienstverpflichtung führen sie ein sattes Leben auf Kosten der Bevölkerung. Im Jahr 1200 macht eine von ihnen den Geistlichen der Diözese Bordeaux ein Friedensangebot: Das Messer auf der Brust, muß jeder einzelne ein Jahrgeld von einhundertzwanzig Denaren bezahlen; der Erzbischof ist einverstanden – möglicherweise streicht er selbst einen Anteil ein. Von den Zeitgenossen als Geißel empfunden, »die der Satan über die Welt gebracht hat, um sich ihrer als Werkzeug seiner großen

Ungerechtigkeit zu bedienen«, bestehen die Söldnerbanden also in hartnäckigen Schmarotzergemeinschaften fort, die zwar verhältnismäßig klein sind – ein paar hundert Individuen höchstens –, dafür aber einzigartige Verheerungen anrichten.

Schwerfällig bewegen sie sich in regelrechten Karawanen fort, gefolgt von Wagen mit Frauen und Kindern, so daß sie auf die besten Wege angewiesen sind. Bei Dun-le-Roi, einem Ort in Berry, wo die Mitglieder einer Friedensvereinigung mehrere Söldnerbanden, die dort zusammengetroffen waren, einkreisten und den Quellen zufolge siebentausend, vielleicht sogar zehntausend *Cottereaux* niedermetzelten, fand man nach dem Blutbad die Leichen von »fünfhundert bis neunhundert Dirnen, deren Schmuck unvorstellbare Summen wert war«. Alles bedeckt die Söldner mit Schande: Ihr unsittlich-ausschweifendes Leben ebenso wie das viele Geld, das sie verdienen, ebenso wie die unwürdige Art ihrer Kriegführung. Als Fußkämpfer – wie es sich für Leute aus dem gemeinen Volk geziemt – schießen sie mit Bögen und mit Armbrüsten, die den Feind aus der Ferne treffen, heimtückisch, schändlich, ohne daß sie sich von Mann zu Mann ihrem Gegner stellen. Mit dem Messer – jenem Dolch, der den Kapuzinaten in Le Puy als verfluchte Waffe galt, deren Gebrauch sie verwarfen – töten sie die Ritter auf hinterhältige Art, indem sie heimlich auf die Zwischenräume der Panzer zielen. Und trotzdem – eben das ist der Skandal – »sind sie den Adligen in Kenntnissen und Kampfesmut nicht unterlegen«, heißt es in der *Généalogie des comtes de Flandre*. In der Tat, sie allein kennen sämtliche Kriegslisten, um in befestigte Burgen und verschanzte Städte einzudringen. Fest vereint, Schulter an Schulter – angreifbar sind sie nur im aufgelösten Zustand oder während ihres langsamen Marsches –, errichten sie mitten in der Schlacht eine Art lebende Festung, einen unerschütterlichen, mit Spießen bewehrten Wall, einen sicheren Hort, in dem die Herren, die ihnen den Sold bezahlen, Atem schöpfen können, einen Hort, aus dem auch die tödlichen Pfeile kommen, die zur Abwehr feindlicher Sturmangriffe auf die herannahenden Pferde abgeschossen werden.

Diese Abgesandten der Hölle tragen die Unordnung mitten in den Krieg, so gerecht er auch sein mag; sie stören den regulären, loyalen Ablauf; sie setzen die Spielregeln außer Kraft, da keine Verteidigung ihnen standhalten kann, weder Harnische noch Befestigungsmauern, da sie fähig sind, die Ritterschaft in ihren sichersten Schlupfwinkeln zu überwältigen. Wahrlich, sie verpesten die Christenheit; sie stürzen sie in gleicher Weise ins Verderben, wie die Häretiker es tun. Und wie gegen die letzteren verkündet das III. Laterankonzil 1179 den Heiligen Krieg auch gegen die Söldner, in ein und demselben Dekret: »Weil in der Gascogne, im Albigeois, in der Gegend von Toulouse wie auch an anderen Orten die verdammte Ruchlosigkeit der Häretiker – von manchen Katharer, von anderen Patarener und von noch anderen

Publikaner genannt – so weit gediehen ist, daß selbige ihre Missetaten nicht mehr heimlich vollbringen, sondern ihren Irrglauben öffentlich kundtun und versuchen, die Einfältigen und die Schwachen auf ihre Seite zu ziehen, verhängen wir durch gemeinsamen Beschluß den Kirchenbann über sie selbst und über alle, die sie verteidigen oder ihnen Asyl gewähren. Unter Androhung der Bannstrafe verbieten wir jedem, wer immer er sei, sie in seinem Haus oder auf seinem Grundbesitz zu dulden, sie zu unterstützen oder mit ihnen zu verkehren...«

»Was nun die Brabanzonen, Aragonier, Navarresen, Basken, Cottereaux und Triaverdiner betrifft, die solche Niederträchtigkeit an den Christen begehen, daß sie weder Kirchen noch Klöster, weder Witwen noch Waisen, weder Greise noch Kinder noch irgendeine andere Person aufgrund ihres Alters oder ihres Geschlechts verschonen, und die nach Art der Heiden alles verwüsten und zugrunde richten..., so verfügen wir desgleichen für alle Gegenden, in denen sie derart auftreten, daß diejenigen, die sie beschützen, dulden oder verteidigen, an den Sonn- und Feiertagen öffentlich in den Kirchen angezeigt werden und daß gegen sie die gleichen Urteile und Strafen verhängt werden wie gegen die Häretiker, daß sie die Kommunion der Heiligen Kirche nicht empfangen, es sei denn, sie schwören dieser verpesteten und häretischen Gesellschaft ab. Mögen sie wissen, daß niemand ihnen Treue, Huld und Dienste schuldig ist, solange sie in Unreinheit verharren. Wir fordern alle Gläubigen bei Erlaß ihrer Sünden auf, sich derartigen Plagen in nützlicher Weise zu widersetzen und das christliche Volk mit den Waffen gegen sie zu verteidigen.«

In drei Punkten wird Anklage gegen die zügellosen soldatischen Banden erhoben, die man in Montpellier *manades* (provenzalischer Ausdruck für Stier- und Rinderherden) zu nennen pflegt. Der erste ist der, daß sie töten. Wie der Biograph Ludwigs VII. berichtet, wurden fünfhundert der Bürger von Cluny, die sich im Rahmen der Friedensinstitutionen nach Art des Languedoc zu einer Gemeindemiliz zusammengeschlossen hatten und 1166 versuchten, eine Söldnerbande zu vertreiben, auf einen Schlag getötet; und als der König, um Rache zu üben, in das Land einzog, bildeten die beklagenswerten Häuflein der Witwen und Waisen sein Geleit. Von Söldnern geführt, bekommt der Krieg ein abscheuliches Gesicht, wie man es angeblich nie an ihm gesehen hat. Das zweite Vergehen, das ihnen vorgeworfen wird, ist die Beraubung der Armen. Rigord spricht dieses Thema an, um klarzustellen, daß Philipp August keine Söldner in seine Dienste nahm – was falsch ist –, und er erzählt – was wahr ist –, daß sie Bäuerinnen schändeten und vor den Augen ihrer gefesselten Ehemänner vergewaltigten, daß sie Priester überfielen – *cantadours*, wie die Soldateska des Südens die Pfarrer nannte – und sie solange verprügelten, bis sie bereit waren, die Messe für sie zu singen; denn auch die Briganten, die man Ketzer schimpfte und die Unzucht trieben, verzichteten ungern auf liturgische Gesänge. Dabei – und dies ist der letzte, der gravierendste Anklagepunkt – sind sie zu allem Überfluß ruchlose Frevler. Wohlmeinend waren die Mönche von Cluny den Brabanzonen entgegengezogen, bereitwillig singend und ohne Waffen, nur mit Kreuzen und Reliquien gerüstet; doch so viel Weihwasser sie auch versprengen mochten, so nahe sie den Angreifern das Kruzifix vor die Nase halten mochten, das Satansgelichter wich nicht zurück; im Gegenteil, die Mönche wurden rücksichtslos überrannt, ihrer heiligen Kleider beraubt und nackt ins Kloster zurückgeschickt. Innozenz III. wirft den Brabanzonen vor, daß sie Chorröcke und heilige Bücher aus den Sakristeien stehlen; Rigord behauptet, daß sie Kirchen in Brand stecken, das Altarsakrament zu Boden werfen und die Hostien mit Füßen treten – weil sie die Kelche rauben wollen, es aber nicht wagen, den Leib und das Blut Christi mit den Fingern zu berühren –, und daß sie geweihte Meßtücher mitnehmen, um Gewänder »für ihre Weiber und Mägde« daraus zu machen. Im Söldnerlager bei Dun-le-Roi fanden sich massenhaft Monstranzen, und die neunhundert Frauen, die von den Friedenskämpfern erst vergewaltigt und dann umgebracht wurden, hatten ihr Schicksal wohlverdient: Sie waren in Meßgewändern umherstolziert. Hier ahnt man, wie tief der Abscheu sitzt. Dieses Geschmeiß, dieser Auswurf, der überall von den Randzonen, aus dem finstern Abseits der Gesellschaft und den kaum bekannten Grenzgebieten des Königreichs stammt, setzt sich über die strengsten Tabus hinweg: Er scheut sich nicht, weibliche Körper mit Altardecken zu schmücken. Die Welt muß schleunigst von dieser Brut gereinigt werden. Mit Feuer und Schwert.

Tatsächlich werden alle Brabanzonen, die sich lebend gefangennehmen lassen, sofort vernichtet. Um die Kirche Gottes zu rächen, läßt der gute König Ludwig VII. sie 1166 ausnahmslos an Mistgabeln aufhängen, nachdem er die hohen Lösegelder, die manche ihm anbieten wollten, großmütig von sich gewiesen hat. 1182 bringt Richard Löwenherz einen Trupp Söldner in seine Gewalt, den er teilweise niedermetzeln läßt, während er achtzig arme Teufel verschont und mit ausgestochenen Augen auf die Wege schickt, damit sie ihresgleichen als Warnung dienen. Im folgenden Jahr wird unmittelbar nach dem blutigen Kampf bei Dun-le-Roi der ganze Leichenhaufen verbrannt, um die Erde zu reinigen. Doch die Seuche ist hartnäckig, ihr haftet der Geruch des Geldes an, der ihr immer neuen Auftrieb gibt, geschürt von der Rivalität der Fürsten, die gegeneinander wüten und sich aller verfügbaren Mittel bedienen. Also lebt sie ständig wieder auf, bricht aus allen Rissen der geordneten Welt hervor. Auch in Bouvines sind die Brabanzonen gegenwärtig. Allerdings nur auf der Seite des Bösen, auf der Seite der Verdammten, der Verräter. Philipp August hingegen, der gute Herr, der König des Friedens, wird von seinen Schmeichlern in höchsten Tönen gerühmt, weil er sich den Einsatz dieses abscheuerregenden Werkzeugs – das er immerhin lange genug benutzt hat – seit Jahren versagt. Im Lager der Oriflamme sieht man weder Frauen noch *Cottereaux*; kein einziger der Fußknechte steht im Solde des Blutes und des Lasters; als Mitglieder der treuen Kommunen, die von den Bischöfen gesegnet sind, dienen sie der herrschenden Ordnung und der Wiederherstellung des Friedens, des Gottesfriedens und des Königsfriedens, die ineinander übergehen. Der Sieger hat keine schmutzigen Hände.

Während des 12. Jahrhunderts kommt es in Frankreich zu einer zweiten Neuerung, die von wesentlicher Bedeutung für die Kriegführung ist und ebenfalls Skandal erregt, die ebenfalls die trüben Züge der Gewinnsucht trägt und von der Kirche verurteilt wird. Diesmal handelt es sich um das Turnier – ein Spiel, das entscheidenden Einfluß auf das Verhalten derer hatte, die in Bouvines zum Kampf antraten. Die Geschichte des Turniers ist weitgehend unbekannt. Das Wort selbst taucht in der Chronik der Abtei Saint-Martin-de-Tours im Zusammenhang mit dem Jahr 1066 auf: Damals waren bei Angers mehrere Barone getötet worden, unter ihnen Gauzfrid von Preuilly, von dem gesagt wird: »torneamenta invenit«. Es ist kaum anzunehmen, daß dieser Mann tatsächlich der Erfinder war; die Durchführung von Scheingefechten war in einer Gesellschaft, die dem Krieg so viel Platz einräumte, zweifellos eine uralte Gewohnheit: Der Geschichtsschreiber Nithard schildert ein solches Reiterspiel übrigens als Teil der Zerstreuungen, die im 9. Jahrhundert anläßlich der Friedensgespräche zwischen Karl dem Kahlen und Ludwig dem Deutschen in Straßburg veranstaltet wurden. Wichtig ist, daß es in den Gebieten zwischen Loire und Schelde schon am Anfang des 12. Jahrhunderts eine ausgeprägte Vorliebe für diese Art Vergnügen gab. Der Panegyriker Karls des Guten von Flandern erzählt, daß sein Herr um 1125 »zur Ehre des Landes und zur Übung seiner Ritterschaft gegen einige Grafen und Fürsten aus der Normandie und aus Flandern kämpfte; an der Spitze von zweihundert Rittern nahm er an Turnieren teil, wodurch sein Ansehen ebenso erhöht wurde wie die Macht und der Ruhm seiner Grafschaft«: Diese freundschaftlichen Begegnungen, bei denen man Kämpfen spielte, fanden also damals schon alljährlich und routinemäßig statt. Ein Datum freilich hebt sich in der Chronologie der Turniere richtungsweisend hervor: 1130. In diesem Jahr hielt die päpstliche Autorität ihr Eingreifen für geboten; auf den Konzilien von Reims und Clermont tadelte sie »jene beklagenswerten Versammlungen und Märkte (den Text dieses Kanons aufgreifend, fügte das III. Laterankonzil 1179 hinzu: »die man gemeinhin Turniere nennt«), auf denen die Ritter sich zu treffen pflegen«. Ein Verbot wurde erlassen, und es wurden Sanktionen verhängt – weniger streng allerdings als bei den anderen Verstößen gegen die Friedensverordnungen: »Einem Ritter, der dabei stirbt, soll weder die Beichte noch die heilige Wegzehrung verweigert werden, sondern lediglich die kirchliche Bestattung.« Warum? Weil die Turniere »Menschenleben fordern und das Seelenheil bedrohen«. Natürlich ist es wichtig, daß die Ritter Christi nicht aus bloßem Übermut getötet werden: Derartige Morde rufen heftigen Groll und Rachegelüste hervor; folglich schüren sie jene inneren Streitigkeiten, die der Gottesfrieden mindern soll; vor allem aber schwächen sie ein Heer, das immer noch Jerusalem und den Schutz des Heiligen Grabes zum Ziele hat. Im übrigen sind diese Vergnügungskämpfe – bei denen der Haß, wie Wilhelm von Newburgh sagt, »keine Rolle spielt, da sie allein der Übung und der Zurschaustellung der Körperkräfte« dienen – Demonstrationen der Eitelkeit, Glücksspiele von der gleichen Art wie das Würfelspiel, bei denen das Gottesurteil grundlos herausgefordert wird und die jeder gute Christ sich versagen muß, denn sie sind ebenso frevelhaft wie Flüche. Der Hochmut und das Streben nach irdischem Ruhm finden Nahrung in diesen Paraden, die darum als verderblich gelten.

Während des ganzen 12. Jahrhunderts bleibt das Turnierverbot bestehen. 1149, als der zweite Kreuzzug gerade zu Ende ist, ermahnt der heilige Bernhard seinen Amtsbruder Suger, er möge sich »mit dem Schwert des Geistes wappnen, um einen teuflischen Brauch, der uns erneut bedroht, am Wiederaufleben zu hindern. Kaum von der Reise zurück, haben Prinz Heinrich, der Sohn des Grafen von Champagne, und Robert, der Bruder des Königs, in erbitterter Feindschaft vereinbart, nach dem Osterfest einen jener abscheulichen und verfluchten Märkte abzuhalten, auf dem sie handgemein werden und bis zum Tode kämpfen wollen«. Außer in Zeiten, in denen gerade – wie etwa 1190 – mit feierlichem Ernst eine große bewaffnete Pilgerfahrt zum Grab des Herrn vorbereitet wurde und in denen man die Serie der Spiele allenthalben unterbrach, blieben die Verweise der Kirchenleute ohne jede Wirkung. Die Fürsten duldeten die Turniere; manchmal übernahmen sie selbst die Organisation, und oft erschienen sie persönlich. Jedenfalls behinderten sie ihre rasche Verbreitung in keiner Weise.

Die Welle der Turnierbegeisterung hatte technische Gründe. Das Turnier diente der praktischen Übung in der neuen und schwierigen Kunst des Lanzenbrechens zu Pferde (die erste Darstellung derartiger Reiterspiele auf einem Flachrelief an der Fassade der Kathedrale von Angoulême stimmt zeitlich genau mit dem ersten kirchlichen Turnierverbot überein). Tatsächlich kamen die Helden, die in der Lage waren, ihre Gegner mühelos aus dem Sattel zu heben, hinfort alle aus Gegenden, in denen das Turnierwesen blühte – was Richard Löwenherz zweifellos veranlaßte, die Spiele in England nicht mehr zu verbieten. Aber der Erfolg dieser Mode muß auch im Zusammenhang mit der Evolution der politischen Strukturen gesehen werden, mit der Erstarkung der Fürstentümer und dem Erfolg der großen Herren, die sich um eine bessere Gewährleistung des Friedens bemühten. Nicht zufällig hat das Turnierwesen sich ausgerechnet in den Provinzen entwickelt, die besonders streng in Zaum gehalten wurden. Als notwendige Aggressionsabfuhr, als Sicherheitsventil und Tummelplatz gibt das Turnier den müßigen Rittern, die wegen der Einschränkung des echten Krieges nichts zu tun haben, eine Beschäftigung und fördert zugleich ihre Tapferkeit. Karl der Gute, dessen Beitrag zur Friedenssicherung in Flandern lobend hervorgehoben wird, hatte dafür gesorgt, daß die ungestüme Kampfeslust seines Adels sich jedes Jahr bei Scheingefechten am Rande, in den »Marken« eines nunmehr besser geordneten Staates entladen konnte. Was werden die normannischen Krieger tun, wenn die Könige Heinrich II. und Ludwig VII. sich tatsächlich auf einen Frieden verständigen? Sie »werden auf große Turnierfahrt gehen«. Und wenn Arnold, der Sohn des Grafen von Guines, sich in seinem brennenden Wunsch, glorreich zu leben und die höchste Ehre des Jahrhunderts zu erlangen, mit gesenktem Kopf in die Turniere stürzt, so tut er es nicht zuletzt, um dem Müßiggang zu entrinnen, der ihm wegen der mangelnden »Kriegswut« in diesem von seinem Vater mit strenger Hand geführten Lande aufgenötigt wird. Zweifellos hätte er besser daran getan, am Kreuzzug teilzunehmen. Aber vielleicht spielten die Scheinkriege, die auf den Turnieren veranstaltet wurden, noch eine andere, eine symbolische Rolle: Waren sie nicht so etwas wie rituelle Tänze auf den wiedergefundenen Frieden und das Ende der alten Fehden, wobei die Aufforderung zum Tanz rituell an die »jungen Krieger« erging? Jedenfalls erscheinen sie, stets am Rande der herrschenden Ordnung, als eine zweckfreie Entladung der Aggressivität, als deren notwendige Umsetzung im Spiel.

Während der siebziger und der achtziger Jahre des 12. Jahrhunderts – zur Zeit des III. Laterankonzils und der Thronbesteigung Philipp Augusts von Frankreich – können wir diese besondere Form der ritterlichen Soziabilität genauer beobachten, und zwar aufgrund zweier Schriften, die beide von der raschen Verallgemeinerung einer profanen panegyrischen Dichtkunst zeugen, da sie zu Ehren von zwei Herren mittlerer Bedeutung geschrieben wurden. Einer ist Arnold von Guines, der Herr von Ardres und spätere Kämpfer von Bouvines, gefeiert von einem Priester, der dem gräflichen Haus seines Vaters diente. Der andere ist Wilhelm Marschall, der nicht in Bouvines zugegen war, es aber bedauerte, und dem ein gereimtes, in der Umgangssprache verfaßtes Loblied gilt, das auf den Erinnerungen seines Schildknappen beruht. Diese Texte lassen erkennen, daß Frankreich damals das absolute Paradies der Turniergänger war. Für die englischen Chronisten waren die Turniere Kämpfe »nach Art der Franzosen« oder »nach Art der Gallier«, und der junge Wilhelm bekam von seinem Herrn den Rat, England schnellstens zu verlassen: Dies ist, sagte sein Herr, kein gutes Land für niedere Vasallen und für solche, die das Abenteuer suchen; die Guten, die gern »auf Turniere gehen«, müssen den Kanal überqueren. Wo also wird man dem künftigen Marschall hinfort begegnen? In der Normandie, in Anjou, in Maine, der Île-de-France und im Hennegau; und seine Partner bei den Spielen kommen alle aus der Umgebung von Paris und dem Valois, aus der Brie, der Champagne, aus Flandern, Maine, Anjou, Touraine, der Normandie, Burgund und dem Poitou – das heißt, von sämtlichen großen Fürstentümern Nordfrankreichs und von nirgendwo sonst, mit Ausnahme des Poitou. Die Begegnungen freilich finden nicht im Herzen dieser Staaten statt, sondern in ihren Randbezirken, bei der Furt von Luzy in der Brie, zwischen Montbard und Rougement in Burgund, im Soissonnais, in der Nähe von Chartres, in der Umgebung von Dreux, in Gournai, in Lagny, in Joigny – immer außerhalb der großen Städte und der Burgen, fernab von den Zentren der großen Feudalmächte, im Bereich der alten gallischen Wälder, die früher die Grenze zwischen den Stämmen gebildet hatten und die auch weiterhin so etwas wie neutrale Zonen sind, in denen die meisten friedenstiftenden Versammlungen stattfinden und die von den höchsten Herren als Vollzugsorte der Huldigung akzeptiert werden – Zonen, in denen gemeinhin, wie im Falle von Bouvines, die Schlachten ausgetragen werden.

Der Eindruck unbedingter Marginalität bestätigt sich, wenn man bedenkt, aus welchem Personenkreis die »Turniergänger« stammen und in welcher gesellschaftlichen Situation sie sich befinden. Größtenteils gehören sie der Gruppe der »Jungen« an. Das heißt, daß die Turnierspiele normalerweise eine bestimmte Etappe der ritterlichen Existenz ausfüllen, eine Zeit, die sich ebenfalls als eine »Mark« beschreiben läßt, ein mehr oder weniger ausgedehntes Intervall zwischen den Lehrjahren und jenem Augenblick des Lebens, in dem der Mann adligen Geblüts endlich heiratet, als Familienvater die volle Verantwortung der grundherrlichen Verwaltung übernimmt und sich in einem geordneten Rahmen niederläßt, zu dem immer ein Haus, ein Haushalt, eine Grundherrschaft und die Führung einer Verwandtschaft gehört. So gesehen wird noch deutlicher, daß die Funktion des Turniers in der Absonderung, der Ausgrenzung aus den Strukturen der Ordnung und in der Bindung des kriegerischen Ungestüms besteht. Das Turnier ist eine Angelegenheit reifer Männer, die bereits Ritter sind, denen die Oberhäupter des Familiengeschlechts aber keine Frau geben wollen oder können und die daher noch nicht eingeordnet sind, die noch keinen Platz unter den *seniores* haben, die über keine ökonomische Unabhängigkeit verfügen, die im Vaterhaus nichts zu tun haben, sich aufsässig benehmen und davongejagt werden. Nehmen wir Arnold von Guines: Kaum daß er alt genug für die Spiele war, die ihn zum Krieger ausbilden sollten, verließ er das Haus des Vaters, der ihn seinem eigenen Herrn, dem Grafen von Flandern, anvertraute. An dessen Hof fand man Arnold tapfer, geschickt in den Waffen, dienstbereit, freigebig, fröhlich, schön, sanft, *graciosus*.

Am liebsten hätte sein Gönner ihm die Schwertleite selbst verliehen, doch er ist höfisch genug, den »Ruhm« dieser Geste Arnolds Vater zu überlassen: Am Pfingsttag des Jahres 1181 – dies ist das einzige genaue Datum, das in der ganzen Biographie genannt wird, was viel darüber aussagt, welcher Wert der Zeremonie der Schwertleite damals in der Welt der Fürsten beigemessen wurde – versetzt der Graf von Guines seinem Sohn Arnold und vier anderen jungen Leuten jene Ohrfeige, »die man nicht erwidert«, und erhebt sie durch die »ritterlichen Sakramente« zur männlichen Vollkommenheit. Es ist ein Freudenfest: Die Komödianten sind gekommen, und die Spielleute sind da, um Loblieder zu singen. Man ißt. Man trinkt. Am nächsten Tag wird der frischgebackene Ritter unter Glockengeläut von den Mönchen und den Geistlichen in der Kirche zu Ardres empfangen. Aber gleich danach bricht er wieder auf. Sein Haus will ihn auch jetzt nicht haben; sein Vater gewährt ihm auf zwei Jahre »Hilfe und Schutz«, anders gesagt, er gibt ihm ein Jahrgeld und deckt ihn mit seiner Macht; er läßt ihn »in viele Lande ziehen« und wählt einen Mentor für ihn aus, der ihn »sowohl bei Turnieren als auch bei der Verwendung des Geldes« beraten soll; dieser Mentor wiederum stellt dem Jüngling, der noch gar nicht recht weiß, wie ihm geschieht, einen Neffen als Waffenlehrer zur Seite, einen erprobten Fachmann, der schon dem jungen Heinrich, dem Sohn des Königs von England, ein guter Gefährte gewesen war. Bald scharten sich alle Turnieranwärter des Landes, *omnes Ghisnensis terre torniatores*, um Arnold, der gewissermaßen als der Fürst der Jugend galt, zum Ruhm seines Geschlechts und zum Ruhm der väterlichen Grafschaft vorübergehend mit jenen Funktionen der Tapferkeit und Munifizienz betraut, die ein Herr der älteren Generation aus Gründen der Schicklichkeit niemals so ungeniert hätte erfüllen dürfen.

Zwei Jahre gingen ins Land, aber Arnold scheint die Vergnügungen der Abenteuersuche auch darüber hinaus noch recht lange genossen zu haben, diesmal gegen den Willen seines Vaters und ohne finanzielle Unterstützung. 1190 zog er immer noch als fahrender Ritter umher, plötzlich wieder reichlich mit Geld ausgestattet, denn dem Grafen von Guines war sehr daran gelegen, daß sein Sohn das Kreuz nahm, und er stellte ihm zu diesem Zweck alle Mittel zur Verfügung. Die Abenteuer des Heiligen Landes indes lockten Arnold nicht; und da er nicht wußte, was er mit dem ganzen Geld anfangen sollte, verschwendete er es in Schmuck und Geschenken: Die Vorbereitungen des Kreuzzuges hatten eine Art Turnierpause eröffnet. Wie auch immer, in der Zwischenzeit ist Arnold berühmt geworden; in vielen Gegenden, sagt sein Biograph, besingt man ihn als den ruhmreichen Helden von Guines. Nun würde er sich gern niederlassen und seinerseits *senior* werden, das heißt, er würde gern heiraten, am liebsten eine reiche Frau, denn sein Vater scheint nicht so bald zu sterben und eine Übergabe des Erbes ist nicht in Sicht. So spiegelt Arnold jeder auch nur irgendwie geeigneten Partie seine Tapferkeit vor, und tatsächlich stöbert er auf diese Weise eine wunderbare Erbin auf, die Gräfin von Boulogne; er täuscht Liebe vor und entfaltet das ganze Ritual der höfischen Verführung – dabei kann man sich vorstellen, wie der Vater den Schachzug aus der Ferne verfolgt –, aber im letzten Moment schnappt Rainald von Dammartin ihm, wie oben erwähnt, die Beute vor der Nase weg. Eines wird an diesem Beispiel klar: Der Ritter geht so lange auf Turniere, bis er in den Stand der Ehe tritt; es gibt nichts, was er sonst tun könnte.

Ähnlich wie der Graf von Guines – nur einige Zeit früher – hatte König Heinrich II. von England seinem ältesten Sohn zum zwanzigsten Geburtstag einundhalb Jahre »Fahrt« geschenkt, und auch der Königssohn hatte diese Art sportliche Rundreise, zu der alle Jungen gehalten waren, um sieben Jahre verlängert. Während des endlosen Ausfluges war Wilhelm Marschall derjenige gewesen, der »Jung«-Heinrich als Führer diente, nicht ganz mühelos versuchte, ihm einen guten Kampfstil beizubringen, und schließlich zum »Herrn und Meister seines eigenen Herren wurde, was auch rechtens war, da er ihn in Tapferkeit erzog«. Wilhelm selbst führte mehr als zwanzig Jahre lang, bis 1184, ein unstetes Leben; dann zog er ins Heilige Land, wo er drei Jahre blieb, diente Heinrich II. nach seiner Rückkehr nochmals zwei Jahre und ging 1190 endlich eine Ehe ein. Als er sich niederließ, war er über Vierzig. Das Turnier, die Sache der »Jugend«, ist vor allem eine Angelegenheit der ökonomischen Unmündigkeit: Mitspieler sind diejenigen, die – sehr zahlreich und oft sehr lange – durch die Strukturen der Grundherrlichkeit und die vorsichtige Heiratspolitik der Familien in einer ungewissen Position am Rande der Gesellschaft gehalten werden.

Normalerweise wird die spielerische Übung gewissermaßen vom Vater an den Sohn delegiert. Es kommt jedoch vor, daß der Herr diese Aufgabe selbst wahrnehmen muß. Etwa dann, wenn er in der Blüte seiner Manneskraft zur Macht gelangt oder wenn sein ältester Sohn noch nicht hinreichend ausgebildet ist, um die Jugend des Landes an seiner Stelle ins Turnier zu führen. Unter diesen Umständen kann er sich der Rundfahrt nicht entziehen, es sei denn, er nimmt in Kauf, daß seine Leute ihn weniger lieben, daß sie ihm weniger zuverlässig dienen und daß ihm das einzige Mittel zur Bändigung des ritterlichen Ungestüms außer Kontrolle gerät. Wie wir gesehen haben, führt Graf Karl der Gute von Flandern seine Ritterschaft jedes Jahr persönlich ins Turnier. Genauso macht es Balduin, der Graf von Hennegau. Als dieser 1171 an die Macht gelangt, beginnt er seine Herrschaft, indem er am Weihnachtstag einem Bankett vorsitzt, dem großen Winterschmaus, den Schlemmereien der Wohlgeborenen, bei denen der Adel sich als Vielfraß hervortut. Aber sobald es wärmer wird, bricht der Graf mit achtzig Rittern im Gefolge auf; in der Champagne und in der Brie zieht er mit ihnen durchs Land und beteiligt sich an zwei Turnieren. Zur Fastenzeit ist er wieder daheim, zieht sich zurück und wartet ungeduldig ab, wie alle anderen auch: Endlich wird es Ostern; schon am folgenden Tag macht er sich – diesmal bis

Pfingsten – wieder auf den Weg und führt seinen auf hundert Ritter angewachsenen Trupp erst in die Grenzgebiete von Burgund, dann nach Rethel. Im Wesentlichen heißt Regieren für ihn wie für seinesgleichen nichts anderes als das. Bei sämtlichen Turnieren, von denen das *Chanson de Guillaume le Maréchal* erzählt, sind Fürsten gegenwärtig: der Graf von Flandern, der Herzog von Burgund, die Grafen von Clermont, von Boulogne und von Saint-Pol, alle, die später als Bannerführer in der Schlacht von Bouvines auftauchen, die jetzt in der Blüte ihrer Jugend stehen – und wenn nicht sie, dann ihre Väter. Keiner der Fürsten aus dem Norden Frankreichs fehlt. Nur die Könige glänzen durch Abwesenheit. Als Richard Löwenherz, das Vorbild der Ritterschaft, 1194 ein ganzes Netz von Turnieren in England organisiert, nimmt er selbst an den Veranstaltungen nicht teil: Er läßt sich durch seinen Halbbruder, den Grafen von Salisbury, vertreten. Denn diese profanen Zerstreuungen, von den Bischöfen mit schrägen Blicken bedacht, stehen der königlichen Würde, die so eng mit dem Heiligen verbunden ist, nach Ansicht der Zeitgenossen nicht gut zu Gesicht.

Der Kapetinger erlaubt seinen Brüdern ohne weiteres, sich diesen Spielen hinzugeben, nicht aber seinem ältesten Sohn, dem Thronfolger, dessen Schwert rein bleiben muß: In Bouvines ist Philipp August der einzige, der nie im Leben auf Turnierfahrt war. Für die aristokratische »Jugend« Nordfrankreichs hingegen handelt es sich um einen Dauerspaß: »Ungefähr alle vierzehn Tage wechselte man den Ort und zog von einem Turnier zum nächsten.« Im vollen Kalender der Wettkämpfe stellt die Fastenzeit die einzige etwas längere Pause dar, aber auch sie wird möglichst abgekürzt. Sobald die Periode der Enthaltsamkeit vorüber ist, stürzen alle hinaus, und alle legen noch einmal kräftig zu, ehe die nächste Fastenzeit beginnt. Das Rechnungsbuch, das Wilhelm Marschall als guter Haushalter eigens für seine Turniergewinne anlegen ließ, reicht von Pfingsten bis zum Fetten Dienstag des folgenden Jahres. Diese Art Sportfest hört nicht einmal im Winter auf. Es trotzt dem Regen und der Kälte. Turniere sind eine Leidenschaft.

Sie sind ein Mannschaftssport, genau wie der richtige Krieg, der Krieg der Söldner. Die »jungen« Leute, die eines Tages nach Clairvaux kamen und die der heilige Bernhard durch eine Strafpredigt zu überzeugen versuchte, dem Bösen und dem Wahn des eitlen Kampfes zu entsagen, waren als Bande organisiert, sie bildeten eine Schar, eine *manade*. Vergessen wir das Bild ausgewählter Zweikämpfe, bei denen sich die mit Lanzen bewaffneten Ritter auf einem kleinen, durch Schranken genau abgegrenzten Platz gegenüberstehen: Bis weit in das 14. Jahrhundert hinein trifft es absolut nicht zu. Das Turnier der Zeit, um die es hier geht, ist kein Duell, sondern ein lärmendes Getümmel, bei dem niemand allein mit einem einzelnen Gegner kämpft. Hier begegnen sich regelrechte Mannschaften, von denen jede ihre eigenen Farben und ihren eigenen Kapitän, ihren Anführer hat, der um seines Ruhmes und um des Ruhmes seiner Ahnen willen – und damit er bei den Damen ins Gerede kommt – größten Wert darauf legt, mit der besten und stärksten Truppe aufzuwarten. Balduin von Hennegau hatte anfangs nur achtzig Gefährten; zwei Jahre später folgte ihm bereits ein sehr viel längerer Zug: Zweihundert Ritter und zwölfhundert Mann zu Fuß. Von Jung-Heinrich hören wir:

> »Es gab keinen guten Ritter,
> tapfer und in den Waffen erprobt,
> den er nicht an sich ziehen wollte.«

Auf dem Turnier von Lagny kämpften fünfzehn Bannerträger für ihn, jeder mit seinem eigenen Haufen; er hatte sie aus England, der Normandie und dem Anjou rekrutiert, aber auch – und sogar größtenteils – aus der Île-de-France, einer angestammt feindlichen Gegend also, die jedoch das Land der besten Kämpfer war. Die Zusammensetzung der Turniermannschaften war rein zufällig und folglich heterogen; ihre Einheit äußerte sich in Zeichen wie dem gemeinsamen Kampfruf oder den Emblemen, mit denen man die Schilder bemalte: Zweifellos haben die Turniere mehr als die wirklichen Kriege zu dem raschen Fortschritt beigetragen, den die Heraldik damals erlebte. Der Zusammenhalt eines Haufens wird vornehmlich durch gute Bezahlung garantiert. Dies ist der erste Punkt, in dem das Geld eine wesentliche Rolle spielt. Denn die Mitglieder der Mannschaft werden regelrecht angeheuert. Alle Turnierkämpfer, die Jung-Heinrich folgten,

> »…hatten täglich fünfundzwanzig Sous,
> sei es fahrend oder im Quartier,
> sobald sie ihren Besitz verließen.«

Im Umkreis der berühmtesten Kämpfer steigen die Angebote. Nach dem Turnier von Gournai wetteifern die »hochgestellten Männer« um den Marschall, der von den Schlägen seiner Gegner zwar übel zugerichtet ist, aber vor Ruhm erstrahlt; »jeder begehrt ihn für sich«; der Graf von Flandern und der Herzog von Burgund treiben seinen Preis so hoch, daß sie ihm ein Jahrgeld von zweihundertvierzigtausend Denaren bieten. Den Sternen am Turnierhimmel winkt ein Vermögen, das schnell gewonnen ist. Die permanente Rivalität, die unentwegte Jagd nach Ruhm lassen das Geld hier üppiger als irgendwo sonst aus den Händen der Reichsten fließen. Mehr als der wirkliche Krieg dient das Turnier, das kaum je zum Stillstand kommt, einer Umverteilung der von den Fürsten zusammengerafften Geldmengen an die bescheidene Ritterschaft. Und von dort geht der Strom an zahlreiche andere Leute weiter. Denn vor jedem Treffen müssen die Teilnehmer sich rüsten, sie müssen vor allem Pferde kaufen, die ein höchst anfälliges Kampfinstrument sind. Zwischen zwei Turnieren wählt Wilhelm Marschall auf dem Winterjahrmarkt von Lagny die besten Streitrosse aus, für die er den Pferdehändlern einen überaus stolzen Preis bezahlt – derselbe Wilhelm, der, als er noch ganz jung war und sich auf sein erstes Turnier vorbereitete, den kostbaren Mantel, der ihm am Tag seiner Schwertleite geschenkt worden war, gegen ein gutes Reittier hatte eintauschen müssen. In der Zwischenzeit ist der Meisterkämpfer ein reicher Mann geworden. So rankt sich ein großes Handeltreiben um jede der sportlichen Begegnungen, und die stets um schöne Worte besorgten Schreiber der Kirche hatten durchaus recht, als sie diese Veranstaltungen, ehe sie den Neologismus *torneamentum* prägten, mit dem Ausdruck *nundinae*, Märkte, bezeichneten. Das Turnier weist in der Tat alle Züge eines Marktes auf: Den Besuchern wird der gleiche Schutz gewährt, und überall schießen Zelte aus dem Boden, die für einige Tage ein buntes Gemisch von Männern und Frauen beherbergen: Pferdezüchter, Handelsmänner, Schankwirte, Hufschmiede, Spaßmacher, Freudenmädchen und alle, die Geld verleihen oder wechseln, alle, die Geld verdienen oder stehlen.

>»So viele kamen von rechts und von links,
daß es im ganzen Land wimmelte...
Und Pferde gab es zu sehen,
aus Spanien, der Lombardei und aus Sizilien...«

Hier klimpern die Münzen und wechseln gleich haufenweise den Besitzer.
Lange im voraus werden Ort und Datum festgesetzt, und die Ankündigung verbreitet sich nach allen Seiten, von Hof zu Hof. In den letzten Tagen vor dem Spiel herrscht an den Wohnsitzen derer, die eine Mannschaft ins Turnier führen, ein aufgeregtes Treiben:

>»Der Saal füllt sich mit Rittern...
Die ganze Nacht verbringen sie,
indem sie Kettenpanzer rollen
und Beinkleider polieren,
und ihre Rüstungen auf Hochglanz bringen,
die Kolliers und Kuvertüren,
die Sättel und das Vorderzeug,
die Gurte und die Zügel.«

In der nahegelegenen Stadt, im nächsten Dorf oder in dem gerade entstandenen Zeltlager gleich neben dem Turniergelände beziehen die Truppen Quartier. Man besucht sich, trinkt miteinander, trifft sich zum Würfelspiel; man verhandelt mit den Saumseligen, versucht sie in letzter Sekunde anzuwerben; Verbindungen werden geknüpft, und man diskutiert das taktische Vorgehen während des großen Spiels. Manchmal geht dem eigentlichen Turnier eine Art *novillada* voraus, eine zum Spaß organisierte Begegnung der Jüngsten. Im Morgengrauen des vorgesehenen Tages legen die Krieger hinter dem *recès* – einer schrankenartigen Palisade, die manchem Feigling während des Kampfes Zuflucht bieten wird – ihre Rüstungen an. Dann versammeln sich die Mannschaften, gruppieren sich zu starken Schlachthaufen und ordnen sich den beiden Lagern zu. Keine Spur von einem Zweikampf, auch nicht von einem geschlossenen Feld. Wenn dann zur angezeigten Stunde die Eröffnung freigegeben wird – einige Falschspieler sind schon losgestürmt, um die besten Positionen einzunehmen –, schwärmen die Truppen aus und verteilen sich über ein weitläufiges, unbegrenztes Gelände mit vielen Unebenheiten und Hindernissen, die es auszunutzen gilt, um Hinterhalte zu stellen oder in Deckung zu gehen: Bei dem Turnier von Anet zogen die Franzosen sich beispielsweise vorübergehend auf einen alten Spitzwall, eine Anhöhe mit den Überresten einer zerstörten Burg zurück, in einer anderen Situation fanden fünfzehn versprengte Ritter Zuflucht in einer Scheune, wo sie genügend Zeit hatten, sich neu zu formieren. Der Kampf wurde bis in die Gassen der Dörfer fortgesetzt. In einer kleinen Straße hatte Simon von Neaufles mit seinen Männern den Durchgang versperrt, mußte den Gegnern aber weichen und wurde gefangengenommen. Wilhelm Marschall nahm sein Pferd beim Zügel, um ihn abzuführen, merkte jedoch plötzlich, daß der Gefangene nicht mehr im Sattel saß: Er hing mit der Rüstung an einer Dachrinne. Ein echtes Kriegsspiel voller Fallen und Überraschungen, nur eben zum reinen Vergnügen. Genau wie im Krieg setzen die Anführer Fußknechte ein, gerüstet mit Spießen und Bögen. Doch auch hier sind die Ritter, genau wie im Krieg, die einzigen ernst zu nehmenden Spieler. Manchmal werden sie leichtsinnig und wagen es, ganz allein vorzupreschen; aber solange sie sich nicht zu einem kopflosen Verhalten hinreißen lassen, bleiben sie Schulter an Schulter in einer fest zusammengeschweißten, unzertrennlichen Gruppe von zehn, zwanzig oder höchstens dreißig Mann – in einem sogenannten *conroi*, einem Schlachthaufen, einer Formation von der Geschlossenheit einer geballten Faust, einer wirklichen Einheit, so kompakt, daß man sagt, ein in die Luft geworfener Handschuh würde beim Herunterfallen zwangsläufig auf einem Pferd oder auf einem Reiter landen. »Zwischen ihren Lanzen pfeift kein Wind hindurch«: Besser als das *Chanson d'Aspremont* kann man es wohl nicht ausdrücken. Was für den fahrenden jungen Ritter gilt, daß er nämlich – außer in der Fiktion des bretonischen Sagenkreises – nie einsam ist und sich nie von einigen Gefährten trennt, gilt auch für das Turnier: Der Ritter kämpft nie weit von seinen Freunden entfernt, es sei denn, daß ihn die Wut, die Habgier oder die Maßlosigkeit packt, was meistens ein böses Ende für ihn nimmt. Die Kriegsgemeinschaften sind klumpige Gebilde, und das Ziel der kriegerischen Handlung besteht darin, die Klumpen aufzulösen, die gegnerischen Körperschaften auseinanderzutreiben. Der Sieg winkt denen, die warten können, die ihren Zusammenhalt bewahren, die vorsichtig ausharren, bis die anderen erschöpft, benebelt, zerstreut sind, um sie dann in Verwirrung zu stürzen und sie zu jener wilden Flucht zu zwingen, mit der das Turnier im allgemeinen endet. Bei dem Treffen, das 1182 in Gournai stattfand, wunderte man sich, daß die Sache einen anderen Ausgang nahm:

»*So viel schöne Abenteuer gab es da,*
daß kein Haufen irgendwo die wilde Flucht ergriff.
Und einvernehmlich trennten sich...«

Gewöhnlich kam es nach langen Stunden der Belagerung plötzlich zu einer kopflosen Flucht auseinandergetriebener Verbände – dem günstigsten Moment, um gute Beute zu machen.

Denn genau wie im richtigen Krieg wollen die Turniergänger »gewinnen«, und zwar nicht nur Ruhm, sondern in erster Linie Geld. Sie wollen Beute machen, damit sie auf ihre Kosten kommen und reicher zurückkehren, als sie fortgegangen sind. Die sogenannten *joutes de plaidisse*, verabredete Tjoste ohne Einsatz und ohne Gefahr, finden nur selten statt: Sie locken kaum jemanden an. Die Ritter gehen zum Turnier wie andere ins Spielhaus; sie wollen »alles oder nichts«. Sie wollen Rüstungen erobern und natürlich Pferde, die so maßlos teuer sind. Vor allem aber wollen sie Gefangene machen, und oft schließen sie sich zu mehreren zusammen, um einer vielversprechenden Beute habhaft zu werden, um einen ausgewählten Gegner in die Enge zu treiben, bis er sich für besiegt erklärt, ihn dann auf sein Ehrenwort wieder freizulassen und das Spiel fortzusetzen, als wäre nichts geschehen. So kommt es häufig vor, daß ein Ritter am gleichen Tag mehrmals gefangengenommen wird. Wenn die Dunkelheit eingebrochen ist, trifft man sich im Lager, und jeder erkundigt sich nach seinen Verwandten, seinen Freunden. Haben sie gewonnen oder haben sie verloren? Den Siegern werden die Pferde zugeführt, die sie erobert haben. In Freiheit denken die Gefangenen über ihr Lösegeld nach und versuchen, die vielen Denare, die sie schuldig sind, irgendwo aufzutreiben, was nicht mühelos gelingt. Tatsächlich ist bei dem Spiel viel mehr Geld ins Rollen gekommen, als die Teilnehmer insgesamt besitzen: Man staunte nicht schlecht, als Wilhelm Marschall eines Abends mehrere hundert Denare aus den Satteltaschen zog und seinen Preis bar bezahlte.

Gewöhnlich setzte der Gefangene Pfänder aus, oder er fand jemanden in seiner Verwandtschaft, der ihm Bürgschaft leisten konnte. Ähnlich wie bei den Geschäftsabschlüssen am Ende eines Jahrmarkts werden zwischen Siegern und Besiegten komplexe Vereinbarungen getroffen; es geht um Entschädigungen, Verträge, Übereignungen, um den Aufschub der Schulden bis zur nächsten Begegnung, um Versprechungen, deren zuverlässige Grundlage die Moral der ritterlichen Ehre ist. So entsteht ein ganzes Netz gegenseitiger Ehrenworterklärungen, ein fiktiver Geldverkehr, gewissermaßen von Mund zu Mund, auf den man wegen der Knappheit an Silbermünzen hier ebenso zurückgreifen muß wie an den Treffpunkten der Händler. Und da die Gefangennahme von Personen bei weitem den höchsten Gewinn verspricht, ist jeder bemüht, das Leben des Gegners zu schonen. Von den Konzilien werden die Turniere verdammt, weil es Spiele sind, bei denen man sich gegenseitig tötet. Tatsächlich fordert dieser gewalttätige Sport mindestens so viele, ja zweifellos sogar mehr Opfer als der Krieg: Anhand der Genealogien kann man – so weit sie nachvollziehbar sind – leicht feststellen, wie viele der *juvenes* bei derartigen Zurschaustellungen der Tapferkeit ihr Leben ließen. Aber alle diese Toten sind durch unglückliche Zufälle ums Leben gekommen, und auf dem Kampfplatz werden sie um so bitterer beklagt, als jeder Tote für die gegnerische Partei den Verlust eines möglichen Lösegeldes bedeutet.

Man muß das Turnier also – und auch darin ähnelt es dem Markt – als Rahmen einer äußerst lukrativen Tätigkeit begreifen, als den einzigen Ort, an dem die Ritter ebenso schnell reich werden können wie die Händler, und als die damals möglicherweise wichtigste Gelegenheit für eine große Umverteilung der Reichtümer. Im 12. Jahrhundert übernimmt das Turnier eine ökonomische Funktion, die früher, als die Bevölkerung sich noch stärker von den Priestern gängeln ließ, durch die fromme Schenkung erfüllt worden war. Für die Kirche ein Grund mehr, die ritterlichen Spiele zu verurteilen, denn sie machen dem Almosen Konkurrenz und bilden obendrein die einzige undichte Stelle, durch die das Gewinndenken sich allmählich in die aristokratische Mentalität einschleicht. Natürlich kann man sich beim Turnier auch ruinieren, sei es durch Feigheit oder durch Ungeschick, oder weil man einfach Pech hat. Aber im Endeffekt sind es die Fürsten, die sämtliche Verluste tragen. Sie übernehmen die Kosten für das Fest; das Geld, das sie sich ohne Schwierigkeiten von den Bürgern leihen, dient dazu, die besiegten Mannschaften zu entschädigen, getötete Pferde und ramponierte Kettenhemden zu ersetzen, Lösegelder zu begleichen und den Sold zu bezahlen. Der Hauptgewinn hingegen wandert in die Taschen einiger Ritter – jener Ritter, die der Troubadour Bertran de Born in manchen seiner *sirventes* ob ihrer großen Geschicklichkeit preist und deren schnellen Aufstieg er rechtfertigt. In der Tat gelangen die Virtuosen des berittenen Lanzenbrechens binnen weniger Jahre zu unerhörtem Reichtum. Wilhelm Marschall war einer dieser hervorragenden Meisterkämpfer. Und als

> *»…sein Preis und seine Tapferkeit*
> *größere Wellen noch schlugen,*
> *wodurch er an Hoheit gewann,…«*

suchte er sich einen Partner, einen flandrischen Ritter, auch er aus Jung-

Heinrichs Schar: Zu zweit versprachen die Geschäfte noch besseren Erfolg. Also »nahm er ihn zum Gefährten«, und die Gemeinschaft währte zwei Jahre. Sie hatte ihren eigenen Buchhalter, einen Kleriker, der in Jung-Heinrichs Haushalt für die Küche zuständig war; doch während er am Hof die Ausgaben zusammenzählte, rechnete er für das neue Gespann die Einnahmen aus. Die Erträge waren so fett, daß er sich nicht die Mühe machte, den Wert von Pferden oder Rüstungen festzuhalten, sondern sich damit begnügte, über jene Ritter Buch zu führen, die ein Lösegeld schuldig waren: Einhundertunddrei in zehn Monaten. Eine wunderbare Strecke, würde der Jäger sagen – und zahllose Händevoll Denare.

Diese Denare indes sind verachtenswert – so jedenfalls gebietet es die ritterliche Moral, eine Ethik, die sich auf den Turnieren selbst herausgebildet hat, inmitten dieser Spiele, bei denen es vorwiegend um Geld geht; eine Ethik, die erhärtet wird durch den Aufstieg der Habgierigen, der Handelsleute und der Söldner, deren Emporkommen von der Aristokratie, die sehr wohl spürt, daß es die materiellen Grundlagen ihrer Vorrangigkeit bald in Frage stellen könnte, als bedrohlich empfunden wird. Der gute Ritter darf nicht eigennützig sein, das ist er sich schuldig. Ohne Freigebigkeit ist die Tapferkeit nichts wert. Die Welt der Turniergänger gibt also vor, daß sie nicht nach Gewinn strebt, sondern nach dem »Preis«, das heißt nach Ruhm. Wilhelm Marschall, der allein nach Pleurs zum Turnier gekommen war, scherte sich nach den Worten seines Panegyrikers

> »...nie um den Gewinn,
> und setzte statt dessen alles darein,
> die Sache gut zu meistern,
> denn es lag ihm nichts am Gewinn.
> Und er gewann, was höher wert;
> denn am reichsten ist,
> wer Ehre erlangt und gewinnt.«

Etwas später, auf dem Turnier von Joigny, verteilte er seine Einnahmen an die Kreuzfahrer und

> »...entließ einige Ritter, die er gefangen hatte,
> aus der Gefangenschaft,
> was ihm zu hohem Preis gereichte.«

Der höchste Wert – und für diejenigen, die sich ihm nähern, ist auch er eine Quelle des Profits, denn wer unter den Preiswürdigen eine gute Position erringt, kann sich den Anführern der Mannschaften teurer verdingen – besteht in dem Preis, der am Ende des Turniers auf Beschluß der »hochgestellten Männer« an den Besten verliehen wird. Eine symbolische Belohnung. (In Pleurs beispielsweise ist es ein Hecht. Eine Dame bietet ihn dem Herzog von

Burgund dar, der ihn jedoch ablehnt, wie es nach ihm auch alle anderen Mannschaftsführer tun. Schließlich machen sich zwei Ritter und ein Schildknappe feierlich auf, um ihn Wilhelm Marschall zu überreichen. Sie finden den Meisterkämpfer mit dem Kopf auf dem Amboß: Der Schmied ist gerade dabei, ihn ächzend und stöhnend mit der Zange und dem Hammer von seinem verbeulten, bis über den Hals heruntergerutschten Helm zu befreien.) Als das 13. Jahrhundert naht, bekommt der »Preis« eine überragende Bedeutung: Er ist es, der dem Turnier endgültig den Charakter eines Wettbewerbs, eines Wettkampfs um die Ehre verleiht, und letztlich ist er auch die wichtigste Stütze all der unmerklichen Bewegungen, die das ritterliche Verhalten in der Zeit von Bouvines verändern. Aus zwei Gründen: Zum einen, weil es eben der Moment ist, in dem die Söldnerscharen sich massenhaft verbreiten und in dem es notwendig erscheint, eine besser zusammengefügte Moral des edlen Krieges zu entwerfen. Zum anderen, weil die Lorbeeren vor den Augen der Frauen verteilt werden. Bei diesen Festen der Gewalt tun sich die Damen keineswegs durch Abwesenheit hervor. Manchmal, wie etwa in Pleurs, sind sie es sogar, die dem Sieger das Emblem der Tapferkeit eigenhändig überreichen. Am Morgen des Turniers von Joigny sahen die Ritter, die sich gerade fertigmachten, wie die Gräfin mit ihrem Gefolge nahte; prompt ließen sie ihre Helme liegen und eilten herbei; man reichte sich die Hände zum Tanz. Einer fragte:

> »...wer wird so höfisch sein,
> daß er ein Lied uns singt?«

Wilhelm Marschall natürlich: Er stimmt ein Lai an, und alle singen mit. Um diese Zeit entwickeln sich die Turniere zu regelrechten Schulen der Courtoisie: Jeder weiß, daß man dort auch die Liebe der Damen gewinnen kann; und zwar durch bestimmte Haltungen, die man erlernen muß. Im gleichen Moment taucht übrigens eine neue Berufsgruppe auf: »Jene Histrionen, die wir Herolde zu nennen pflegen.« Werbeagenten, Impresarios – Männer, die aber auch mit Ruhm handeln: »Wenn sie bei einer Waffenübung jemanden sehen, der mannhaft und kraftvoll zu Werke geht«, verfassen sie ihm zu Ehren ein Lied. So tat es am Morgen des Turniers von Joigny

> »...ein Liederdichter,
> der eben Herold geworden war.«

Und listig wiederholte er in seinem Refrain:

> »...o Marschall wert,
> daß Ihr mir schenkt ein schönes Pferd!«

Wilhelm blieb nichts anderes übrig, als im Kampf ein Streitroß zu erobern und es ihm zu schenken.

Wichtig ist, daß solche Belobigungen nunmehr den individuellen Heldenmut preisen. Auch in diesem Punkt setzte das Turnier eine wesentliche Veränderung in Gang. Während des Kampfes mußte man natürlich geschlossene Haufen bilden, Mannschaften, die fest verbunden waren. Aber im Laufe des wechselvollen Spiels taten sich einige Persönlichkeiten hervor, die aus der Masse herausragten und die Stufenleiter der »Hoheit« stürmisch erklommen. Alles Ansehen, durch Berichte und Loblieder weithin verbreitet, konzentrierte sich – wie in den Erzählungen über Bouvines – auf diese Meisterkämpfer. Man sah nur noch sie. Zweifellos gab es materielle Gründe für ihre Erhöhung: Diese Männer waren die Gewinner; sie hatten Geld genug, um die Lobhudler zu bezahlen. Aber alles, was den Profit betrifft, wurde verschleiert. In gleicher Weise, wie die Ritterschaft durch die Zurschaustellung ihrer Freigebigkeit eine angemessene Distanz zu den reichgewordenen Bürgern herstellen wollte, fühlte sie sich gehalten, angesichts der *Cottereaux* und der Brabanzonen, die ihre Arbeit anständig und ernsthaft, aber ohne Helmzierde erledigten, in besonderer Weise Tapferkeit, Mut und tollkühne Verwegenheit zur Schau zu stellen. Einen Mut, über den die Damen zu urteilen hatten und der ihre Herzen so tief mit Begeisterung erfüllte, daß ihr Widerstand zerbrach und sie leichter zu erobern waren. Während Feigheit zunehmend als Gemeinheit galt, zeigte sich im Mut die ganze Tapferkeit, die höchste der edlen Tugenden, die hinfort die Tugend *eines* Mannes war, dessen Handlung zwar immer noch von der Solidarität seiner Mannschaft abhing, der seinen Ruhm aber dennoch als Eigentum betrachtete, als einen Reichtum, der ihn von seiner Gruppe abhob und den er allein fruchtbar machen wollte: Einen Reichtum, der ihm im gleichen Sinne gehörte, wie dem Kaufmann der Geldsack, den er inmitten einer Karawane transportierte. Beim Turnier, diesem permanenten Geld- und Mannschaftsspiel, dieser zweckfrei sich gebenden, profanen und von Kirchenstrafen bedrohten Zerstreuung, lieferte der persönliche Heldenmut die Grundlage für ein neues Gefühl von Freiheit und Selbstsicherheit. Er erlöste das Individuum von den tatsächlichen, notwendigen, einengenden, manchmal erstickenden Einflüssen und Ansprüchen des Familiengeschlechts und der Freundschaften. Er verlieh ihm die Illusion, allein zu sein, die glorreiche, erregende, imaginäre Einsamkeit der durchs Land streifenden Parzevals und Gawains zu teilen.

Das Ereignis, das Bouvines darstellt, hellt sich auf, sobald man es an seinem richtigen Platz ansiedelt: In der langen Strömung sämtlicher Fortschritte, die im Laufe des 12. Jahrhunderts veränderte Formen der Kriegführung hervorgebracht haben. Das heißt, im Zusammenhang mit den technischen Perfektionierungen, die eine laufende Verbesserung der Verteidigungsgeräte bewirkten und schließlich dazu führten, daß die Gefechte schwer gerüsteter, unverletzlicher und daher weniger furchtsamer Reiter zum entscheidenden Faktor jeden Kampfes wurden; im Zusammenhang mit der Erstarkung der politischen Rahmenstrukturen, die zur Folge hatte, daß der wirkliche Krieg in zunehmendem Maße den von den großen Fürsten kontrollierten Friedensverordnungen unterstellt wurde, und die dem Turnierwesen zur Blüte verhalf; im Zusammenhang mit dem wachsenden Einfluß einer neuen Macht, der Macht des Geldes, die es der Ritterschaft – beunruhigt über die Konkurrenz der Söldner und über den Reichtum der Kaufleute, aufmerksam auch gegenüber dem dumpfen Grollen des Aufruhrs, das jeder, der die Ohren aufsperrte, im Untergrund des geknechteten Volkes vernehmen konnte – ein dringliches Anliegen werden ließ, ihre Privilegien zu verteidigen; und schließlich im Zusammenhang mit der Entfaltung eines ununterbrochenen kulturellen Aufschwungs. Im Jahr 1214 gibt es kaum noch Ritter, die nicht lesen oder wenigstens Gedichte rezitieren und Lieder singen können. Dadurch erklärt sich die neue Konsistenz eines ideologischen Systems, das dem *ordo* der Kriegsmänner eigen ist und immer mehr Autonomie gegenüber dem ideologischen System der Männer des Gebets gewinnt. Dieses zusammenhängende Gefüge von Vorstellungen, Begriffen, Bildern und rituellen Emblemen gelangt zur Zeit von Bouvines zu seiner vollen Reife; dabei sind die ursprünglichen Formen und die langen Gärungsprozesse, die seiner Blüte vorausgegangen sind, recht schwer zu erkennen. Denn sehr lange, bis zum Anfang des 12. Jahrhunderts, waren alle dauerhaften Kulturobjekte, alle schriftlichen oder bildlichen Darstellungen, die genügend Bestand hatten, um in unsere Hände zu gelangen, das Werk von Priestern oder Mönchen; und der heutige Historiker muß aus dem, was diese Männer ausgedrückt haben, herauszulesen versuchen, was die Krieger damals wohl gedacht haben mögen. Ein schwieriges Unterfangen, zumal die Einstellung der Kirche gegenüber der *militia* ein halbes Jahrhundert vor Bouvines noch ausgesprochen aggressiv und voller Mißbilligung war. So jedenfalls ist es den Zeugnissen zu entnehmen, von denen die aufschlußreichsten bis zu diesem Zeitpunkt aus dem Mönchtum stammen, das die kirchlichen Institutionen damals beherrschte – einem Mönchtum, das die Verachtung der fleischlichen Welt verkündigte und zur Bußfertigkeit aufrief. Dem Ritter wurde nur ein einziger Weg der Besserung geboten: die »Bekehrung«. Möge er das Schwertgehänge ruhen lassen, möge er das Gewand des heiligen Benedikt anlegen, möge er, und sei es als Sterbender, ins Kloster eintreten: Eine bessere Vorbereitung auf den Tod und das Jüngste Gericht gibt es für ihn nicht. Ordericus Vitalis erzählt von den Aktivitäten eines dieser Propagandisten der Entsagung, eines Klerikers nahmens Gerald von Avranches, der an der Schwelle des 12. Jahrhunderts als Kaplan im Hause Hugos von Chester diente: »Zu Recht wies er mehrere Ritter auf die Unbändigkeit des Fleisches hin und tadelte sie darob. Er beklagte die unerhörte Vernachlässigung des Gottesdienstes durch die meisten. Unermüdlich wiederholte er seine heilsamen Mahnungen gegenüber den großen Baronen, den einfachen Rittern und den ›Jungen‹. Dem Neuen Testament und den christlichen Kalendarien entnahm er die Beispiele der verehrungswürdigen Schutzpatrone der Soldaten.« So berichtete er also vom Leben der Märtyrer, der heiligen Reiter Georg, Theodor, Sebastian und Demetrius, vom Heiligen Moritz und vom Heiligen Eustachius. Aber er sprach auch »über den Heiligen Meisterkämpfer Wilhelm (von Orange), der nach langen Kämpfen der Welt entsagte, um unter der Ordensregel glorreich für den Herrn zu streiten«. Die Spielleute, fügt Ordericus hinzu, pflegten seinerzeit »ein Lied auf diesen Heiligen« zu singen. Doch besser, man hält sich an das, was die Gelehrten der Kirche über ihn erzählen; und so gibt Ordericus eine Version der Geschichte wieder, die er von einem Mönch aus Winchester hat und die er für authentischer hält: Zuerst führte der Held einen gerechten Krieg. »Er mußte zahlreiche Kämpfe gegen die Barbaren von Übersee und gegen die Sarazenen der Umgebung bestehen. Mit Gottes Beistand rettete er das christliche Volk durch sein Schwert und erweiterte das Reich des Christentums.« Eines Tages aber beschloß er trotz der Tränen und der flehentlichen Bitten des ganzen Adels, der Welt zu entsagen, und machte sich auf den Weg nach Saint-Julien-de-Brioude, um sich seiner Waffen zu entledigen. »Auf dem Grab des Märtyrers brachte er Gott seinen Helm und einen sehr schönen Schild dar.« Er legte die Verteidigungswaffen also mitten im Heiligtum, in der Krypta, nieder; die beunruhigenderen Angriffswaffen indes hatte er draußen vor der Tür gelassen. Zu Fuß, bekleidet mit dem Büßerhemd, zog er als Pilger Christi von dannen und begab sich zu dem Kloster, das er selbst in Gellone gegründet hatte. Dort beschloß er seine Tage in der Demut niedriger Arbeiten. »So erzählte Gerald oft von den ruhmreichen Eigenschaften der unbezwinglichen Streiter des Herrn und ermutigte alle, die um ihn her lebten, und all die Männer, die sich den Waffen verschrieben hatten, bald durch Sanftmut, bald durch Drohungen, ein ähnliches Leben zu führen.« Eine wirksame Ermahnung: Fünf Ritter traten in die Abtei Saint-Evroul ein, in der Ordericus schrieb.

Eine vergleichbare Haltung zeigte der Heilige Bernhard von Clairvaux. Genau in dem Moment, in dem die Konzilien von Reims und Clermont das Turnierwesen verurteilten, schrieb er sein Buch *De nova militia*, eine Lobrede auf die »neue Ritterschaft«. *Militia, malicia:* Die weltliche Miliz dient dem Teufel und nicht Gott. »Ihr schmückt Eure Pferde mit seidenen Schabracken, Ihr bedeckt Eure Panzerhemden mit lauter edlen Stoffetzen; Ihr verziert Streitäxte, Schilde und Sättel mit bunten Malereien; Ihr verschwendet Silber, Gold und Edelgestein an den Mundstücken des Zaumzeugs und an Euren Sporen. Sind das etwa die Insignien des Kriegerstandes? Stünde dieser Zierrat nicht eher Frauen an? Wie die Weiber laßt Ihr Euch einen dichten Haarschopf wachsen, der Euch die Sicht versperrt, wie sie hüllt Ihr Euch in lange Hemden, die bis zu den Füßen reichen, und wie sie laßt Ihr Eure zarten Hände unter Ärmeln verschwinden, deren Weite der Länge nicht nachsteht...« Stolz und Maßlosigkeit sind die inneren Triebkräfte der Ritter; es ist ein »Wahnanfall«, der sie in den Kampf treibt. Aber, schreibt der Heilige Bernhard, »Ihr müßt befürchten, daß der tödliche Hieb, den Ihr einem Gegner versetzt, zugleich Eure eigene Seele trifft, oder daß Ihr den Tod aus der Hand des Feindes zugleich an Leib und Seele empfangt.« Gott sei gedankt, daß er »auf Erden eine neue Ritterschaft ins Leben gerufen hat«, die Ritterschaft der militärischen Orden der Templer und der Hospitaliter, die jüngst im Heiligen Land gegründet wurden, »in jenem Land, zu dem die aufgehende Sonne von der Höhe der Himmel herabgestiegen ist. Und am gleichen Ort, an dem Gott den Höllenfürst mit mächtiger Hand besiegte, wird das Schwert dieser tapferen Ritterschaft bald des Teufels Leibwächter, die Söhne der Ungläubigkeit, vernichten. Es wird das Volk Gottes abermals erlösen und vor unseren Augen das Seelenheil wieder gedeihen lassen im Haus Davids, seines Sohnes.« Die Templer haben der Welt, dem Luxus, der Eitelkeit entsagt: »Sie scheren sich das Haupt, denn mit dem Apostel halten sie dafür, daß es einem Mann zur Schande gereicht, sein Haar zu pflegen.« Sie weisen die Leichtlebigkeit ebenso von sich wie das Streben nach profanem Ruhm. Gemeinschaftlich werden sie – wie Bruder Garin es lange Zeit getan hat – diszipliniert und umsichtig kämpfen, in »ordentlichen Schlachthaufen«. Und der Kampf, den sie führen, ist ein doppelter Kampf, nicht nur gegen das Fleisch und das Blut, sondern auch gegen »die bösen Geister in den Lüften«. Wer nicht den Mut aufbringt, gänzlich auf die Freuden des Krieges zu verzichten, sollte sich den neuen Orden anschließen. Zur Zeit seiner Bekehrung war Bernhard von Clairvaux selbst ein junger Ritter gewesen. Jetzt ruft er alle anderen zur Bekehrung auf und träumt von Abteien voller bußfertiger, reiner, in Armut lebender Krieger.

Im Zuge dieser Entwicklung stellten die Strukturen des Mönchtums sich darauf ein, erwachsenen Personen, die den weltlichen Waffen entsagten, den Eintritt ins Kloster zu erleichtern. Schon sehr früh hatten die Benediktiner Ritter aufgenommen, die auf ihrem Totenbett nach dem Ordenskleid verlangten; im Laufe des 12. Jahrhunderts öffneten sie sich auch den »bärtigen Bekehrten«, den gliederlahmen alten Kämpfern, die, der Streifzüge müde, einen friedlichen und frommen Rückzug suchten – Männern, die den liturgischen Chorgesang nicht gelernt hatten, mit denen man in den Klöstern von Cluny nichts anzufangen wußte. So entstanden, eigens für das Kriegsvolk gedacht, die Bruderschaften der Templer und der Hospitaliter, die sich in kurzer Zeit weit verbreiteten und sogar Bewerber mit leicht durchschaubaren Absichten akzeptierten. So etwa Wilhelm Marschall, der am Ende seiner »Jugend«, als er ungefähr vierzig war, Mitglied des Templerordens wurde, ohne ihm wirklich beizutreten: Eines Tages nahm er die Kutte in Empfang, die er aber nie benutzte, die ihm nur ein einziges Mal, auf seiner Beerdigung, zur Bedeckung seines Leichnams diente. Die Flexibilität solcher Öffnungen und die äußerst bequeme Osmose zwischen dem klösterlichen und dem weltlichen Leben lassen allmählich den Gedanken heranreifen, daß der Ritter bei der Erfüllung der Funktion, mit der Gott ihn beauftragt hat, eine Art Vollkommenheit erreichen kann, ohne der Welt den Rücken zu kehren. Nach der Mitte des 12. Jahrhunderts nimmt der Einfluß des Mönchtums allmählich ab. Die wichtigste Rolle innerhalb der Kirche geht auf die Kleriker über. Diese aber sind seit eh und je eng mit der Kriegergesellschaft verquickt. Man sieht Kanoniker und Bischöfe, die wie Helden kämpfen, um das Hab und Gut ihrer Kathedrale gegen die Söldnerbanden zu verteidigen. Ein Beispiel liefert Philipp von Dreux, der Bischof von Beauvais, der in Bouvines mit dem Streitkolben um sich schlägt und fünfzehn Jahre vorher von einem Anführer der *Cottereaux* gefangen worden war – nicht etwa als Prälat, wie es im *Chanson de Guillaume le Maréchal* heißt, »sondern als Ritter, vollständig gerüstet und mit geschnürtem Helm«. Im Unterschied zu Südfrankreich, wo die Kluft zwischen dem Sakralen und dem Profanen viel größer geblieben ist, wo sich die höfische Kultur, die erotische und politische Kultur der Troubadoure, der *sirventes*, dem Einfluß der Kirche viel stärker entzieht, leben in den großen und kleinen Fürstenhäusern Nordfrankreichs ganze Scharen von Klerikern Seite an Seite mit den »Jungen«, die sich in den Waffen üben und für deren Zerstreuung sie sorgen. Dank ihres Wissens in einer starken Position, mit einem geistigen Rüstzeug gewappnet, das ihnen erlaubt, den Träumen ihrer Umwelt eine poetische Form zu geben, entwerfen diese Kleriker zum Vergnügen und zur Erziehung der Ritterschaft ein haltbares, gut zusammengefügtes kulturelles Gebäude. Ein autonomes Gebäude, das keineswegs ein Abglanz der Predigten oder Homilien ist, denen man in den Basiliken und am Eingang der Klöster halbherzig lauscht, sondern das ganz den Neigungen der »Jugend« entspricht, das den Hoffnungen und den Frustrationen der unverheirateten, durchs Land streifenden, von Turnier zu Turnier ziehenden Ritter Ausdruck verleiht und einer ebenso breiten wie zahlreichen Altersklasse gerecht wird, deren kultureller Horizont sich erheblich von dem der *seniores*, der verheirateten Leute, unterscheidet.

Die Kultur des Grafen Balduin von Guines ist eine Schriftkultur, genau wie die der früheren Könige, deren Verhalten die Fürsten im Laufe der Zeit nachgeahmt haben. Balduin von Guines kann nicht lesen; dennoch hat er Bücher zu Hause, die der Schulen und der Gelehrten; Bücher, die von den heiligen Dingen handeln und das Denken der Kirchenväter in etwa wiedergeben, aber vom Lateinischen in die Umgangssprache übersetzt worden sind: Für den Grafen sind sie in der Tat keine bloßen Schmuckstücke, sondern eine Quelle des Wissens, aus der er mit Hilfe von Vorlesern Verständnis schöpfen will, um den Sinn der Heiligen Schrift und der Liturgien zu begreifen, wie es sich für einen Mann seines Ranges und seines Alters geziemt. Die Kultur seines Sohnes Arnold, des »Jungen«, des Turniergängers, ist hingegen eine mündliche Kultur, ganz und gar profan, die sich im Imaginären entfaltet. Draußen regnet es; die Schar der Waffengefährten ist gezwungen, ihre Streifzüge zu unterbrechen, zwei Tage und eine Nacht müßig im großen Saal der Burg von Guines auszuharren; man vertreibt sich die Zeit so gut es geht mit Erzählungen von den Abenteuern der Helden, denen man nacheifern möchte. Dabei gibt es dreierlei Typen: die Helden des Kreuzzugs »aus dem Lande von Jerusalem und der Belagerung Antiocheias, dem Land der Araber und Babylons in Übersee«, deren Großtaten Arnolds Gefährte Philipp von Montgardin zu berichten weiß. Dann die der Romane und der Heldenlieder, für die Robert von Coutance zuständig ist, denn er erzählt »von der Geschichte der römischen Kaiser, von Karl dem Großen, von Roland und Olivier, von König Arthur, von den Ereignissen und den Sagen der Bretagne, von Gormont und Isembart, von Tristan und Isolde, von Merlin«. Und schließlich gibt es die Helden des eigenen Geschlechts, deren Taten natürlich ein Mitglied der Verwandtschaft schildert, hier Walther von L'Ecluse, *consobrinus* des jungen Arnold. Heldenlieder Gottes, Erzählungen zwischen Märchen und Zauberei, Lobeshymnen auf den Ruhm der Ahnen: Alles wird von Mund zu Mund durch das gesprochene Wort wiedergegeben und im Gedächtnis der »Jungen« aufbewahrt. Diese »Jungen« indes heißen auch Mitglieder der älteren Generation in ihrem Kreis willkommen (Arnold von Guines lebte mit gleichaltrigen Gefährten, aber »er holte auch Alte und Greise zu sich, weil sie die Abenteuer der Vergangenheit erzählten«); außerdem Kirchenmänner, wie etwa den Priester Lambert von Ardres, aus dessen Bericht wir alle diese Einzelheiten wissen. Eine Funktion der Kleriker, die seit ihrer Kindheit im Herrenhaus verköstigt wurden und den verwegenen Unternehmungen der Ritterschaft gern folgten, bestand in der Niederschrift des flüchtigen Stoffs dieser mündlich überlieferten Literatur, der Geschichten vom Heiligen Lande, vom Kaiser mit dem wallenden Bart und seinen zwölf Paladinen, von den durch Zauberwälder streifenden Rittern und – vielleicht sogar hauptsächlich – von den Großtaten der Ahnen: Im Laufe des 12. Jahrhunderts verwandeln sich die genealogischen Schriften in eine Galerie heroischer Porträts, die den Nachfahren des Geschlechts das Modell eines beispielhaften Verhaltens liefern. So wird das Familiengedächtnis gewissermaßen zu einem Schatz der Ehre, der als Erbe von Generation zu Generation weitergegeben wird und dem jeder sich verpflichtet fühlt, dem jeder etwas hinzufügen möchte, den er jedenfalls nicht verschwenden darf. Zum Rahmen einer Erziehung, die den Heldenmut in den Vordergrund stellt.

Da es Kleriker sind, die diesem Rahmen im Norden des französischen Königreichs Gestalt verleihen, geht die kirchliche Ideologie nicht ganz spurlos an ihm vorbei. Aber die Einflußnahme bleibt doch sehr gering, und vor allem erfolgt sie über den Umweg der Kreuzzugsidee. Tatsächlich bestärkt die Literatur dieser Kleriker nach 1150 eine neue, rein weltliche, profane Auffassung von der Ritterschaft als einem Stande, der gegen alle anderen Körperschaften der Gesellschaft gerichtet ist und dessen Vorrangigkeit – er ist »die höchste Ordnung, die Gott geschaffen hat«, verkündet Parzeval – auf einer Konstellation mehrerer Tugenden beruht. Das alte Gebäude der Ehre hatte sich auf einen einzigen Pfeiler gestützt: die Loyalität, die Achtung des Treueschwurs, das bedingungslose Festhalten an den Banden der Blutsverwandtschaft und den Freundschaftsverpflichtungen, die den Zusammenhalt der Turniermannschaften, der Kriegstruppen garantierten. Das einzige, was den Vizegrafen von Beaumont hundert Jahre vor Bouvines davon abhielt, sein Bündnis zu brechen, sein Ehrenwort zu widerrufen und seinesgleichen im Stich zu lassen, um Frieden zu schließen, war die Angst, »seine ganze Verwandtschaft mit Schmach und Schande zu bedecken«. Doch nach und nach haben sich drei andere Tugenden der ersteren hinzugesellt: Die »Courtoisie« – eine »ehrenwerte« Art, sich gegenüber den Damen zu betragen. Vor allem aber die Tapferkeit und die Freigebigkeit.

Zwei untrennbare Werte: *prouesse* und *largesse* – die französische Sprache hebt die Zusammengehörigkeit durch einen Gleichklang hervor. Das Loblied, das im *Chanson de Guillaume le Maréchal* auf Wilhelm Langschwert, den Grafen von Salisbury, ertönt, weil er »Tapferkeit zu seiner Mutter und Freigebigkeit zu seinem Bannerträger macht«, klingt wie ein Echo auf die Eigenschaften der »Tugendhaftigkeit und Freigebigkeit« in dem fünfundsiebzig Jahre früher verfaßten *Roman de Brut*. Unter »Tugendhaftigkeit« ist hier schlicht und einfach der Mut zu verstehen. An der Schwelle des 12. Jahrhunderts gehörte der Mut noch nicht zu den zentralen Werten der ritterlichen Ethik. Bei weitem nicht. Das ergibt sich eindeutig aus der Art und Weise, wie das Verhalten der Kämpfer während des ersten Kreuzzuges in der *Histoire anonyme de la première croisade* beurteilt wird, einem Bericht, der auf dem direkten Zeugnis eines Ritters beruht, eines Mannes also, der etwas von der Sache verstand. Dieser Text rühmt zwar den Mut der militärischen Einheiten, der Gruppen – denn es ist ausschließlich von Gruppen die Rede, und wenn gelegentlich ein Individuum erwähnt wird, handelt es sich stets um einen Anführer, der nie nach seiner Person beurteilt wird, sondern immer nur nach der Funktion, die er inmitten der Körperschaft, für die er verantwortlich ist, erfüllt –, aber die Anordnung des Vokabulars verbindet diesen Mut eher mit den Begriffen der Körperkraft und der Vorsicht, das heißt mit statischen Eigenschaften. Auch wird der Mut nicht als Furchtlosigkeit verstanden; im Gegenteil, denn verwegene Kühnheit wäre verwerflich, sie wäre ein Zeichen der Blindheit und des Stolzes, welcher die schlimmste, die Hauptsünde ist, da er Gott herausfordert. Der Mut – die Kraft, die Besonnenheit – erscheint folglich als eine passive Tugend, als eine ruhige und vertrauensvolle Wartehaltung in der Bereitschaft, sich dem göttlichen Willen zu unterwerfen, als ein Aspekt der Hoffnung. Obgleich der Mensch aufgerufen ist, Gott bei der Vollbringung seiner Absichten zu helfen, wäre es doch sündhafte Verwegenheit, wenn er ihr Geschick erzwingen wollte: Der fromme Krieger ist gehalten, sich vor dem zu verneigen, was er von Gottes Plänen weiß. Der Mut ist also ein Ornament der Handlung, eine Art Zierde, und wann immer von ihm die Rede ist, werden nur Adverbien oder Adjektive gebraucht.

Nicht der Mut ist der Motor des Geschehens, sondern die Angst. Und sie wird in dem Kreuzzugsbericht denn auch stets mit Hilfe von Substantiven und Verben ausgedrückt. Eine quälende Angst, die immer gegenwärtig ist, schon ehe die Feindseligkeiten beginnen, im letzten Augenblick vor der Begegnung, wenn man die Stärke des Feindes einzuschätzen sucht, indem man Reiter und Fußknechte des gegnerischen Lagers zählt und sich aus lauter Furchtsamkeit verrechnet, die Anzahl maßlos übertreibt. Eine Angst, die zunimmt, wenn der Kampf eröffnet wird, die sich im Sturm der ersten Angriffe gerade noch unterdrücken läßt, die aber alles überschwemmt, sobald Auflösungserscheinungen im Gruppenzusammenhalt erkennbar werden. Eine Angst schließlich, die sich in der wilden Flucht auf einen Schlag entlädt. Bemerkenswert ist vor allem, daß der Autor der *Histoire anonyme* dieses Gefühl seltener tadelt als rechtfertigt, denn Angst ist für ihn ein Zeichen wirklicher Vorsicht, das heißt ein Zeichen des wahren Muts, der notwendigen Ehrfurcht gegenüber den Warnungen des Himmels; und daß er sich meistens darauf beschränkt, das Vorhandensein der Angst kommentarlos festzustellen, als wäre es eine Konstante der kriegerischen Mentalität, die jedenfalls niemanden entehrt.

Hundert Jahre später, zur Zeit von Bouvines, ist alles anders geworden. Der Wert eines Ritters bemißt sich jetzt an seinem persönlichen Mut, was ihn veranlaßt, alle unwürdigen Waffen zu meiden und alles zu unterlassen, was ihn in den Verdacht der Feigheit bringen könnte. Schon 1197 hatte Wilhelm Marschall mit dem Grafen von Flandern einen Krieg gegen Philipp August geführt. Als die Barone vorschlugen, sich hinter den Wagen, die das Volk der flandrischen Kommunen in großer Anzahl mitgebracht hatte, zu verschanzen und nur gelegentlich aus der Deckung hervorzubrechen, um den Franzosen ein Gefecht zu liefern, antwortete Wilhelm: Das verhüte Gott; wir brauchen weder Kommunen noch Schutzwälle; wir werden auf offenem Felde kämpfen, ohne einen Gedanken an den Rückzug zu verschwenden. In der Versammlung der ritterlichen Tugenden hat *Kühnheit* die *Vorsicht* verdrängt und den höchsten Platz eingenommen. Die *Kühnheit* mit ihrer unvermeidlichen Gefährtin, der *Verschwendungslust*. Gleichzeitig kommt es in der Moral, die von der Kirche gepredigt wird, zu einer entsprechenden Verschiebung: Nach und nach macht der Geiz dem Stolz den ersten Platz unter den Sünden streitig. In der Tat, vom Mut kommt der Gewinn. Aber der Gewinn als solcher ist verachtungswürdig. Ein tapferer Kämpfer gewinnt nur, um mehr zu geben. Nichts rechtfertigt den Profit, den man aus dem Krieg oder aus den Scheingefechten ziehen kann, es sei denn die Tugend der Verschwendung. Kommen wir noch einmal auf Wilhelm Marschall zurück, von dem es heißt:

»*Er zog durch viele Lande,
Preis und Abenteuer zu erheischen,
und kehrte oftmals reich zurück.
Aber nicht Geiz noch Knausrigkeit
hielt ihn davon ab,
auszugeben, was er besaß…
So mehrte er seine Tapferkeit
und seine Güte und Freigebigkeit,
daß es ihm Könige wie Königinnen,
Herzöge wie Grafen
hoch zum Verdienst anrechneten.*«

In der Schule, die alle wohlgeborenen Reiter von Bouvines durchgemacht haben, das heißt während der Streifzüge, auf dem Turnier, im halbwegs erlaubten und im gerechtfertigten Krieg, dem wahren Krieg, den der König zur Sicherung des Friedens gemeinsam mit dem lieben Gott anführt, wird die Ritterschaft,

»*…so stark und so kühn,
und so teuer zu erlernen, …*«

zu einem einträglichen Geschäft. Dabei ist unter dem Wort Ritterschaft keine soziale Gruppe mehr zu verstehen, sondern eine Eigenschaft, eine Seelenzierde, eine Ehre, die keineswegs gleichmäßig verteilt ist und die keine Mannschaften mehr auszeichnet, sondern Personen. Diese Ritterschaft bringt Geld ein, viel Geld sogar. Wie alles auf dieser Welt ist sie teilweise verdorben; man weiß, daß sie eine Schattenseite hat, und dort, im Verborgenen, sitzt der Stachel, heimlich und rege: die Beutegier, die Gewinnsucht. Doch in ähnlicher Weise wie die Seidenmäntel, die man über die Panzerhemden wirft, bietet die Ideologie sich an, alles Störende zu verschleiern, es mit liebenswerten Farben zu schmücken. Und die Gemüter zu beruhigen. So legt die Habgier den Mantel der Tapferkeit an und versteckt sich unter einer feurigen, furchtlosen, uneigennützigen Kampfbegeisterung, die den Frauen gefällt und die auch Gott, wie man neuerdings sagt, gar nicht mehr so sehr mißfällt.

Der einzige Unterschied zwischen einem Turnier und einem wirklichen Kampf liegt in der jeweiligen Absicht: Die treibende Kraft des Krieges ist der »Haß«, das Verlangen nach *tuitio* und *ultio*, nach Verteidigung und Rache. Gut geführt, unter Achtung der Verbote, ist er ein gerechtes Unternehmen. Vorübergehend stört er die Ordnung, aber nur, um sie vollkommener wiederherzustellen, indem er Unbilden beseitigt und jedem zu seinem Recht verhilft. Es gibt mehrere Situationen, in denen der als *werra* bezeichnete Krieg legitim ist: Wenn keine gerichtliche Autorität zur Stelle ist, um den zu unterwerfen, vor dem man sich schützen oder an dem man Rache üben muß; wenn das Opfer einer Gewalttat beschließt, keine Klage zu erheben; oder wenn der Schuldige nicht bereit ist, sich dem Urteil einer Schiedsversammlung zu beugen. So begründet, ist der Krieg legitimer als das zum reinen Vergnügen geführte Turnier. Weit entfernt von jeder »Prahlerei«, von der Jagd auf eitlen Ruhm, ist er eine notwendige Gewaltanwendung gegen den Feind des Guten, der sich zu entziehen sucht. Ein harter Angriff soll den Gegner in die Knie zwingen, bis er nachgibt und die Beute fahrenläßt, bis er den Schlichtungsvorschlägen zustimmt und Entschädigung für das Unrecht leistet, das er verursacht hat. Gibt es, um solches zu erreichen, um den anderen einzuschüchtern, ihn zu bändigen, ihn zur Vernunft zu bringen, ein besseres Mittel, als in sein Land einzufallen und es zu verheeren?

Unter diesem Vorwand nimmt der Krieg sein uraltes Gesicht wieder an, das der Plünderungsfeldzüge, die es schon immer gegeben hat, die von den Stämmen Jahr für Jahr gegeneinander geführt worden sind. Eine Beutemacherei, der jeder sich mit gutem Gewissen nach Herzenslust hingibt, bei der jeder seinen vollen Wert entfaltet: Kein Kämpfer ist besser als der, den man »durch Lockungen zu großen Übeltaten reizt«. Der Anführer will sich für seine Mühe entschädigen, und die, die ihn begleiten, sind ohnehin zum Plündern gekommen: Sie kämpfen so eifrig, wie sie habgierig sind. Galbert von Brügge führt uns vor Augen, wie 1127 in Flandern Hunderte von Rittern und alle nur irgendwie waffenfähigen Männer der städtischen Kommunen zusammenströmen, um ein ehrenwertes Ziel zu verfolgen: Sie wollen den ermordeten Grafen rächen. Doch es gelingt den Mördern, sich in die Kirche der Burg von Brügge zu flüchten. Und hier nun das Bild der Verfolger: »Voller Kühnheit und begierig zu kämpfen, als sie die Belagerten vor sich sehen, ihren ganzen Mut zusammenreißend, angespornt von der Erwägung, wie schön es wäre, für den Vater und für das Vaterland zu sterben, und welcher Ruhm den Siegern zuteil werden würde, und wie verbrecherisch, wie ruchlos die Verräter doch waren, daß sie den Tempel Christi zu ihrem Schlupfwinkel gemacht hatten – begierig aber vor allem auf den Schatz und das Geld des Herrn Grafen, dachten sie schon jetzt an die schöne Beute, die sie machen würden, sobald sie die Belagerten in die Knie gezwungen hätten, und das allein genügte«, fügt Galbert als hervorragender Beobachter hinzu,

»um sie in Harnisch zu bringen«. Die Krieger werden alles rauben, was ihnen in die Hände fällt, jeder – oder vielmehr jede Gruppe – auf eigene Faust. Es ist ein großes Stehlen, eine wilde Jagd bei freigegebenem Jägerrecht – außer wenn, wie es von Zeit zu Zeit geschieht, der oberste Befehlshaber des Krieges mit geringem Erfolg versucht, eine gerechte Verteilung der Beute durchzusetzen. Jeder bedeutenden Kriegshandlung drohen also beliebige Unterbrechungen durch plötzliche Plünderungsgelüste, durch die unwiderstehliche Versuchung, alles an sich zu reißen, um bloß dem anderen nichts zu überlassen. Wenn die Mörder in Brügge überhaupt Gelegenheit hatten, in die Kirche zu flüchten und sich dort zu verschanzen, so nur, weil die Verfolger, geblendet von den Schätzen, die sich ihren Augen boten, im entscheidenden Augenblick nicht geradewegs über sie hergefallen waren: »... alle hatten sich der Beute und den Plünderungen zugewandt und machten sich überall zu schaffen, im Haus des Grafen wie in dem des Probstes, im Schlafsaal der Kanoniker wie in deren Kreuzgang, ... und hofften, den Schatz des Grafen und die ganze Habe aus den Häusern innerhalb der Burgeinfriedung zu bekommen. Aus dem Haus des Grafen holen sie Matratzen, Wandbehänge, Leinenzeug, Trinkschalen, Kessel, Ketten, Eisenstangen, Fesseln, Darmsaiten, Halseisen, Armschienen und alle möglichen eisernen Gegenstände, die man im Kerker braucht, außerdem die Eisentür der Schatzkammer des Grafen und die Bleiröhren, durch die das Wasser von den Dächern floß. Sie nahmen alles mit und stahlen es im guten Glauben, sie könnten es tun, ohne irgendeine Schuld auf sich zu laden. Im Haus des Probstes nahmen sie die Betten, die Truhen, die Bänke, die Kleider, die Kelche und alles bewegliche Gut. Ganz abgesehen von der unschätzbaren Menge Korn, Fleisch, Wein und Bier, die sie aus dem Keller des Grafen, des Probstes und der Kanoniker raubten. Im Schlafsaal der Kanoniker, der voller kostbarer Kleidung war, machten sie so große Beute, daß von der Stunde ihres Einzugs in die Burg bis in die Nacht hinein ein ständiges Kommen und Gehen herrschte, um alles fortzuschaffen.« Was ihnen da in die Hände fiel, war weniger lächerlich als es scheinen mag, denn es war eine arme, mittellose Welt, in der sie lebten, gequält von Hungersnöten oder von der Angst vor Hungersnöten, eine Welt, in der Metall und Stoffe Seltenheiten waren, in der die Silbermünzen sorgfältig versteckt wurden. Wo Elend herrscht, ist jede Beute gut; der Krieg zehrt aus; er läßt die Bauern in die Wälder, in die Sümpfe oder hinter die Stadtmauern fliehen. Der heiligste Ort bietet das beste Asyl. Also stürzt man in die Kirchen. Eine von ihnen gewährt den Mördern Karls des Guten mehrere Tage Schutz. Andere füllen sich, sobald der Feind naht, mit Körben, Säcken und sämtlichen Werkzeugen der verschreckten Landleute. Die Gotteshäuser verwandeln sich in regelrechte »Vorratskammern des Volkes, das einer gerechten Verteidigung entbehrt«. Auf dem Höhepunkt der Jagd sieht man ganze Trauben elender Gestalten, die sich, völlig außer

Atem, an die Kreuze der Scheidewege klammern: Sofern ihre Verfolger keine Söldner sind, sondern gottesfürchtige Krieger, sind sie dort tatsächlich gerettet. Doch genau wie beim Turnier ist ein Ritter des gegnerischen Lagers auch im Krieg die beste Beute.

Ihn, den Ritter, muß man fangen, man muß ihn aus dem Sattel werfen, ehe er sich in Sicherheit bringt, ehe er eine der vielen Burgen erreicht, die alle, ob groß oder klein, als Zufluchtsstätten dienen. Man versucht es mit der Lanze, die aber schnell zerbricht. Wirksamer sind Eisenhaken, die den Mann vom Pferd ziehen – Waffen, mit denen das Fußvolk hantiert, das allerdings nur zum Zuge kommt, wenn der Gegner eingekreist ist. Der Feind wird wie der Hirsch mit einer Meute gejagt. Man hütet sich freilich, ihn zu töten, denn er ist nur lebend etwas wert. Im Krieg kommt es höchst selten vor, daß Ritter sich untereinander töten, seltener vielleicht als beim hitzigen Turnier, wo die Leidenschaft im Spiel ist und jede Kontrolle außer Kraft setzt. Auch im Krieg ist der Tod ein Unfall, ein unheilvolles Mißgeschick. Aus mehr als einem Grunde – in erster Linie aber, weil er den Haß zwischen beiden Parteien verschärft und den Streit belastet. In der Normandie geschah es eines Tages, daß dreizehn Ritter einem anderen nachstellten; »sie taten alles, um ihn lebend zu fangen«; doch im Laufe der wilden Jagd wurde der Flüchtende mißlich von einer Lanze getroffen: »Zum großen Bedauern derer, die ihn verfolgt hatten, starb der tapfere Ritter noch am selben Tag.« Der hohe Herr indes, der die Verfolgung veranlaßt hatte, spürte sehr wohl, daß »seine Männer eine schwere Freveltat begangen hatten und daß dieser Mord große Not über sein Land bringen würde«; er »erstickte den aufkommenden Groll«, indem er schnellstens einen Frieden mit den Neffen des Opfers schloß, »denn er fürchtete, daß aus den Wurzeln einer bösen Tat viele Unruhen erwachsen könnten und daß diese, immer neu von der Pestilenz belebt, täglich noch verwerflichere Ereignisse hervorbringen würden«. So sieht der Krieg des 12. Jahrhunderts aus. Niemand glaubt, daß ein Mord im Krieg statthafter oder weniger folgenreich wäre als im Frieden. Dadurch erklärt sich die Seltenheit solcher Unglücksfälle.

Nachdem Karl der Gute 1127 ermordet worden war, wütete der Krieg über ein Jahr lang in der Grafschaft Flandern, und an den Gefechten nahmen mehr als tausend Ritter teil. Galbert von Brügge liefert uns einen minutiösen Bericht über die Vorkommnisse, eine Abfolge seiner täglichen Aufzeichnungen; er war ein scharfsinniger Mann, der rechnen konnte und sich obendrein im Herzen der Ereignisse befand. Alles in allem nennt er sieben Tote. Zwei, die keine Ritter waren; von diesen beiden wurde der eine durch einen Pfeil getötet, der andere durch den zufallenden Deckel einer Truhe, die er gerade plündern wollte. Von den fünf adligen Kämpfern starb nur einer im Zuge einer Verfolgungsjagd durch die Hand des Gegners. Die vier anderen kamen bei Unfällen ums Leben: ein böser Sturz vom Pferd, ein Ausrutscher beim Übersteigen einer Mauer, eine tödliche Verletzung beim Einsturz einer Decke, ein zu heftiger Stoß ins Horn, der eine alte Wunde platzen ließ. Im heißesten Moment der langwierigen Auseinandersetzung, beim abschließenden Sturm auf die Stiftskirche von Brügge, den Galbert mit eigenen Augen beobachtete, »ließ Gott besondere Gnade walten: Es starb niemand von all denen, die massenhaft hineindrängten«. Und dort, wo der Autor das Wort *carnage*, Gemetzel, gebraucht, fügt er hinzu: »Ich bin außerstande, die Masse derer zu beschreiben, die von Schlägen getroffen und verwundet wurden.« Verwundet, nicht getötet. Und wenn die Söldner gefürchtete Bogenschützen sind, so nicht wegen der tödlichen Wirkung ihrer Pfeile, sondern weil sie die schlecht ausgestatteten Fußknechte schwer verletzen; »die anderen hingegen, die eine Rüstung trugen und von Verletzungen, nicht aber von Quetschungen verschont geblieben waren, ergriffen entsetzt die Flucht«. Geschützt durch die besten Harnische, ist die Ritterschaft auf der Hut und macht sich rechtzeitig aus dem Staube. Mit Wunden und vor allem mit Beulen übersät kehrt sie aus dem Krieg zurück. Aber sie kehrt zurück.

Denn der Krieg ist eine Jagd, geführt von erfahrenen Männern, die Selbstbeherrschung üben, die gut geschützt in den Kampf ziehen und ihren Feind – sofern er christlich ist – nicht ausrotten wollen, sondern einzig davon träumen, ihn gefangenzunehmen, um Lösegeld zu erpressen. Und, ich sage es noch einmal, um zu gewinnen. Hat die Verwegenheit sich gelohnt? Hat man Beute machen können? Manchmal werden die Gefangenen »in üblen Kerker« gesteckt, damit sie sich um ihres leiblichen Wohles willen beeilen, die Denare für ihre Auslösung aufzutreiben. Wilhelm von Breteuil beispielsweise blieb drei Monate in Gefangenschaft, und als es Winter wurde, setzten seine Wächter ihn in einem mit Wasser befeuchteten Hemd dem Nordwind aus. Eine gemeine und höchst schimpfliche Art freilich, einen Ritter zu behandeln. In Chinon hielt Johann Ohneland seine Gefangenen »unter so häßlichen Bedingungen, daß diejenigen, die bei ihm waren, sich darüber schämten«. Ein guter Fürst indes folgt dem Beispiel Wilhelms des Roten; »er läßt ihnen die Ketten abnehmen und befiehlt, daß man ihnen außerhalb des Kerkers, im Innenhof, gemeinsam mit den eigenen Leuten reichlich zu Essen bringt, um sie nach dem Essen auf ihr Ehrenwort wieder freizugeben«. Wie am Abend eines Turniers. Und wenn die Seinen Befürchtungen äußern, die Gefangenen könnten entfliehen, erzürnt ihn das und er tadelt sie: »Mir liegt der Gedanke fern, daß ein guter Ritter sein Wort brechen könnte; täte er es dennoch, wäre er verachtungswürdig wie ein Gesetzloser.« Die Ritterschaft ist in der Tat eine gute Gesellschaft, in der man die Regeln des Anstandes respektiert. Zumindest dann, wenn die Expedition beendet ist, wenn jeder sich seiner Beute sicher ist, wenn alle Bürgschaften geleistet sind. Denn niemand will sich den geringsten Vorteil streitig machen lassen.

Diese Sorge kürzt alle Feldzüge ab. In Horden, in geschlossenen Haufen hinter einer Fahne versammelt oder, wenn der Anführer des Abenteuers einige Macht besitzt, in einem großen Aufmarsch von Bannern und Mannschaften, sind die Ritter in das Jagdgebiet eingedrungen und befinden sich nun auf dem Boden jenes Herrn, von dem es heißt, man müsse ihn zum Frieden zwingen. In leichter Rüstung geht es auf Reitpferden hurtig voran, mit einem Vortrab an der Spitze, der die Beute aufstöbert und zusammentreibt. Die Ortskenntnisse sind besser, als man meinen möchte, denn diese Jäger, die nie länger zu Hause verweilen, die ständig durch alle Länder streifen, wissen sich zu orientieren und bewahren die Wildbahnen und die Fährten genau in Erinnerung. Über die besten Wege informiert, wählen sie diejenigen aus, die ihnen am dienlichsten sind, meistens die recht und schlecht instandgehaltenen alten römischen Straßen, die den mit Beute beladenen Karren auf dem Rückweg ein Fortkommen erlauben. Jeder schwere Reiter führt ein frisches Streitroß mit, das er erst im letzten Moment besteigen wird, wenn der Angriff oder die Verfolgungsjagd beginnt, oder um schneller zu entfliehen, außerdem einen Knecht, der ihm helfen wird, die gröbsten Teile der Rüstung anzulegen, und ein mit Gepäck beladenes Lastpferd. Das Fußvolk marschiert abseits, im Staub. Unterwegs ist der ganze Zug ständig auf der Lauer. Im Vorübergehen wird geplündert, werden die armseligen Reichtümer der Bauern zerstört. Man sucht den Feind, folgt ihm auf der Spur; wenn er sich schwach fühlt, versteckt er sich, stellt Fallen; man muß ihn überraschen, ihn umzingeln, ihn in ein lebhaftes Handgemenge verstricken und alles daran setzen, ihn zu fangen. Vorsichtig geht es weiter, besonders dann, wenn der zurückgelegte Weg bereits fruchtbar war, wenn die Beute immer schwerer und kostbarer wird. Niemand setzt das, was er einmal hat, leichtfertig aufs Spiel.

Der Krieg ist kein Turnier: Er ist ein Geschäft. Man riskiert nichts um des bloßen Ruhmes willen. Jeder hütet sich vor Maßlosigkeit, und wenn die Ernte gut war, hat er nur noch eins im Sinn: Möglichst schnell wieder nach Hause zu kommen. Sobald das Wild seltener oder widerspenstiger wird, sobald es die Jäger in Gefahr bringt, machen diese ohne jede Scham auf der Stelle kehrt. Auf dem kürzesten Wege, unter Vermeidung aller Hindernisse kehren sie mit vollen Wagen, mit einer ganzen Herde eroberter Pferde und mit ihren Gefangenen in die Heimat zurück. Ein solches Bild bot auch der Zug, der Philipp August am Tag nach Bouvines das Geleit gab. Genau wie all die anderen Züge, die seinen Ahnen, den früheren Königen, jeden Sommer gefolgt waren. Philipp August ist nach Flandern aufgebrochen, um das Lehen eines unbotmäßigen Vasallen zum wiederholten Male »nach Königsart« zu verheeren. Er weiß, daß der Gegner stark ist, von Verbündeten umgeben, zum Angriff bereit. Weder er noch seine Barone wollen sich in ernste Gefahr begeben. Sobald sie den Eindruck haben, daß die Lage bedrohlich wird, beschließen sie als umsichtige Männer den Rückzug. Nachdem das Heer Tournai geplündert hat, bricht es am 27. Juli im frühesten Morgengrauen auf, um hinter den Sümpfen der Marcq in Deckung zu gehen. Sehr früh, noch ehe die Sonne am Himmel aufsteigt, ehe sie die Rüstungen erhitzt. Aber nicht überstürzt, sondern in Reih und Glied. Das Heer des Königs von Frankreich, das gegen die von Richard Löwenherz geführten Männer lange genug Federn lassen mußte und »sehr klug« geworden ist, hat sich an Rückzugsmanöver in fest geschlossenen Reihen, in »Schlachthaufen«, gewöhnt. Die Wagen mit der Oriflamme, die das Schwerfälligste und Kostbarste sind, bilden, umgeben vom Fußvolk der Kommunen, die Spitze des Zuges, während die Nachhut, auf jede Überraschung gefaßt, aus einer festen Körperschaft besteht und die Späher der leichten Reiterei die Truppenbewegungen des Feindes von Ferne beobachten.

Der Feind aber wird sich die Gelegenheit nicht entgehen lassen, denn während des Rückzuges sind die bewaffneten Haufen am leichtesten angreifbar. Und so macht er sich seinerseits auf die Jagd, um zu erbeuten, was er kann, um den Gegner zurückzudrängen, ihm nachzusetzen, an seine Fersen geheftet ins Gebiet der Kapetinger einzufallen, dort in einem Rachezug die Böden zu verheeren, sich für alles zu entschädigen und dann in gleicher Weise, beladen mit den Früchten der Plünderung, nach Hause zurückzukehren. Aber wer weiß? Man sagt dem Kaiser und den Grafen, die Franzosen hätten Angst, was auch stimmt, und, was nicht stimmt, sie seien im ungeordneten Rückzug begriffen. Ist es nicht an der Zeit, endlich loszuschlagen, sich das Geld, das König Johann verteilen läßt, wirklich zu verdienen? Die Moral des anständigen Söldners, der es für ehrenrührig hält, dem, der ihn gut bezahlt, einen schlechten Dienst zu leisten, hat hier ein Wörtchen mitzureden: Ihr Sprachrohr ist Hugo von Boves, der die Soldgelder verwaltet. Anders der erfahrene Jäger Rainald von Dammartin, der in dem von Otto einberufenen Kriegsrat zur Vorsicht mahnt, wohlwissend, daß die Männer der Île-de-France – schließlich kommt er selbst von dort – niemals fliehen oder im Rückzug durcheinanderlaufen. Doch die Lockungen des herrlichen Gewinns, die glühenden alten Haßgefühle, die aggressiven Spannungen zwischen den einzelnen Ländern, zwischen den Flandrern und den Kriegern aus dem Artois oder aus der Picardie, sind stärker als jedes Argument und lassen der Angriffslust freien Lauf. Die Sache ist beschlossen: An diesem Sonntag wird man alles aufs Spiel setzen. Der Kaiser und seine Verbündeten haben sich für die Schlacht entschieden.

Die Schlacht

Eine Schlacht ist kein Krieg. Ich würde sogar sagen, sie ist das genaue Gegenteil: Die Schlacht ist ein Akt des Friedens. Der Krieg, *werra*, war seit jeher ein Abenteuer der schönen Jahreszeit, ein Plünderungsunternehmen, eine Art regelmäßige und waghalsige Ernte; nach Bauernart geführt, entfaltete er sich unter jedem Vorwand und bezog ganz selbstverständlich seinen Platz im Gefüge einer Zivilisation, in der die Jagd eine wichtige Rolle spielte, im Netz all der ständig wiederauflebenden Fehden, der endlosen Querelen zwischen rivalisierenden und gleichermaßen habgierigen Mächten. In diesem permanenten Streit galt der Krieg als ein Argument unter anderen; man setzte ihn in der gleichen Weise ein wie in anderen Momenten die Eheschließung, den Austausch von Frauen unter den zerstrittenen Geschlechtern: An dem langwierigen Konflikt zwischen Philipp August und Rainald von Dammartin kann man den dauernden Wechsel von Handgemengen und Verlobungsfesten gut beobachten. Der Krieg, ein Ausbruch angestauter Wut, eine Art militärisches Geplänkel, war eine Herausforderung des Gegners, ein plötzlicher Schlag, geführt in der Hoffnung, den Widerstand des anderen zu schwächen, eine Beute zu greifen, ein Pfand zu bekommen. Er war immer nur ein Vorspiel weniger gewalttätiger Begegnungen, bei denen die Widersacher, nachdem sie ihre Waffen niedergelegt hatten, umringt von Verwandten und Klienten zusammenkamen, um miteinander zu reden, um unter lautem Geschrei zu schwören, zu verhandeln, die Sache einem Schiedsgericht zu unterstellen, hier etwas einzulenken, dort etwas nachzugeben, einen Krümel loszulassen, den größten Brocken festzuhalten, noch mehr zu verlangen, einander schließlich in die Arme zu fallen, gemeinsam zu essen und zu trinken, Gottesdiensten beizuwohnen und den Haß, der jederzeit wieder aufzuflackern drohte, eine Weile zu begraben. Der Krieg quoll an allen Enden aus einem weitgespannten Netz ununterbrochener Palaver, denen er regelmäßig entweder vorausging oder folgte – auch das zeugt von der allgemeinen Sorge, den Gegner möglichst nicht zu töten. Denn der Krieg brachte nie etwas ins reine. Klare Verhältnisse wurden vielmehr durch Worte, durch beidseitige Schwüre am Schluß einer Versammlung geschaffen. Die Plünderungsfeldzüge bedeuteten kaum mehr als Seitenhiebe, die das »Parlamentieren« vorübergehend unterbrachen. Die Schlacht hingegen, das *proelium*, steht im Mittelpunkt einer Friedensberatung. Sie setzt mit einem Mal alles aufs Spiel. Als eine Angelegenheit der Alten, der *seniores*, der Oberhäupter, als ernsthafte Angelegenheit, die innere Ruhe und Gelassenheit voraussetzt, ist sie im Rahmen der Verhandlungen ein Ordal, eine jener Unschuldsproben, die damals häufig vor Gericht organisiert wurden: die Anrufung der letzten Instanz, des Gottesurteils. Sie soll den Himmel zwingen, sich zu erklären, seine Absichten kundzutun, ein für allemal und auf unmißverständliche, unanfechtbare Weise zu zeigen, auf welcher Seite sich das gute Recht befindet. Genau wie das Orakel gehört die Schlacht dem Bereich des Heiligen an.

Sie ist ein Zweikampf. Dieses Mittel pflegten die Gerichte einzusetzen, wenn bei den Verhandlungen nichts herauszukommen schien und die Sache, um die es ging, undurchschaubar blieb. Auf einem geschlossenen, vom Kreis der Anwesenden begrenzten Kampfplatz standen sich die Kontrahenten bewaffnet gegenüber, erst zu Pferde, aber schon bald, wenn die Reittiere außer Gefecht gesetzt waren, zu Fuß; anfangs mit dem Schwerte kämpfend, dann Mann gegen Mann, ohne Schild, mit bloßen Fäusten aufeinander einhämmernd, immer bemüht, das Gesicht des anderen zu treffen oder einen gezielten Schlag in den Unterleib zu landen, bis einer von beiden sich geschlagen gab. Er war verurteilt: Gott hatte auf der Seite des Siegers gekämpft und sein Urteil gesprochen. Dieses allerdings fiel manchmal überraschend aus, und seit Anfang des 12. Jahrhunderts, seit das logische Denken Reife gewann, begannen einige, den Wert solcher Prüfungen zu bezweifeln. »Ein Christ beurteilt die Gefahr, der er in einem Kriege ausgesetzt war, und den Sieg, den er davonträgt, nicht nach den Ergebnissen, sondern nach den Empfindungen des Herzens«, schreibt der Heilige Bernhard in erstaunlichem Einvernehmen mit Abälard und dessen Bemühen, die Absicht einer Handlung von der Handlung selbst zu unterscheiden. »Denn«, so heißt es weiter, »wenn die Sache, die er verteidigt, eine gute Sache ist, kann das Ergebnis des Krieges, wie immer es ausfallen mag, nicht schlecht sein. Desgleichen kann der Sieg im Endeffekt nicht gut sein, wenn die Sache des Krieges keine gute und die Absicht derer, die ihn führen, nicht gerecht ist.« Diese Vorbehalte indes taten der Gewohnheit keinen Abbruch. Die größten Fürsten zögerten nicht, denen, die ihre Autorität in Frage stellten, einen Zweikampf als letzte Entscheidung vorzuschlagen. Ein Beispiel liefert Wilhelm Clito, Graf von Flandern, der dem Sprecher der dortigen Ritterschaft, die sein eigentlicher Rivale war, antwortete: »Ich will mich gern mit dir gemein machen und ohne Verzug im Kampf gegen dich beweisen, daß ich die Grafschaft bis heute mit geschickter und gerechter Hand geführt habe.« Ähnlich Helie, Graf von Maine, der am Kreuzzug teilnahm und seinem Gegner, Wilhelm dem Roten, der ihn um sein Erbe bringen wollte, im Namen Christi ein Duell anbot. Und als Heinrich II. und Philipp August sich 1188 bei den Verhandlungen von Gisors vor lauter Hochmut nicht auf den Frieden einigen konnten, kam ein Baron auf folgende Idee: Wie wäre es, fragte er, wenn jede Partei vier ausgewählte Ritter zum Kampf antreten ließe, die eigene Sache

> »...zu verteidigen und zu beweisen,
> und dem Sieger fiele alles zu?«

Wenn ein Krieg sich in die Länge zieht und keinerlei Aussicht auf erfolgreiche Verhandlungen besteht, liegt der Gedanke also nahe, die Sache durch die Probe eines Zweikampfs zu entscheiden. Besonders dann, wenn es um eine schwerwiegende Angelegenheit geht, wenn herrschaftliche Rechte das Streitobjekt sind. Die Fürsten indes, denen es durchaus recht ist, auf dieses Mittel zurückzugreifen, zögern gewöhnlich, allein gegen den Rivalen anzutreten. Sie ziehen es vor, ihre Freunde, ja ihre ganzen Streitkräfte mitzunehmen. Das Duell, über die Maßen erweitert, verwandelt sich in eine Schlacht. Sein Charakter jedoch ändert sich nicht. Wie beim Schachspiel umgeben die Könige sich mit Bauern, Springern und Türmen, und der Ausgang der Partie hängt zwangsläufig vom Zusammenwirken sämtlicher Figuren ab. Doch wie die Konstellation auch aussehen mag, sie hat immer nur ein Ziel: Einen der beiden Könige mattzusetzen. Das Spiel dauert an, solange das nicht geschieht; mit dem einen entscheidenden Zug aber ist es unwiderruflich zu Ende. Genauso verhält es sich in Bouvines. Auf welcher Seite befindet sich das Recht? Auf der des Papstes, das heißt auf der Seite Philipp Augusts? Im Lager dessen, der die Exkommunikationen aussprach, im Lager dessen, der Johann Ohneland sein Erbe nahm? Oder vielleicht in dem der Verbündeten? Gott wird es offenbaren; und dann wird alles nach einer Seite kippen. Wer sich für die Schlacht entscheidet, geht das Risiko ein, alles zu verlieren. Vielleicht sogar sein Leben: Wie auf dem geschlossenen Feld des gerichtlichen Zweikampfs ist die Tötungsabsicht auch auf dem Schlachtfeld vorhanden, aber sie richtet sich nur gegen einen einzigen, nur gegen das feindliche Oberhaupt. Die Stickereien auf den Bayeux-Teppichen zeigen es deutlich: Die Waffengefährten, die Herzog Wilhelm begleiten, haben es bei ihrer Verfolgung einzig und allein auf Harold abgesehen, dem sie nach dem Leben trachten. Denn der göttliche Zorn, den die Schlacht herausfordern soll, ist ein vernichtender Zorn, der den Konflikt bei seinen tiefsten Wurzeln auszurotten sucht; um den Streit aus der Welt zu schaffen, richtet er gegebenenfalls einen der beiden Rivalen zugrunde. So erklären sich all die Gerüchte, die sich um Bouvines ranken, die gleich nach der Schlacht in Umlauf kamen, immer mehr ausuferten und von den Chronisten aufgegriffen wurden. Philipp August – was da nicht alles gemunkelt wird! – soll Kaiser Otto seine treue Stadt Orléans versprochen haben; und von den Verbündeten sagt man, sie hätten das Königreich schon im voraus untereinander aufgeteilt – was durchaus möglich ist; und sie hätten geschworen, den König zu töten – was höchstwahrscheinlich stimmt. Der Unterschied zwischen einer Schlacht und den vorsichtigen Scharmützeln des Krieges zeichnet sich durch dieses Streben nach dem Absoluten aus, das ein ganz anderes Klima schafft, das den feierlichen Ernst einer schicksalhaften Liturgie heraufbeschwört und ein Reich eröffnet, das niemand ohne ehrfurchtsvolle Scheu zu betreten wagt.

Aus all diesen Gründen sind Schlachten eine Seltenheit. Fulko le Réchin, Graf von Anjou, erzählte gegen Ende des 11. Jahrhunderts, was er über seine Ahnen und über ihre Heldentaten wußte. Im Laufe von vier Generationen hatten sie, die doch immerhin zu den ganz großen Herren zählten, nur sechs Schlachten geführt. In der ersten besiegte Gauzfried Grisegonelle, der 987 starb, den Grafen von Poitiers; in der zweiten tötete Fulko Nerra, der 1040 starb, den Grafen der Bretonen; in der dritten schlug derselbe Fulko Nerra den Grafen von Blois in die Flucht; Held der beiden folgenden Schlachten ist Gauzfried Martel, der erst den Grafen von Le Mans, dann den Grafen von Poitiers gefangennahm; beim sechsten Mal schließlich war es Fulko le Réchin persönlich, der seinen eigenen Bruder »in der Schlacht« besiegte und gefangensetzte, was ihm den unangefochtenen Besitz der Grafenwürde einbrachte. Wie man sieht, enden derartige Kämpfe entweder mit dem Tod, mit der Gefangennahme oder mit der wilden Flucht des Gegners; es sind Kämpfe zwischen Männern gleichen Ranges, zwischen Gleichgestellten – Graf gegen Graf, König gegen König; Wettkämpfe, bei denen es immer um die oberste Gewalt in einem Fürstentum geht. Schlachten gelten als lobenswerte Unternehmungen, die den Ruhm einer Dynastie erhöhen, und wenn man von ihnen spricht, tut man es ohne jene zögernde Zurückhaltung, die gewöhnlich durchscheint, wenn vom Krieg die Rede ist. Ein Krieg kann in der Tat verderblich sein: Der Krieg, den Gauzfried Martel gegen seinen Vater führte, erzeugte »viele Übel, die er später bitter bereute«. Eine Schlacht ist nie verderblich. Im Gegenteil, sie ist ein Heilmittel gegen den Krieg, wenn dieser immer schlimmer und immer giftiger wird. Ein radikales Heilmittel, das dem Volk unverzüglich hilft. Der Krieg zwischen dem eben erwähnten Gauzfried und Theobald von Blois »verschärfte sich so sehr, daß sie die Schlacht eröffneten«; danach waren die Verhältnisse geklärt. In eineinhalb Jahrhunderten haben auf flandrischem Boden nur drei Schlachten stattgefunden: 1071 bei Cassel, 1128 bei Axpoel und 1214 schließlich bei Bouvines. Als Wilhelm der Eroberer auf seinem Totenbett Ratschläge »zur Einhaltung des Glaubens und der Gerechtigkeit, zur Achtung der Gebote Gottes und des Friedens« gab, erzählte er aus seinem Leben. »Seit der Kindheit«, sagte er, »wuchs ich im Waffenhandwerk auf, und ich habe mich mit großem Blutvergießen beschmutzt.« Zweimal, erst bei Val-ès-Dunes, später dann bei Hastings, hatte er Schlachten angeführt und mit Gottes Hilfe gesiegt. Zwei Schlachten, mehr nicht. Gewiß, er hatte auch gegen die Männer des Königs von Frankreich gekämpft, aber der König selbst war nicht dabeigewesen: Kein Zweikampf also, keine Schlacht. Vor Bouvines haben die

Kapetinger überhaupt nur eine einzige Schlacht gegen einen anderen König geführt, und zwar 1119 in Brémule gegen Heinrich I. von England: Ludwig VI. wurde geschlagen, und seine Nachfolger haben es nie mehr gewagt, ein solches Risiko einzugehen. Die Schlachten sind also nur vereinzelte Daten im dichten Netz des unaufhörlichen feudalen Krieges. Aber es sind Daten, die zählen, die Daten entscheidender Ereignisse. Und vor allem haftet ihnen etwas Übernatürliches an, denn sie offenbaren, was Gottes Wille ist.

Auf das Heilige verweisend, hat die Schlacht den Ablauf einer Liturgie. Wie das Ordal, der gerichtliche Zweikampf, verlangt sie ein eigenes »Feld«. Daher die spezifische Bezeichnung: *proelium campestre*, Feldschlacht – *bataille champel*, wie die *Chansons de Geste* es nennen. Auf einem *campus* begegnen sich die Kämpfer, von denen einer sein Leben lassen, schmählich fliehen oder um Gnade bitten muß. Hier gibt es keine Überraschungsangriffe und keinen Hinterhalt, sondern eine lange rituelle Vorbereitung, wie es sich geziemt, ehe man ein Sakrament entgegennimmt. Die beiden Gegner werden sich dem Gericht des Herrn stellen. Darum müssen sie zuerst beten, im Angesicht des Ewigen Gottes ihre gerechte Absicht erklären und versprechen, daß sie die Sünden der Vergangenheit sühnen werden. 1106 macht sich Heinrich, der Sohn Wilhelms des Eroberers, auf dem Schlachtfeld von Tinchebrai bereit; als Kontrahent steht ihm sein Bruder Robert Kurzhose gegenüber; es geht um das Herzogtum der Normandie und um das englische Königreich. Heinrich spricht sein rechtfertigendes und versöhnendes Gebet – ein Plädoyer für sich selbst: »Ich ziehe in den Kampf, um dem gepeinigten Volk zu helfen. Aus tiefstem Herzen flehe ich den Schöpfer aller Dinge an: Möge er in der heutigen Schlacht demjenigen den Sieg gewähren, den er auserwählt hat, um seinem Volk Schutz und Ruhe zu verschaffen.« Es folgt das Versprechen, daß er seinen schlimmsten Verstoß gegen den Gottesfrieden sühnen wird, daß er jene Kirche wiederaufbauen wird, die er im Laufe des Krieges, dem die bevorstehende Schlacht ein Ende setzen soll, hat niederbrennen lassen, und daß er alle freilassen wird, die in dem Heiligtum gefangengenommen wurden. Ein der Schlacht vorausgehender Reinigungs- und Heiligungsprozeß, in den sämtliche Ritter, die den Kämpfer begleiten, einbezogen sind. Am Morgen des zwanzigsten Juni 1128 tritt Wilhelm Clito, fest entschlossen, »lieber zu sterben, als so große Schande hinzunehmen«, in Axpoel gegen Dietrich von Elsaß an, der ihm die Grafschaft Flandern streitig macht; doch ehe die Schlacht beginnt, beichtet er dem Abt von Oudenberg gottesfürchtig seine Sünden, läßt sich die Absolution erteilen und verspricht feierlich, daß er hinfort als zuverlässiger Beschützer der Kirche und der Armen handeln wird, das heißt, er wird sich bemühen, die fürstliche Funktion bestmöglich zu erfüllen. Die gesamte Ritterschaft wird aufgefordert, entsprechende Verpflichtungen einzugehen und den Friedenseid zu schwören. Im Anschluß daran legen alle Ritter ein Bußgewand an; sie scheren sich das lange Haar, das von den Konzilien als offenkundiges Zeichen der Verderbtheit gewertet und mit dem Anathem bestraft wird: »Bis auf das Hemd und den Haubert legen sie alle gewöhnlichen Kleider ab«. In einem prozessionsartigen Aufmarsch ziehen sie *ad bellum*, »ihrem Gott demütig ergeben und voller Eifer«. In der gleichen Haltung wie die Friedenspilger, äußerlich und innerlich auf einen Kreuzzug eingestellt und aus der Ferne von den Bischöfen unterstützt, die den Gegner exkommuniziert haben. Die Schlacht ist eine Friedenszeremonie; man erkennt es schon an den feierlichen Gesten der Eröffnung.

Den Buß- und Sühneriten gesellen sich prinzipielle Erklärungen hinzu, feierliche Ansprachen der Oberhäupter, um den Mut ihrer Truppen zu steigern. Und immer steht das gleiche Thema im Mittelpunkt. Die Rede, die Wilhelm der Eroberer auf dem Schlachtfeld von Hastings hielt, fand ein unmittelbares Echo in den Worten, die 1217 bei Lincoln gesprochen wurden, diesmal allerdings nicht vom König, Heinrich III., der damals noch ein Kind war, sondern von Wilhelm Marschall, der den Herrscher als Anführer der Schlacht vertrat und in seinem Namen sprach: Wenn wir sterben, sagte er den Kriegern der gerechten Sache, denen der Sieg verheißen war, wird Gott uns in sein Paradies aufnehmen. Und wenn wir siegen, wird der Sieg uns und unserem Geschlecht zum Ruhm gereichen. Die Feinde werden in der Hölle enden; der Himmel hat sie in unsere Gewalt gegeben. Wir werden kämpfen, um uns zu verteidigen, um die höchste Ehre zu erringen, um die heilige Kirche, vom Gegner in gemeinster Weise attackiert, zu beschützen, um die Vergebung unserer Sünden zu erwirken (wie jeder Kreuzzug verheißt die Schlacht denen Ablaß, die von Gott gekrönt werden) und um uns schließlich an allen zu rächen, die uns beraubt haben. Hier klingt zwar ein profaner Ton an, ein Appell an den Ruhm, an die Ehre, an die zentralen Werte der ritterlichen Ethik, aber nur in leichtem *vibrato*; das Hauptthema ist eine reine Proklamation der Gerechtigkeit, ein Verweis auf die *tuitio* und die *ultio*, eine Berufung auf den guten, legitimen Kampf, gerechtfertigt durch die ruchlose Gewalt, die ausschließlich aus dem gegnerischen Lager kommt, dem Lager der Exkommunizierten, der Schänder des göttlichen Friedens.

Derart gereinigt und gestärkt stellen die Truppen sich in einer rituellen Ordnung auf, die immer dreigeteilt ist. Hier wie dort bilden sich drei Körperschaften, drei »Schlachthaufen«, und die beiden Duellanten beziehen ihren Platz jeweils an der Spitze der mittleren Formation. Es folgt ein langes Schweigen, und allmählich senkt sich das Glück über die beiden von Sünden freigesprochenen, gesegneten, zur Selbstsicherheit ermutigten Heere, über jeden einzelnen der Ritter, die stumm, gespannt, glückselig verharren, denn bald wird jeder von ihnen ein Heiliger Georg sein. Die Hörner erschallen; das Spiel beginnt. Es besteht einzig und allein darin, eine Situation zu schaffen, in der die beiden Hauptpersonen sich einander nähern, sich erreichen können. Sämtliche Strömungen des Getümmels beziehen sich auf den zentralen Punkt, versuchen ihn einzukreisen, ihn zu definieren, denn er ist das Herz des Schlachtfeldes selbst, die Quelle, aus der das Licht hervorbrechen wird, sobald die beiden Widersacher sich so nahe sind, daß sie handgemein werden können. In Wirklichkeit allerdings steckt jeder von ihnen tief im eigenen Haufen, und so heftig der Haß auch sein mag, kann er sich kaum aus dieser Hülle lösen. Die Hiebe, die ihm versetzt werden, kommen nicht von dem anderen Duellanten, sondern von dessen Dienern, die ihrem Herrn einen Weg bahnen oder ihn beim Rückzug decken. Um den Widersacher zu fassen oder anzugreifen, bedient sich jeder der beiden Hauptgegner fremder Hände, indem er die Ritter seines Hauses handeln läßt. Dabei fragt man sich, ob es nicht Frevel ist, wenn diese Hilfskräfte Hand an den Leib eines Königs legen. In Brémule versuchte ein Waffengefährte Ludwigs VI., den König des anderen Lagers, Heinrich I., »gegen den er ganz mit Haß erfüllt war«, in seine Gewalt zu bekommen, und schlug ihm gehörig auf den Helm: Wegen dieser Tat hätte man ihn beinahe in Stücke gerissen, denn »es war verbrecherisch, das Schwert zu heben, um auf ein Haupt zu schlagen, das vermittels eines Bischofs mit dem heiligen Chrisam gesalbt worden war«. In Wirklichkeit kommt es selten vor, daß die Widersacher sich bei einer Schlacht aus der Nähe sehen, und noch seltener haben sie Gelegenheit, sich tatsächlich zu berühren. Gewöhnlich bringt einer von ihnen sich vorher in Sicherheit, sobald klargeworden ist, welche Wahl Gott getroffen hat. Normalerweise endet die Schlacht genau wie das Turnier mit einer wilden Flucht. Denn wenn eine der Hauptpersonen flieht, löst sich der mittlere Haufen, der militärstrategisch eine Schlüsselstellung innehat, unverzüglich auf. Ein Beispiel dafür liefert die Flucht Ludwigs VI. in Brémule. Sein Gegner, Heinrich I., konnte ihn nicht mehr einholen und mußte sich mit einem Emblem begnügen, erbeutet von einem Fußknecht, dem er es für zwanzig Mark Silber abkaufte: dem königlichen Banner, das er »zum Zeichen des Sieges, den Gott ihm geschenkt hatte« aufbewahrte. Aber sobald der Feind sich aus dem Staube macht, beginnt eine regelrechte Hetzjagd, bei der man versucht, das Wild lebend zu fangen. Die Todesdrohung lastet in der Tat immer nur auf einer einzigen Person, dem Oberhaupt. Ansonsten legen die Kämpfer es in einer Schlacht ebensowenig wie im Krieg darauf an, ihr Gegenüber zu töten. In Brémule kämpften neunhundert Ritter. »Ich fand heraus«, berichtet Ordericus Vitalis, »das nur drei von ihnen getötet wurden; denn sie waren ganz mit Eisen bedeckt und sie verschonen sich gegenseitig, sowohl aus Gottesfurcht als auch wegen der Waffenbruderschaft; sie waren kaum darauf aus, die Flüchtenden zu töten, und setzten ihren ganzen Eifer darein, sie gefangenzunehmen. Es ist wahr, daß diese Ritter, die alle Christen waren, nicht blutrünstig nach dem Leben ihrer Brüder trachteten und daß sie einander in dem aufrichtigen und gottgewollten Triumph bewunderten, denn sie kämpften alle für das Wohl der heiligen Kirche und für den Frieden der Gläubigen.« Die Schlacht, ich wiederhole, ist ein Akt der Rechtsprechung. Darum nimmt sie unter Christen nie die Form einer Ausrottung an. Man versucht nicht, sich gegenseitig zu vernichten – ebensowenig wie in einer Gerichtsverhandlung. Die Schlacht ist ein Streit, der durch ein Urteil abgeschlossen wird.

Allerdings muß dieses Urteil genau wie bei jeder Gerichtsverhandlung auch von dem Verurteilten akzeptiert werden. In seinem Lager herrscht große Betroffenheit, große Enttäuschung, denn auch er ist mit den Seinen hergekommen, weil er sich seines Rechtes sicher war. Aus eben diesem Grunde hat die Schlacht ja stattgefunden: Weil keine Überzeugung sich eindeutig gegen die andere durchsetzen konnte, weil die Sache des einen ebenso gerecht wirkte wie die des anderen, weil die Bannflüche von seiten des Gegners unbillig erschienen. In beiden Lagern waren die gleichen Gebete vertrauensvoll zum Himmel aufgestiegen. Obendrein stürzt das Gottesurteil die Besiegten in tiefe Verwirrung. Was haben sie getan? Womit haben sie diese Strafe verdient? Ist keine Rettung mehr möglich? Sollte jeder weitere Versuch, in den Stand der Gnade zurückzukehren, vergeblich sein? »Als sie erfuhren, daß Graf Wilhelm sich vor der Schlacht von Axpoel demütig Gott unterworfen hatte, daß er sich des Heilmittels der Buße bedient, daß er sich im Verbund mit allen seinen Leuten das Haar geschoren und sich der überflüssigen Kleider entledigt hatte«, beschlossen die von ihm besiegten Gegner, das gleiche zu tun, sich das Haar zu scheren und die Kleider zu zerreißen; und ihre Priester predigten ihrerseits die universelle Enthaltsamkeit, sie führten hier und dort Kreuze oder Reliquien spazieren, ja sie wagten es sogar, die Sieger zu exkommunizieren. Halsstarrig, wie sie waren, setzten sie sich ins Unrecht: Der Beweis war erbracht. Den Kampf auf andere Weise fortzusetzen, etwa durch wechselseitige Bannflüche, damit diese, wie Galbert von Brügge sagt, »miteinander in den Zweikampf traten«, und die Schlacht so ins Unsichtbare zu verlagern, war nicht nur lächerlich, sondern auch frevelhaft. Derartige Verstocktheit konnte den Himmel nur verärgern und neues Unglück heraufbeschwören. »Die umhergetragenen Kreuze und die Prozessionen, die unter Führung der Geistlichen von Kirche zu Kirche zogen, mußten den Zorn Gottes herausfordern und waren keineswegs geeignet, ihn versöhnlich zu stimmen. Denn sie zeigten eine im Bösen verhaftete Unbeugsamkeit der Seele; und sie richteten sich gegen eine von Gott selbst offenbarte Gewalt.« Wahrlich, der gute Christ muß sich Gottes Willen fügen. Jede Schlacht ist eine endgültige Entscheidung. Sie ist ein Lichtstrahl, der die Finsternis zerstreut, der den Menschen die Augen öffnet, der jedem Zögern ein Ende setzt – ein Urteil in letzter Instanz. Sie schafft wieder Ordnung, und zwar für lange Zeit; sie markiert das Ende einer alten und den Anbruch einer neuen Ära. Wenn die Dunkelheit sich über das Schlachtfeld legt, weiß jeder, daß mit dem Morgen ein neuer Frühling in die Welt einziehen wird. Der Frühling eines friedlichen Universums. Genau wie nach der Schlacht von Tinchebrai: »Die beiden Brüder kämpften ein *einziges Mal* gegeneinander, um der Zwietracht, die den Boden Tag für Tag mit Blut tränkte, ein Ende zu bereiten. Durch ein gerechtes, von Gott selbst gefälltes Urteil wurde der Sieg dem Freund des Friedens und der Gerechtigkeit gewährt, und seine Gegner wurden aus dem Feld geschlagen.«

Bouvines war eine dieser außerordentlichen Zeremonien, deren Riten schon seit langem eine feste Form besaßen. Und so lief denn auch alles nach den Regeln ab. Am frühen Morgen befand man sich noch im Krieg, auf einer Jagd voller Überraschungen. Ottos Heer nahm gerade die Verfolgung auf. Die französischen Kundschafter, der Vizegraf von Melun und Bruder Garin, hatten von Ferne entdeckt, daß es sich in Kampfformation voranbewegte. Glaubt man dem Anonymus von Béthune, dem Chronisten von Marchiennes und dem Autor der *Vita Odiliae*, so schienen die Truppen allerdings der habgierigen Lüsternheit verfallen; sie strebten vorwärts »wie eine Meute tollwütiger Hunde, die Beute gerochen hat«; und da sie in der Eile weniger geschlossen marschierten, drohte ihre Ordnung zu zerfallen. Wollten sie zu diesem Zeitpunkt schon die Schlacht? Wollten sie schon jetzt die letzte Entscheidung, die ihnen mit einem Schlag erlauben würde, endgültig Schluß zu machen, »die Königswürde in Nichts aufzulösen«, wie die Verbündeten es sich »in ihrem unersättlichen Haß« geschworen hatten? Der Text der *Relatio Marchianensis* läßt es vermuten. Heißt es hier nicht, die Feinde Philipp Augusts hätten sich bereits durch Gesten der Heiligung auf das Gottesurteil vorbereitet? Heißt es nicht, sie hätten »vorn und hinten kleine Zeichen des Kreuzes auf ihre Waffenröcke« geheftet, um als bußfertiges, im Dienste der göttlichen Rache kämpfendes Friedensbataillon zu erscheinen, um die Gunst der übernatürlichen Kräfte auf sich zu ziehen? Die Gegner haben sich als Kreuzfahrer verkleidet. Aber vielleicht sind die Kreuze auch nur Erkennungszeichen oder eine Vorsichtsmaßnahme; und vielleicht haben die Verbündeten – wie die Wechselfälle des Krieges es so mit sich bringen – in diesem Augenblick noch gar nichts anderes im Sinn, als den Rückzug der Franzosen auf schwieriges Gelände auszunutzen und die Nachhut der königlichen Karawane nach bestem Vermögen zu plündern. Philipp, von seinen Spähern gewarnt, hält inne und versammelt seinen Kriegsrat. Wie es sich gehört: Kein Fürst der damaligen Zeit trifft eine folgenreiche Entscheidung, von der seine eigene Macht abhängt, allein; seine Entscheidung ist immer auch die aller seiner Freunde. Es geziemt sich, daß diese einer nach dem anderen ihre Meinung vortragen, daß sie gemeinsam zu dem »Spruch« kommen, den das Oberhaupt schließlich verkünden und der sie alle verpflichten wird. Die *Flandria generosa* berichtet, Philipp August hätte vorgeschlagen, sich momentan noch zu entziehen, an diesem Morgen nichts zu riskieren: Der Feind schien zahlenmäßig überlegen, und vor allem war Sonntag – ein Tag, an dem der Christ nicht kämpfen darf. Einige sollen gegenteilige Ansichten geäußert haben. Philipp von Courtenay, ein naher Verwandter des Königs und somit einer der ersten, die das Wort ergriffen, soll zwar zugegeben haben, daß es von Übel sei, an einem geheiligten Tag Menschenblut zu vergießen. Aber war es nicht so, daß derjenige, der sich gegen einen Angriff verteidigte, ohne selbst die Initiative zu ergreifen, eine eher harmlose Sünde beging? War es nicht viel schlimmer, sich von vornherein geschlagen zu geben oder jedenfalls das Dümmste zu tun, was man nur tun konnte, indem man im richtigen Moment auf Widerstand verzichtete? Der Herzog von Burgund hingegen soll zu einer listigen Umgehung des Problems geraten haben: Eine Schlacht könne nur stattfinden, wenn die beiden Könige sich von Angesicht zu Angesicht gegenüberstünden. Philipp täte daher gut daran, sich ganz auf seine Barone und auf die Ritter zu verlassen, damit diese einen Kampf führten, der, da er kein Zweikampf sei, niemals – wie immer er ausgehen mochte – als endgültiges Gottesurteil erscheinen würde. Auf diese Weise wäre die Begegnung nichts anderes als eine beliebige Phase des Krieges. Zweifellos würde man dabei Federn lassen, aber man würde nicht alles verlieren. Am besten, der König zöge sich in die Burg Lens zurück, wo er in Sicherheit wäre. Wie dem auch sei – der Kriegsrat des Königs beschloß, den Rückzug fortzusetzen. Aus List und Tücke, wie die *Vita Odiliae* behauptet, um den Gegner auf ein bestimmtes Gelände zu locken? »Zur Ehre des heiligen Sonntages«, in der Absicht, die Schlacht auf den nächsten Morgen zu verschieben, wie der Anonymus von Béthune sagt? Oder weil Philipp, »sehr weise«, wie es in dem Bericht aus Marchiennes heißt, sein Heer in Gefahr glaubte und ein Blutvergießen »umsichtig und besonnen« vermeiden wollte? Dieser letzte Grund dürfte wohl der entscheidendste gewesen sein: Die Brücke von Bouvines war in Reichweite, und auf einem ebenen Platz jenseits der Brücke hatten die Troßknechte, wie am Vortag geplant, mit dem Aufbau der Zelte begonnen. Also setzt das königliche Heer sich schleunigst wieder in Bewegung. Der größte Teil hat den Fluß bereits überschritten. Erschöpft legt Philipp – er ist nicht mehr der Jüngste – eine kurze Pause im Schatten ein, entledigt sich der Rüstung und macht es sich bequem; das Marschquartier ist nicht mehr fern; er stärkt sich, tunkt ein Stück Brot in seinen Wein.

Genau in diesem Moment stellt sich heraus, daß die Feinde »die Schlacht unter keinen Umständen auf den nächsten Tag verschieben wollen«. Bruder Garin läßt die Zügel schießen, um die Nachricht zu überbringen. Unterdessen haben die Handgreiflichkeiten schon begonnen, die Nachhut wird von den Gegnern bedrängt: Sie hält stand, ist dem Ansturm aber kaum gewachsen. Der Herzog von Burgund ruft nach Verstärkung. Unmöglich, sich der Situation zu entziehen: Philipp kann den Rückzug nicht »ohne Schande«

fortsetzen. Er muß »seine Hoffnung in den Herrn setzen«. Also legt er die Rüstung wieder an und begibt sich, bevor er irgend etwas anderes tut, in die nahegelegene Kirche. Die Vorsehung will es, daß diese Kirche ausgerechnet dem Heiligen Petrus geweiht ist, dem Schutzpatron Roms, dessen Nachfolger der Papst ist, für den die Franzosen gewissermaßen mitkämpfen. Im Gotteshaus spricht der König ein Gebet. Ein kurzes Gebet, sagt der Anonymus; »zerknirschten Herzens«, ergänzt die *Relatio Marchianensis*, und die *Flandria generosa* fügt »ganz in Tränen aufgelöst« hinzu. Eine Fortsetzung des Rückzugs kommt nicht mehr in Frage. Otto, der überrascht zur Kenntnis nimmt, daß das gehetzte Wild sich der Meute stellen will, soll von dem Grafen von Boulogne – so berichtet ein flandrischer Chronist – die Antwort bekommen haben: »Die Leute aus Frankreich fliehen nie; sie pflegen in der Schlacht entweder zu sterben oder zu siegen.« In Wirklichkeit waren die Leute aus Frankreich keineswegs an Schlachten gewöhnt. Aber sie galten als die besten Turnierkämpfer der Welt. Wie auch immer, der Krieg ist in dem Augenblick zu Ende, in dem König Philipp sein Heer aufruft, sich zu versammeln. Die Schlacht beginnt.

Ab sofort gibt es keine überstürzte Eile mehr, keine Aufregung und kein Durcheinander. Es kehrt Ruhe ein. Ein gemessenes Vorspiel, die notwendige Vorbereitung für den ordentlichen Ablauf der Zeremonie. Das »Schlachtfeld« ist bereits definiert: Die großen landwirtschaftlichen Nutzflächen von Cysoing. Von Angesicht zu Angesicht, mit geringem Abstand, so daß man sich gut sehen kann, aber doch weit genug voneinander entfernt, um den Reitern Raum für einen kräftigen Galopp zu geben, stellen die beiden Heere sich über eine dreitausend Schritt lange Front in der unvermeidlich dreigeteilten Ordnung auf: Hier wie dort drei »Treffen«, drei »Schlachthaufen«, »zu Ehren der göttlichen Dreifaltigkeit«, fügt die *Vita Odiliae* erklärend hinzu. Im Zentrum, auf dem wichtigsten Platz der schachbrettartigen Konfiguration, haben die beiden Heerführer ihre *statio*, ihr *hôtel* errichtet; für sie ist der Moment gekommen, ihr Zeichen, ihr Emblem zu hissen. Die Oriflamme befindet sich weit vorn, mit dem Troß an der Spitze des Zuges; sie wird schnellstens zurückgerufen. Im anderen Lager, auf einem ähnlichen Wagen wie die Mailänder ihn erobert hatten, erhebt sich der Reichsadler mit jenem Drachen, den Wilhelm Brito als offenkundiges Symbol der gegnerischen Bösartigkeit sieht. »Lange waren beide Seiten still und machten sich bereit.«

Alsdann hält Philipp August seine rituelle Ansprache. Die Worte werden von den Zeugen unterschiedlich wiedergegeben. Wilhelm Brito sagt, die Rede sei kurz gewesen: Der König habe sich lediglich den Händen Gottes überantwortet und an die Exkommunikation erinnert, die das andere Lager belaste – das Lager des Geldes, der Verfolger der heiligen Kirche, der Unterdrücker der Armen. Keine Spur von hochmütigem Stolz: »Auch wir sind

Sünder«, sagt der König, aber wenigstens sind wir eins mit den Prälaten, deren Freiheiten wir schützen; also werden wir siegen. Die *Flandria generosa* berichtet ungefähr das gleiche: Man kann dem König nicht vorwerfen, er hätte die Vorschriften des Gottesfriedens verletzt; die Schlacht findet gegen seinen Willen an einem Sonntag statt, an jenem Tag, auf den das Interdikt abzielt, auf den sich alles konzentriert, was vom Gottesfrieden übriggeblieben ist. Der Papst hat Otto exkommuniziert; der Graf von Boulogne ist ein Verräter und ebenfalls exkommuniziert; der Graf von Flandern hat sich der Felonie schuldig gemacht und ist eidbrüchig geworden. Kein Grund zur Unruhe also: Die Feinde sind ohnehin verurteilt. Ihre Verbrechen werden sie dem König von Frankreich in die Hände fallen lassen oder sie zur wilden Flucht zwingen. Im übrigen soll Philipp August die Absicht bekräftigt haben, alles aufs Spiel zu setzen, sogar sein eigenes Leben, keinesfalls zu fliehen, bis zum letzten Mann auf dem Schlachtfeld zu bleiben, um entweder zu siegen oder zu sterben. Wie ein zweiter Roland.

In der *Vita Odiliae* spiegelt die Rede weniger Selbstsicherheit wider: Wenn der Rückzug über die Brücke nicht fortgesetzt wird, so nur, weil er unmöglich geworden ist. Man ist gezwungen, sich »für die Krone von Frankreich« zu schlagen. Möge ein jeder seine Angst überwinden, jene Furcht, die angesichts eines so gefährlichen Feindes als etwas ganz Natürliches erscheint. So schwach man auch sein mag, kann man doch auf den Sieg hoffen, denn Gott schenkt ihn denen, die er liebt. Denken wir zur Sicherheit an den Heiligen Lambert von Lüttich: Alle haben gesehen, wie er seine Diözese im Vorjahr auf wunderbare Weise von den Barbaren befreite. Dem Chronisten von Marchiennes zufolge hat Philipp »demütig, bescheiden und (abermals) mit Tränen in den Augen« hauptsächlich an den Sinn für das Familiengeschlecht appelliert und die adligen Männer des Heeres aufgerufen, sich ihrer Ahnen zu erinnern, die nie vor einem Feind gewichen sind, und standhaft zu bleiben, um ihrem Familienbesitz unwiderrufliche Schäden zu ersparen. Im Anschluß an diese Erklärung, heißt es weiter, habe der Gesalbte des Herrn die rechte Hand erhoben und in priesterlicher Haltung genau wie Christus auf den Tympanons der Kathedralen den Segen des Himmels über alle seine Leute gerufen – nicht ohne sie zu ermahnen, fügt die flandrische Genealogie hinzu, sie möchten ihre Sündenschuld bekennen, um den Sieg zu begünstigen.

All diese Gesten bezeichnen den Eintritt in die Phase der Heiligkeit. Dann plötzlich, in der glühenden Mittagshitze, wird die ernsthafte Feierlichkeit des Schweigens durchbrochen. Hinter dem König von Frankreich heben zwei Geistliche mit lauter Stimme an, Psalmen zu singen – genau wie beim Gottesdienst. Sie singen während der ganzen Schlacht, nur gelegentlich von bewegten Schluchzern unterbrochen, manchmal auch von einem Stoßgebet: Möge Gott nicht vergessen, daß seine Kirche nur einen Beschützer hat, Philipp August, während Otto die Kirche zugrunde richtet und Johann Ohneland sie beraubt. Die Person des Herrschers und die Krone, um die es bei der Auseinandersetzung geht, sind gleichsam eingebettet in den aufsteigenden Gesang der alten Lieder Israels an den Gott der himmlischen Heerscharen. Lauter Psalmen, und gut ausgewählt. Psalm 144: »Gelobt sei der Herr, mein Fels, der meine Hände kämpfen lehrt und meine Fäuste, Krieg zu führen... Der du den Königen Sieg gibst und erlösest deinen Knecht David.« Psalm 68: »Gott steht auf; so werden seine Feinde zerstreut, und die ihn hassen, fliehen vor ihm. Wie Rauch verweht, so verwehen sie... Zerstreue die Völker, die gerne Krieg führen.« Psalm 21: »Herr, der König freut sich deiner Kraft, und wie fröhlich ist er über deine Hilfe! Du erfüllst ihm seines Herzens Wunsch und verweigerst nicht, was sein Mund bittet... Sie gedachten, dir Übles zu tun, und machten Anschläge, die sie nicht ausführen konnten...« Begleitet von diesen Liedern der Hoffnung beginnt der Zweikampf im Getöse lautstarker Beschimpfungen und schallender Hörner.

Lanzenkampf der Ritter
Relief an der Kathedrale von Angoulême, um 1130

Der Sieg

Auch wenn sie – wie die meisten von ihnen – Männer des Gebets sind, präsentieren die Verfasser der Berichte die Schlacht unter einem besonderen Blickwinkel, im Lichte einer von den Kriegern bestimmten Ideologie. Nicht nur, daß sie die Ritter glanzvoll in den Vordergrund stellen, sondern sie versuchen obendrein, alle Verhaltensweisen, die mit den Vorschriften einer aus den Turnieren hervorgegangenen Ethik in Konflikt geraten könnten, zu verschleiern. Tatsächlich beginnt für den Anonymus von Béthune, sobald der Krieg zu Ende ist, ein edles und loyales Spiel, absolut bewundernswert, dessen Feinheiten alle Kenner zu schätzen wissen – ein »trefflicher Schachzug«, verdienstvoll, der höchsten Belohnungen würdig: »Alle Edelmänner, die zugegen waren, bezeugten, daß sie einen so guten Turnierkampf nie gesehen hatten.« Man spricht von Bouvines wie von einem Turnier. Die ausführlichsten Schilderungen beschreiben nichts als bemerkenswerte Waffengefechte, besondere Leistungen. Im Grunde sind alle schriftlichen Spuren des Ereignisses vom 27. Juli 1214 Bestandteil einer Literatur der sportlichen Wettkämpfe, bestimmt für das leidenschaftliche Publikum der *aficionados;* sie feiern Rekorde und bejubeln Stars, indem sie versuchen – und darin steckt die ganze Kunst der Reportage –, die Meisterkämpfer zu isolieren, sie aus dem verwirrenden Gewühl herauszulösen, in dem sie während der wirklichen Schlacht dank der Überschneidung von tausend nebensächlichen und glanzlosen Gesten untergegangen sind.

Die Gesetze dieser Literaturgattung erklären die Art und Weise, wie die Kirchenmänner, die für das Spiel gerüstet waren und nicht tatenlos zugesehen haben, in den Texten dargestellt werden. Namentlich die beiden Bischöfe. Eigentlich hätten sie sich zu Kampfgelüsten nicht hinreißen lassen dürfen, zumal sie dem Lager der Weißen angehörten. Trotzdem haben sie aktiv an einer wesentlichen Phase der Begegnung teilgenommen, und beide haben einen entscheidenden Punkt gemacht, denn beide haben einen bedeutenden Gefangenen aufzuweisen: Rainald von Boulogne ergab sich dem »Erwählten« Garin von Senlis, und Johann von Salisbury fiel dem Bischof Philipp von Beauvais in die Hände. Solche Heldentaten lassen sich nicht verschweigen. Dennoch halten die Berichterstatter es für angebracht, sich in Hinsicht auf diese Amateurkämpfer vorsichtig und zurückhaltend zu äußern, mit Rücksicht auf die Regeln des guten Anstandes. Für Garin gilt der mildernde

Umstand, daß er erst »erwählt« ist. Wilhelm Brito hebt es nachdrücklich hervor: Daß Garin noch nicht mit dem heiligen Chrisam gesalbt worden ist, entschuldigt ihn gewissermaßen für seine Anwesenheit. Desgleichen die Tatsache, daß er dem Templerorden angehört: Die Templer sind eifrige Krieger. Obendrein wird klargestellt, »daß er nicht da ist, um zu kämpfen«, und daß er sich so beträgt, wie es sich für den *orator*, den Prediger und Lehrmeister des Volkes, geziemt: Wenn Bruder Garin sich mitten im lebhaften Gefecht aufhält, so nur, um die Ritter zu ermahnen (wie Bischof Odo, der Bruder Wilhelms des Eroberers, den man auf den Teppichen von Bayeux in einer vergleichbaren Situation sieht), um den Inhalt der königlichen Ansprache zu verbreiten, um jeden einzelnen aufzurufen, sich gut zu verteidigen, mannhaft für Gott, die Kirche und das Volk zu kämpfen. Was nun den Bischof von Beauvais betrifft, so weist Wilhelm Brito in der *Philippide* eigens darauf hin, daß er ganz zufällig auf dem Schlachtfeld war und ganz zufällig eine Keule in der Hand hatte.

Während die Chronisten bestimmten Männern, die zwar nicht der Kategorie der professionellen Spieler angehören, aber über die Tugenden und die sportlichen Kapazitäten der Ritterschaft verfügen, einen herausragenden Platz einräumen, erwähnen sie die meisten Kämpfer mit keinem Wort. Soweit es sich um das Fußvolk handelt, ist dieses Schweigen reine Verachtung. Gewiß, die Fußknechte sind nützliche Werkzeuge, aber doch weniger kostbar und einer rücksichtsvollen Behandlung weniger würdig als etwa gute Pferde; manchmal stören sie auch, behindern das Durchkommen; dann räumt man sie einfach aus dem Weg; man tritt sie in den Boden, wie man es mit den Stümpfen zerbrochener Lanzen tut. Ihre Art der Waffenführung verdient jedenfalls nicht die Aufmerksamkeit derer, die einen guten Geschmack beweisen: Sie hat etwas Abstoßendes, sie läßt Blut fließen. Und wenn gelegentlich doch ein Lichtstrahl auf einen dieser niedrigen Statisten fällt, so nur, weil er ein gutes Kontrastmittel ist, um die edlen Heldentaten richtig zur Geltung zu bringen. Ein Beispiel dafür ist jener Bursche, der dem gestürzten Rainald von Dammartin nach Art eines Metzgerlehrlings mit dem Messer das Gesicht verstümmeln, den Unterleib zerstechen wollte. Wie ein Wolf sich in den Schafstall schleicht, war er in den »Park« eingedrungen, in den Wall, den eine Gruppe von Rittern rings um den unglücklichen Helden – ihren Feind zwar, aber ihren Bruder in der Tapferkeit – gebildet hatte, um ihn vor dem unwürdigen Zorn der gemeinen Wüstlinge, vor dem Proletariat des Krieges zu schützen. Aber die Schlachtberichte vernachlässigen nicht nur das Fußvolk; auch die meisten Ritter bleiben im Schatten, denn auch sie sind größtenteils Statisten, und eine gute Sportreportage zeichnet sich dadurch aus, daß sie den Kennern nur die denkwürdigen Schläge brillant vor Augen führt, die entscheidenden Schläge, die den Wert der Meisterkämpfer ausmachen. Abgesehen von einigen Outsidern, einfachen Mitspielern, die dem Publikum der Amateure an diesem Tag durch eine ungewöhnliche Heldentat bekanntgeworden sind und die sich nun dank ihrer plötzlichen Berühmtheit zu einem höheren Preis verdingen können, sind die einzigen Akteure, die deutlich in Erscheinung treten und von denen man annehmen könnte, sie hätten die Schlacht ganz allein geschlagen, ein paar »hochgestellte Männer«, jene Anführer, deren Punktzahl allen bekannt ist, die ihr Banner in zahlreichen Vergnügungskämpfen zur Schau gestellt haben. Auf ihnen haften alle Blicke: Werden sie dem Ruf, der ihnen vorauseilt, auf diesem Gelände gerecht werden?

Im aufwirbelnden Staub der Hundstage, so dicht, daß man sich gegenseitig kaum erkennt, mit Helmen gerüstet, unter denen sich die Hitze staut, die den Schädel dröhnen und den Schweiß von der Stirn in die Augen rinnen läßt, wollen diese Spieler der ersten Kategorie nur gegen ihresgleichen kämpfen. Bruder Garin, ein Experte der effizienten Kriegführung, wie man sie im Heiligen Land gegen die Ungläubigen einzusetzen pflegt, eröffnet die Feindseligkeiten, indem er einen Elitetrupp von zweihundertfünfzig berittenen Knechten gegen den flandrischen Haufen stürmen läßt. Sie sind die ersten, die er ins Ungewisse schickt. Ihr Wert ist in der Tat nicht der höchste, und es ist nicht so schlimm, das Leben dieser Männer zu vergeuden. Ihr Ansturm, ein Handstreich zur Eröffnung der Partie, wird jedenfalls die Ränge der gegnerischen Ritterschaft auseinanderreißen. Die flandrischen Meisterkämpfer sind empört über diese Taktik. Sie schäumen vor Wut: Mit solchen Leuten liefert man sich kein Gefecht. Also rühren sie sich nicht vom Fleck; sie warten, harren in der Ferne aus und schlagen kräftig zu, versuchen, die Pferde zu töten, die Anstürmenden zu vernichten. Schonungslos: Denn wenn der Gegner kein Adliger ist, verbieten die guten Sitten nicht, ihn zu töten. Doch die Angreifer sind gut gewappnet: Nur zwei der berittenen Knechte lassen bei dem Ansturm ihr Leben. Stärker als die grimmige Wut, die sich der Flandrer bemächtigt, stärker als die Begierde, in den Besitz der nicht gerade wertlosen Rüstungen zu kommen, hat der Sinn für die ritterliche Würde ihre Kampfeslust gebremst: Sie wollen nicht den Anschein erwecken, daß sie sich auf einen echten Kampf mit Männern minderwertigen Blutes eingelassen hätten.

In der Tat werden die großen Kämpfer von Bouvines – genau wie bei einem gelungenen Turnier – so dargestellt, als träumten sie nur vom Ruhm; als sei es ihr schönstes Ziel, »so viel Waffengefechte zu liefern, daß man von hier bis Syrien darüber spricht«. Die Ausrufe, die ihnen von den Berichterstattern in den Mund gelegt werden, beschwören nur profane Werte: Man möge sich der Ahnen erinnern und den Damen Höflichkeit erweisen. Die Heldentat gilt der Ehre des Familiengeschlechts und dem Ruhm des Hauses, sie ist der auserwählten Partnerin bei den Vergnügungen des Liebesspiels gewidmet. Und alle legen größten Wert darauf, daß ihre Tapferkeit gesehen wird. Ein jeder hofft, daß es ihm gelingt, »auf freiem Feld« zu kämpfen, außerhalb des Getümmels, wo alles Licht auf ihn fällt, und möglichst in der schwierigsten Disziplin, die auch die edelste ist, dem Lanzenbrechen zu Pferde. Denn die aufsehenerregenden Waffengefechte sind solche, bei denen ein bestimmter Gegner, der zu den berühmtesten Kämpfern zählt, aus dem Sattel gehoben und zu Boden geworfen wird. Derjenige freilich, der bei diesem Schlagabtausch versagt, der sich niedermachen läßt, hat die Schmach auf seiner Seite. Mit dem Sturz verliert er seinen »Preis« – es sei denn, er läßt die Szene unverzüglich in Vergessenheit geraten, indem er meisterhaft in einem anderen Gefecht brilliert. So erklärt sich die Rage des Herzogs von Burgund, der, zu Boden gestürzt, völlig außer sich nach einem anderen Pferd schreit: Es drängt ihn, seine Schmach schnellstens zu rächen. Trotzdem muß er in der Lage sein, das Spiel mit Überlegenheit zu führen und seinen wilden Eifer so weit zu beherrschen, daß er sich an die Regeln hält. Namentlich an das Gebot, den adligen Partner nicht zu töten, außer – freilich nur in einer Schlacht und um das Gottesurteil noch effektvoller zu machen – wenn es sich um den König des gegnerischen Lagers handelt. Als Eustach von Machelen am Anfang der Schlacht zu schreien beginnt: »Tod den Franzosen!« sind alle angewidert, die ihn hören, empört über solch ungebührliches Verhalten. Die Ritter der Picardie greifen den Flegel und bringen ihn auf der Stelle um. Neben Stephan von Longchamp, der versehentlich durch das Augenloch des Helms von einem Messer getroffen wurde, ist er der einzige Ritter, von dem berichtet wird, daß er auf dem Schlachtfeld von Bouvines den Tod fand. Alle übrigen Leichen stellte das niedere Volk.

In der Tat, die Hauptpersonen sterben nicht. Sie spielen gut und ehrenhaft. Sogar die Bösesten. Sogar der Graf von Boulogne. Wie es heißt, hatte er bei den Reliquien geschworen, daß er bis zum König vordringen und ihn töten werde. Und wahrhaftig kam er ganz in seine Nähe. Doch als er des Königs Antlitz sah, packte ihn eine Ehrfurcht, die stärker war als sein böser Wille. Gerade noch rechtzeitig erinnerte er sich an die Helden der *Chansons de Geste*, an die Schande, von der sich nie wieder reinwäscht, wer Hand an seinen Herrn gelegt, an den Mann, der diese Hand einst in die seine nahm und dem er feierlich gelobt hatte, ihm nie einen Schaden zuzufügen, weder am Leib noch an den Gliedern. Obendrein war es – auch dessen wurde der Graf von Boulogne sich rechtzeitig bewußt – eine geheiligte Person, die sich da vor ihm erhob, in Reichweite seiner Waffen. Das gab ihm den letzten Anstoß, sich vom König abzuwenden und seine Wut an einem alten Feind, Robert von Dreux, auszulassen. Eine derart respektvolle Achtung des Lehnseides und der Vasallenmoral ist Grund genug, alles andere zu verzeihen. Ein deutliches Beispiel liefert das Verhalten Philipp Augusts, der Arnulf von Audenarde die Ehre erweist, ihn auf freien Fuß zu setzen. Als daraufhin der Herzog von Burgund dem König vorwirft, eine so schöne Beute einfach fahrenzulassen, antwortet Philipp August: »Bei der Lanze des Heiligen Jakob, das weiß ich wohl; aber dieser Mann hat den Krieg nie geliebt (er ist ein Mann des Friedens, das heißt ein Gottesmann); stets hat er seinem Herrn von Kämpfen abgeraten, und er hat dem König von England nie huldigen wollen, als die anderen es taten (er ist kein ›Überläufer‹); und wenn er mir geschadet hat, um seinem Herrn treu zu dienen, kann ich ihm solches nicht verübeln.«

In den Augen des Anonymus von Béthune beschränkt sich das Handgemenge von Bouvines auf glanzvolle Reitergefechte ohne Tötungsabsicht, auf ein Spiel des wechselseitigen Schlagabtausches mit Schwertern und Degen, dem sich einige brillante, für kurze Zeit allein in der Arena auftretende Helden hingeben. Das Ganze stellt sich als ein Wettkampf dar, bei dem jeder träumt, den ersten Preis davonzutragen, weil seine Reitkünste denen der anderen überlegen sind, weil er durch die gegnerischen »Haufen« hindurchsprengen und die Reiter des anderen Lagers einen nach dem anderen aus dem Sattel heben wird, ohne gegen die Spielregeln zu verstoßen und ohne fremde Hilfe. Der Anonymus liefert uns gewissermaßen die Liste der Preisträger dieses Wettbewerbs. Unter anderem rühmt er den Kastellan Arnulf, der sich ins Getümmel stürzte, indem er den gemeinen Trupp der berittenen Knechte einfach überrannte, bis zu den Rittern vordrang, einen von ihnen als Zielscheibe nahm, ihn ohne Anhalten zu Boden warf, mitgerissen vom Schwung des Ansturmes weitergaloppierte und »wohlbehalten zu seinen Leuten zurückkehrte, wofür er sehr gelobt wurde«. Die größte Bewunderung sämtlicher Berichterstatter gilt nicht den mutigen, sondern den verwegenen, den tollkühnen Helden der besten Turniere. Wohlwissend, was hinter seinem Rücken geredet wurde und daß man ihn des doppelten Spiels verdächtigte, wollte Walter, der Graf von Saint-Pol, seine Ehre verteidigen, seine Loyalität beweisen und darum vor aller Augen die höchste Tapferkeit entfalten. Das ganze Heer wurde Zeuge, wie er als erster vorpreschte, den Gewinn offen mißachtend, jegliche Beute vernachlässigend, und sich bedenkenlos der schlimmsten Gefahr aussetzte, sich bis zur Atemlosigkeit ereiferte, erschöpft zurückkehrte und sich erneut ins Getümmel stürzte, um einen Freund zu retten, wobei er, wenn schon nicht den Tod, so doch zumindest die Gefangenschaft und den Ruin riskierte. Dabei war er kein »Junger« mehr, wie etwa der Graf von Bar, der sich ebenfalls zur Maßlosigkeit hinreißen ließ, indem er sich mitten unter die *Routiers*, die todbringenden Söldner wagte, was ihn leicht die Haut hätte kosten können. Damit sein Wert in Lobliedern besungen wird, kämpft der Ritter, dessen Pferd auf der Strecke bleibt, trotz der schweren Rüstung zu Fuß weiter, und wenn alle Waffen zerbrochen sind, schlägt er sich mit bloßer Körperkraft und hämmert, wie der Graf von Ponthieu, mit den Fäusten auf den Harnisch seines Gegners ein. Wie bei den gerichtlichen Zweikämpfen – nur eben um des Ruhmes willen.

Die Chronisten von Bouvines erzählen ihrem leidenschaftlich begeisterten Publikum nichts als eine Abfolge von Gefechten, bei denen sich je zwei Ritter gegenüberstehen. Schäumend vor Wut hat der Herzog von Burgund – ein zweiter Ajax – den Waffenrock des berühmtesten Turnierkämpfers, Wilhelm des Barres, angelegt; derart verkleidet stürzt er sich auf einen anderen Meisterkämpfer der Turniere, den Herrn von Audenarde. Dieser wirft sich in die Brust: Der Held der größten Wettkämpfe hat ihn zum Partner erwählt. Zwischen den beiden entbrennt ein Gefecht, so spannend, daß die anderen Kämpfer – wenn man den Schilderungen glauben darf – ihren eigenen Streit vergessen und sich im Kreis versammeln. Die Schlachtberichte sind alle im Stil der *Ilias* verfaßt. Man sieht die Großen dieser Welt im ehrenhaften Kampf, Mann gegen Mann, ihre Kräfte messen.

Doch der goldene Mantel, den die Ideologie der Turniere über das Schlachtfeld wirft, kann gewisse Aspekte einer weniger glanzvollen Realität nicht vollständig verdecken. Vor allem nicht die Unzuverlässigkeit der vielgerühmten Treue, die alle Herzen hätte wappnen müssen. Die Schlacht, verstanden als liturgische Feierlichkeit, verlangte auf beiden Seiten einen bruchlosen Zusammenhalt, eine unbedingte Einmütigkeit, die hier weit notwendiger war als im Krieg. Man erwartete, daß jede gesegnete, von Sünden freigesprochene Körperschaft der Krieger absolut gereinigt war, ohne einen Rest Falschheit, daß sie im Gleichklang erbebte, wie beim getragenen Sprechgesang der benediktinischen Psalmodien. Aber die Wirklichkeit sieht anders aus. Trotz neuerlicher und verstärkter Mahnungen, wie die Verbündeten sie sich gegenseitig in den Mund legen, spürt man die Wankelmütigkeit auf Schritt und Tritt, und zwar in beiden Lagern, auch in dem des Guten. Denn im Grunde ist jede Partei durch die widersprüchlichen Pflichten, denen die meisten ausgesetzt sind, von innen her zerrissen. Fast alle Krieger erkennen innerhalb der Gruppe, die ihnen gegenübersteht, die Farben ihres Vaters, ihres Schwiegervaters, ihres Bruders, ihres Vetters oder irgendeines Mannes, den sie früher einmal als ihren Lehnsherrn anerkannt haben – lauter Personen, denen sie dienen und die sie von Natur aus lieben müßten; gegen die sie jedenfalls nicht kämpfen dürften. Auch gewahrt man allenthalben im Tumult plötzliche Rückzugsmanöver, ausholende, aber mitten im Schwung wieder heruntersinkende Arme, sich anbahnende Gespräche. Und überall spürt man das Mißtrauen, das die Haufen bis ins Innerste durchdringt: Jenen Verdacht, den der Graf von Saint-Pol unter den Seinen vermutet und den er um jeden Preis ausräumen will, indem er Bruder Garin mit lauter Stimme zuruft, er werde den Beweis für seine Treue liefern, was er dann auch tut, indem er sein Leben aufs Spiel setzt.

Aber nicht alle sind wie er. Manche geben nach. So etwa der Herzog von Brabant, der zum großen Schaden der Verbündeten mitten im Kampf entflieht. Und beim Waffengebrauch herrscht keineswegs vollkommene Redlichkeit. Es hagelt verbotene Schläge. Sogar der treffliche Ritter Arnulf von Audenarde bedient sich eines Messers, dieses gemeinen, hinterhältigen Kampfinstruments, mit dem er auf die Helmspalten des angreifenden Herzogs Odo von Burgund zielt, weil er diesen mit Wilhelm des Barres verwechselt. Es sei hinzugefügt, daß alle Ritter bei weitem nicht so mutig sind, wie man es ihnen nachsagt. In der Schlacht gehen die meisten ebenso vorsichtig zu Werke wie im Krieg und versuchen in erster Linie, sich möglichst schadlos zu halten. Es gibt auch welche, die vor Angst zittern, die sich hinter den anderen verbergen. Bruder Garin kennt sie genau, und bei der Auslese, die er vornimmt, ehe das Spiel eröffnet wird, stellt er die Feiglinge vorsichtshalber in die zweite Reihe. Hier ist Aufmerksamkeit geboten, man darf sich vom äußeren Schein nicht täuschen lassen: Johann von Nesle ist groß und stark, schön wie der heilige Georg; und doch hat er Angst; solange die Schlacht tobt, legt er sich wohlweislich mit keinem der Gegner an; aber dann, als alles vorbei ist, taucht er wieder auf, um Nachlese zu halten, um die Brosamen des Ruhms zu ernten und denjenigen, die den Grafen von Boulogne gefangen haben, ihre Beute streitig zu machen – wie ein Felddieb und mit frischer Kraft. Tatsächlich bekommt er, was er haben will, denn er ist der größere Herr und er ist ausgeruht. Nun darf man darüber nicht vergessen, daß in diesem Moment schon mehrere Ritter um die wertvolle Beute zanken, die natürlich auch nicht von ihnen, sondern von den berittenen und unberittenen Knechten, den Jagdhunden des Krieges, gehetzt und schließlich gestellt worden ist. Am Ende gehört sie dem, der sie mit Gewalt an sich reißt und in seinen alleinigen Besitz bringt.

Denn in Wirklichkeit läßt das Streben nach Ruhm die Gewinnsucht längst nicht so abflauen, wie die Chronisten es glauben machen möchten. Jede Mannschaft betreibt ihre eigene Jagd, jeder Trupp stellt dem Wild, das er aufstöbert, nach und beschäftigt sich hauptsächlich damit, es einzufangen. Gewiß wird die Begehrlichkeit gebremst durch eine kollektive Disziplin, die ohne Zweifel weniger schlaff ist, als die Historiker oft angenommen haben; gewiß wird sie auch eingedämmt durch das klare Bewußtsein, daß es etwas Ernstes ist, was an diesem Tag passiert. Aber man spürt, daß die Raublust wieder ausbrechen wird, sobald die Zügel sich ein wenig lokkern. Hier wie dort haben sämtliche Ritter – genau wie beim Turnier – die Absicht, reicher zurückzukehren, als sie gekommen sind, und alles mitzunehmen, dessen sie habhaft werden können. Im Laufe des Gefechts bahnen sich Geschäfte an, Verhandlungen zwischen Siegern und Besiegten über das Lösegeld. Jeder Gefangene, der gute Garantien bietet, kann erreichen, daß sein »Herr« ihn auf sein Ehrenwort freiläßt, daß er in der gleichen Weise, wie es bei Turnieren mitten im Gefecht geschieht, wieder in den Sattel steigen und das Spiel fortsetzen darf. Solange das Getümmel dauert, hat er dann die Chance, seinerseits einen Gefangenen zu machen und den Verlust zu kompensieren. Oder aber er treibt Bargeld auf, bittet einen Freund um Hilfe. Nach Aussagen des Anonymus, der hier sehr gut informiert ist, zog Robert von Béthune sich so aus der Affäre: Nachdem er in Gefangenschaft geraten war, »gab er einem Ritter, genannt Flandrer von Crêpelaine, so viel in die Hand, daß dieser ihn freiließ und ihn in Sicherheit brachte«.

Ein etwas beschämender Kleinhandel verbirgt sich unter dem schillernden Deckmantel der Heldenhaftigkeit. Die Schlacht endet in einer wilden Beutejagd. Damit diese nicht ausufert, läßt Philipp August zum Sammeln blasen und verbietet, die Flüchtenden über mehr als eine Meile zu verfolgen – aber der Anonymus von Béthune hat gesehen, daß die Jagd sich über ein Gebiet von mehr als zwei Wegstunden erstreckte. Der König fürchtete in der Tat, daß seine reichen Gefangenen nach Einbruch der Nacht entkommen oder von ihren Gefährten befreit werden könnten. Er selbst hatte fette Beute gemacht, und jetzt, wo das Gottesurteil gefällt war, dachte er nur noch daran, sie in sichere Verwahrung zu bringen. Schließlich – und dies verdient unsere Aufmerksamkeit – nehmen die Zweikämpfe in der wirklichen Schlacht einen äußerst bescheidenen Platz ein. J. F. Verbruggen, der alle Spuren des Ereignisses gesichtet hat, beschreibt sie als gelegentliche Ausbrüche, Eruptionen der Unvorsichtigkeit und der »Jugend«, die sich schnell wieder legen, aufgefangen durch eine Rückkehr zur Vorsicht, der höchsten aller Tugenden. In dem Bericht Wilhelm Britos fand Verbruggen nur fünf Zweikämpfe gegenüber fünfzehn herausragenden Gefechten, bei denen die Bannerführer, die Oberhäupter der Mannschaften, klüger gehandelt und sorgfältig darauf geachtet hatten, sich nicht aus dem schützenden Haufen zu begeben, der sie vor der schlimmsten Gefahr bewahrte. In Bouvines hat es Zweikämpfe kaum gegeben, und ein wahrer Zweikampf fand an diesem Tag ohnehin nur zwischen den beiden Königen statt.

Gemeinsam mit dem Grafen von Flandern und dem Grafen von Boulogne hatte Otto feierlich geschworen, ein einziges Ziel zu verfolgen: sich Philipp zu nähern und nicht mehr von ihm abzulassen, ihn herauszufordern, ihn zum Kampf zu zwingen, Mann gegen Mann, und ihn schließlich zu töten. Auf dem Schachbrett standen die beiden Hauptfiguren sich dann gegenüber, beide verteidigt von ebenso zahlreichen wie verachtungswürdigen »Bauern«, den Fußknechten, und – hinter dieser leicht angreifbaren Vorhut – von einer sehr viel festeren Hülle aus Reitern. Gleich nach Eröffnung des Spiels rückte das Feld der Schwarzen vor, so daß die Fronten aufeinandertrafen: Otto griff an, wie er es geschworen hatte. Sein Fußvolk, übermannt vom *furor Teutonicus*, zweifellos besser bewaffnet als die Kommunalmilizen aus der Picardie und dem Soissonnais, schlug sich erfolgreich bis zum König von Frankreich durch, umringte ihn und stieß ihn vom Pferd. Zu Boden geworfen hätte Philipp August leicht von den Messern dieser Handwerker des Kampfes getötet werden, leicht hätte er an den Schlägen der unadligen Kriegsgesellen, die der Kaiser für sich arbeiten ließ, zugrunde gehen können. Aber die Hand Gottes schützte ihn, und es schützte ihn auch seine Rüstung, die beste von allen, denn er war der Reichste. Er hielt stand, sprang wieder in den Sattel und holte zum Gegenschlag aus. Doch edel, wie er war, setzte der Kapetinger keine Fußknechte ein. Es waren Ritter, die er für sich handeln ließ, Waffengefährten, die seinem Hause angehörten: Seine Schar, jene Einheit, die für seine eigene Person stand. Erst jetzt begann der reguläre Zweikampf, aber nicht zwischen zwei Individuen, sondern zwischen zwei »Bannern«, zwei Schlachthaufen, zwei durch eine kollektive Aufgabe zusammengeschweißte Körperschaften. Die Mitstreiter des Königs von Frankreich stürzten sich auf Ottos Schar. Der Waghalsigste, Peter Mauvoisin, drang bis zum Kaiser vor, und es gelang ihm sogar, dessen Pferd beim Zügel zu fassen. Doch Gerhard La Truie, der ihm folgte, erkannte sogleich, daß man diese wunderbare und denkbar schönste Beute nicht lebend würde bergen können. Man mußte sie niedermachen. Er hob seine Hand – die in Wahrheit die Hand Philipp Augusts war – und stieß den Dolch gegen Ottos Harnisch. Der aber, ebenso gut wie die Rüstung des Kapetingers, ließ sich nicht durchbohren; doch immerhin wurde das kaiserliche Streitroß tödlich getroffen. Otto befreite sich und ergriff die Flucht. Dreimal wurde er zu Boden geworfen, dreimal stand er wieder auf. Die Ältesten, die Weisesten der königlichen Schar, Wilhelm von Garlande und Bartholomäus von Roye, beschlossen, ihm nicht nachzusetzen. Eine Verfolgung wäre Anmaßung gewesen. Offenbar hatte Gott nicht gewollt, daß es dem Kaiser ans Leben ging, und es würde ihn erzürnen, wenn man ihn nötigte. Er könnte Rache üben, eine neue, schicksalhafte Wendung beschließen. Jedermann weiß, wie hart er die Hoffärtigen bestraft. Otto hat das Feld spornstreichs verlassen. Das genügt: Das Urteil ist gesprochen. Die Schlacht ist aus. In der *Relatio Marchianensis* heißt es, sie habe nur eine Stunde gedauert. Wilhelm Brito spricht zutreffender von drei Stunden.

Gott hat alles gemacht, er, der »die Pläne der Fürsten vereitelt«. Eine Zeitlang hat er die Entfesselung des Bösen, die Bedrohung der Guten durch die Bösen geduldet. Diese Frist hat er den Verfluchten zugestanden, um ihnen Zeit zu geben, ihre Sünden zu bereuen. Sie aber haben den Aufschub nicht genutzt. Und da sie starrsinnig sind, zermalmt er sie, er züchtigt sie, indem er die Schwächeren mit seiner Kraft bewaffnet. Wunderbarerweise hat er die letzteren erwählt, seine Rache auszuführen. Wer wird sich rächen? Gott allein. An denen, die ihm die Stirn geboten haben, indem sie in gemeinster Weise seinen Frieden brachen. An den Gottlosen, den Frevlern, den Wölfen im Schafspelz, die es gewagt haben, das Zeichen des Kreuzes auf ihre Kleider zu nähen. Diese Toren haben die Verbote mißachtet, vor denen

Gott Respekt verlangt. Sie haben ihren Krieg beschmutzt, indem sie Geld ins Spiel brachten und Söldner bezahlten, den Abschaum der Menschheit, die Pestilenz, die von der Kirche gebannten Handlanger des Teufels. Sie haben sich erfrecht, die sonntägliche Waffenruhe – ein hartnäckiges Residuum der Friedensenklaven, mit dem die Konzilien des 11. Jahrhunderts den Lauf der Jahreszeiten wie mit lauter heiligen Inseln durchsetzt hatten – zu brechen. Der Stolz hat sie blind gemacht. In Wirklichkeit waren die Würfel schon am Tag vor der Schlacht in dem von Otto einberufenen Kriegsrat gefallen. Die Weisen, die darauf hingewiesen hatten, welche Risiken man eingeht, wenn man die Tabus mißachtet, waren von törichten Eiferern überstimmt worden. Von den »Jungen«, die sich für Ebenbilder Rolands hielten, die Tapferkeit aber nur im Munde führten, ja deren Mut schamlose Maßlosigkeit war. Man dürfe die Schlacht nicht auf den nächsten Tag verschieben, hatten sie geschrien, man müsse sofort gegen das Heer der Alten stürmen. Die *Historia regum Francorum*, die mit dem Jahr 1214 endet und in Saint-Germain-des-Prés geschrieben wurde, sagt deutlich genug, was dem feindlichen Lager den Anstoß gab, die Schlacht zu riskieren: »Prinz Ludwig hatte die ganze Jugend der Gallier bei sich, und König Philipp verfügte nur noch über kraftlose Ritter, die das Mannesalter bereits überschritten hatten.« Man wird sie einfach über den Haufen rennen, diese verknöcherten, untauglichen Verräter, die keine Spur besser sind als Ganelon. Tatsächlich geraten sie – wie der Graf von Saint-Pol – schnell außer Atem. Aber das heißt nicht viel: Ihre Seele ist gepanzert, mit Vorsicht und mit Gottesfurcht. Diesmal spielen die jungen Rolande die Rolle der Verräter. Dank ihrer Maßlosigkeit haben sie den Frieden des Herrn gebrochen: Das ist der Hauptgrund ihrer Niederlage. So denken alle, namentlich diejenigen, die – wie der Autor des *Chanson de Guillaume le Maréchal* – den Franzosen nicht gewogen sind, die sich wütend über den Triumph ereifern. Die meisten Chroniken heben es hervor: Der 27. Juli 1214 fiel auf einen Sonntag.

Aber die Verbündeten wurden auch besiegt, weil sie abtrünnig waren – und aus eben diesem Grunde ist Michelet von ihnen angetan. Johann Ohneland und Otto reagierten auf die Sanktionen, die der Papst voller Zorn gegen sie verhängt hatte – die Bannflüche, die Exkommunikationen, die Interdikte – mit Angriffen auf die römische Kirche, indem sie deren schwächsten Punkt zu treffen suchten; das brachte ihnen sogleich die Unterstützung einer mächtigen, in der lateinischen Christenheit weit verbreiteten Protestbewegung ein. Die wirklichen Katharer – hat es je viele gegeben? – waren keine Christen; die Lehre, zu der sie sich bekannten, verneinte die grundlegenden Positionen des Christentums. Wenn dennoch so viele Männer und Frauen ihnen Gehör schenkten, so nur, weil das Gesicht der Kirche den Leuten nicht mehr gefiel. Und dieser Widerwille gegen die Prälaten, die sich allzu bequem in den Annehmlichkeiten der Welt eingenistet hatten, gegen die feisten

Kanoniker, die predigten, man müsse mager sein, um ins Himmelreich zu kommen, die allen Ausgebeuteten empfahlen, die Hände ihres Grundherrn zu küssen, sämtliche Abgaben willig zu leisten und die Welt unter Lobpreisung Gottes mit dem täglichen Schweiß ihres Angesichts von Adams Sündenfall reinzuwaschen, der Widerwille gegen all die Heuchler, die Anbeter der Heiligen Maria Magdalena, die in Wirklichkeit von weiblichen Reizen träumten, die lüstern waren vom Charme der Törichten Jungfrauen, aber trotzdem mit gesenktem Blick verkündeten, das ritterliche Fest sei sündhaft, die Welt sei schlecht, die Jugend dürfe sich weder der Liebe noch dem Krieg hingeben und die Reichen seien gehalten, all ihr Geld denen zu überlassen, die beten, singen, fressen, trinken, Unzucht treiben und nichts mit ihren Händen tun – das ganze Gespött gegen die Templer, die man für Sodomiten hielt und deren großes Geschick bei der Verwaltung der ihnen anvertrauten Kapitalien allgemein bekannt war –, dieser Unmut, der sogar den Reinsten der Kirche galt, den Zisterziensermönchen, die sich um der Kasteiung des Fleisches willen in die Tiefe der Wälder zurückzogen, die man nur auf den Märkten zu sehen bekam, und zwar stets als diejenigen, die im Handel oder bei Versteigerungen besser abschnitten als irgend jemand sonst, die soviel Geld hatten, daß sie den anderen die guten Geschäfte vor der Nase wegschnappten – diese ganze teils bittere, teils ironische Empörung beschränkte sich keineswegs auf das Frankreich der Albigenser. Sie brodelte überall.

Sie stützte sich, das muß man wohl sagen, auf eine genauere Lektüre des Evangeliums. Die neuen Ansprüche gegenüber den Kirchenmännern zeugen in der Tat von einer größeren Reife des Laienvolks, das damals aus der Kulturlosigkeit erwachte, sich von den Kniefällen erhob und anfing zu glauben, daß man das Seelenheil durch eine Gabe des Herzens, nicht aber durch die unterwürfige Befolgung vorgeschriebener Riten erlangt. Wer immer den kirchlichen Strukturen den Kampf ansagte, wer immer behauptete, es gebe zu viele Geistliche und man könne seine Seele retten, ohne diesen Männern sein ganzes Geld zu opfern, wurde mit Sicherheit gehört. Und genau das war es, was Otto sagte, was Johann Ohneland vor der Aufhebung seiner Exkommunikation gesagt hatte. Beide wandten sich mit ihrer Meinung gegen Innozenz III., ihren gemeinsamen Feind. Der Kanoniker aus Lüttich, der die *Vita Odiliae* schrieb, legt dem Kaiser am Vorabend von Bouvines folgende Rede in den Mund: »Wozu all die Leute, die beten? Die meisten dienen ohnehin nicht Gott; schicken wir sie wieder an die Arbeit. Mögen je zwei Geistliche in den kleinen und ihrer viere in den großen Kirchen bleiben. Das ist reichlich genug. Und von diesem Rest dürfen wir wohl verlangen, daß er, wie es sich geziemt, in wahrer Armut lebt. Dann können wir uns die Reichtümer der Kirche teilen.«

Wilhelm Brito greift diese Rede in der *Philippide* auf, gibt sie aber, um den Kaiser noch hassenswerter zu machen, viel ausführlicher wieder: »Was nun die Kleriker und die Mönche betrifft, die Philipp so sehr rühmt, die er verwöhnt, beschützt und glühenden Herzens verteidigt, so müssen wir sie entweder umbringen oder aus dem Land verjagen, um ihre Anzahl auf wenige zu reduzieren und ihre Einnahmen gleichermaßen zu mindern, denn der geringe Ertrag der Opferbringungen sollte für ihren Unterhalt genügen. Mögen die Ritter – die, sei es kämpfend, sei es durch die Sicherung des Friedens, für das öffentliche Wohl sorgen, die dem Volk und dem Klerus Ruhe verschaffen – den Boden der Geistlichen besitzen und den großen Zehnt einnehmen. (Das entspricht dem Denken der fortgeschrittenen Avantgarde des Christentums, es ist das Argument all derer, die – im gleichen Sinn, wie der Heilige Dominikus und Franz von Assisi sich kürzlich geäußert hatten – der Meinung waren, daß die Kirche der häretischen Unruhen und der städtischen Volksmassen nur dann wieder Herr würde, wenn sie bereit wäre, den grundherrlichen Reichtümern zu entsagen und in Reinheit und bitterer Armut zu leben, das heißt wenn sie bereit wäre, Christus wirklich in aller Demut nachzufolgen. Der Unterschied besteht nur darin, daß die Rede des Kaisers der Aufrechterhaltung der sozialen Ordnung dient und daß die Reichtümer der Kirche hier nicht an die Armen, die Proletarier, sondern sehr wohl an den Adel verteilt werden sollen.) Wahrlich, an dem Tage, da der Heilige Vater mich zum Kaiser erhob, habe ich ein Gesetz verkündet, das ich schriftlich niederlegen ließ und das, so mein Wille, in der ganzen Welt streng geachtet werden sollte. Es schrieb vor, daß die Kirchen nur den kleinen Zehnt und den Ertrag der Opfergaben besitzen dürfen und daß sie uns die Ländereien überlassen müssen, damit wir für die Lebensnotwendigkeiten des Volkes und für den Sold der Ritter sorgen. (Gebet dem Kaiser, was des Kaisers ist, und Gott, was Gottes ist.) Die Geistlichen aber wollen mir nicht gehorchen, sie mißachten das Dekret. Bin ich da nicht gezwungen, meine strafende Hand gegen sie zu erheben? Habe ich nicht das Recht, ihnen den großen Zehnt und die Grundherrschaften abzunehmen? Kann ich der Gesetzgebung von Karl Martell, der den Klerikern ihren Grundbesitz ließ, nicht ein Gesetz hinzufügen? Er hat ihnen den Zehnt genommen. Kann ich ihnen nicht ebensogut die Böden entziehen – ich, der ich Gesetze erlassen und das Recht ändern darf, ich, der ich allein die ganze Welt beherrsche? (Wilhelm Brito läßt hier die Maßlosigkeit dessen sprechen, der dem Kapetinger das Erbe Karls des Großen streitig macht und eine dem König von Frankreich übergeordnete Souveränität beansprucht.) Sollte es mir nicht erlaubt sein, den Klerus durch ein solches Gesetz zu bändigen, bis er sich mit dem begnügt, was ihm gegeben wird, und mit den Erstlingen der Ernte? Bis er endlich lernt, sich bescheidener und weniger hoffärtig zu geben? Wieviel nützlicher und wirksamer wird die Kirche erst sein, wenn ich die Gerechtigkeit derart wiederhergestellt habe! Mögen die dienstfertigen Ritter all die fruchtbaren Felder, die von Köstlichkeiten und Reichtümern überströmenden Böden besitzen, nicht aber das faule Volk der Geistlichen, das nur dazu geboren ist, Getreide zu verschlingen, das sich im Müßiggang dahinschleppt und im Schatten verdorrt; nicht diese nutzlosen Geschöpfe, deren einzige Beschäftigung darin besteht, daß sie Bacchus und Venus frönen, die aus Gefräßigkeit und aus Lasterhaftigkeit an den Gliedern immer feister werden und am Bauch einen dicken Wanst ansetzen!«

Tatsächlich trafen auf dem Schlachtfeld von Bouvines zwei Konzeptionen des kirchlichen Lebens aufeinander. Man darf wohl annehmen, daß Ottos Rede und die Äußerungen seiner Leute inhaltlich von der Situation geprägt waren, daß ein bestimmtes Interesse dahinterstand. Trotzdem scheint die Ansprache ganz vom Geist der Kirchenreform beseelt. Sie wirkte überzeugend. Auch im anderen Lager war es ein handfestes Interesse, das Philipp August veranlaßte, den Kaiser zu bekämpfen und den Papst zu unterstützen. Dennoch trat der König von Frankreich in ernst zu nehmender Weise als Verteidiger der herrschenden Ordnung auf. Sein Heer bestand aus alten, weisen, umsichtigen Männern; schon durch die ordentliche Aufstellung zeugte es von Regelmäßigkeit, von Konservatismus. Es präsentierte sich als Schutzwall der Tradition; es wollte mit aller Kraft ein System der Welt und der sozialen Beziehungen erhalten, dessen unwandelbare Achse der König von Gottes Gnaden war, der außer Gott niemandem Rechenschaft schuldete. Um seine Person scharten sich in der Tat die drei zu wechselseitigen Diensten verpflichteten »Ordnungen«, eine jede an dem ihr gebührenden Platz der Hierarchie. Auf dem Schlachtfeld wie im Leben: Zu Füßen des Königs die Arbeiter, das Aufgebot der Kommunen. Über seinem Haupt die Kaplane, Spender des liturgischen Gesangs, denen man gerechterweise zugestehen muß, daß sie sich ganz ihrem Beruf widmen und daß sie folglich – damit sie die Psalmen gut singen – im Überfluß von den Gewinnen einer Grundherrschaft leben; neben ihm schließlich die Krieger, die seinen rächenden Arm stützen. Ein harmonisches Gebäude zur Abwehr eines umstürzlerischen Unternehmens, das nur zum Chaos führen kann, da es sich den Geboten des Schöpfers widersetzt. Gott ist kein Freund der Anfechtung. Man kann auf seinen Willen zählen, wenn es darum geht, die gesellschaftliche Ordnung zu verteidigen. Mit seiner Hilfe hat Simon von Montfort die Albigenser niedergeworfen, mit seiner Hilfe hat er den Inquisitoren einen Weg bahnen und den Scheiterhaufen von Montségur vorbereiten können. Mit seiner Hilfe wird Philipp über Otto siegen, dessen sogenannte Reform die Pfarrer an den Bettelstab bringen würde. Die Zauberei der Spanierin, der alten Gräfin von Flandern, wird gegen den König nichts ausrichten. Mag er auch vom Pferd fallen, Gott wird ihn zum Sieg erheben.

Schon nach kurzer Zeit, in der schwülen Hitze des Nachmittags, wird dem Intrigenspiel ein Ende gesetzt. »Zum Lobe und Ruhme Seiner Majestät und zur Ehre der Heiligen Kirche.« Zum Ruhm der Majestät des Königs der drei Ordnungen. Zur Ehre einer besitzenden, totalitären und repressiven Kirche. Sobald die Entscheidung gefallen ist, vollendet Philipp die Rache Gottes. Er reinigt das Schlachtfeld. Nachdem die feindlichen Haufen es in wilder Flucht verlassen haben, bleibt nur noch ein hartnäckiges Krebsgeschwür: Die Rotte der siebenhundert Brabanzonen, die den Grafen Rainald von Dammartin geschützt hatten, als er zwischen zwei Angriffsstürmen eine Atempause brauchte. Von dieser Seuche muß die Welt schnellstens befreit werden. Der König von Frankreich läßt die Männer liquidieren, indem er Thomas von Saint-Valery mit seinen fünfzig Reitern und seinen zweitausend Fußknechten gegen sie in den Kampf schickt. Die Rächer überstehen das Gefecht ohne den geringsten Schaden: Beim Appell fehlt nur ein einziger; man wähnt ihn tot, aber er heilt von seinen Verletzungen. Ein Wunder ist geschehen. Gewöhnlich lassen die fest geschlossenen Söldnertrupps sich in der Tat nicht so leicht niedermachen. Wieder hat Gott geholfen. Er ist es auch, der Philipp Milde einflößt, der ihn zur Freigebigkeit gegen die gefangengenommenen Ritter bewegt. Von Rechts wegen hätte er sie sterben lassen können: Der Gedanke der Monarchie ist lange genug herangereift, um dem König zu erlauben, sich – wenn auch ohne volle Überzeugung – auf das Delikt der Majestätsbeleidigung zu berufen. Philipp August aber schenkt ihnen das Leben – sogar Rainald von Dammartin, dem bösen Verräter. Der Herr ist barmherzig. Und nach seinem Ebenbild muß sein Statthalter nicht nur furchtbar gegen die Hoffärtigen sein, er ist es sich auch schuldig, diejenigen, die sich in Demut unterwerfen, großherzig zu behandeln.

Sobald der teuflische Teil des besiegten Heeres ausgerottet scheint, sobald die vom Geld irregeleiteten Krieger ihr Haupt gesenkt haben, bricht eine Ära der Heiterkeit an. Genau wie 1127 in Flandern, wo es nach der Hinrichtung der Mörder Karls des Guten heißt: »Die Kalamitäten dieser Zeit sind nun vorüber, und mit den zauberhaften Reizen des Monats Mai bringt Gottes Gnade auch die Wohltaten des Friedens wieder und versetzt die Erde in ihren alten Zustand.« Die Wirkungen der Schlacht sind unverzüglich spürbar. Harmonie kehrt in die Welt zurück. König Philipp kann sein Alter in Ruhe beschließen. »Seither wagte niemand mehr, ihn zu einem Krieg herauszufordern, und so lebte er in großem Frieden, und die ganze Erde war in großem Frieden, für lange Zeit.« Der Anonymus von Béthune sagt die Wahrheit. Obwohl die Herrschaft Philipp Augusts noch acht Jahre währt, haben auch die *Chroniken von Saint-Denis* nach dem Bericht über Bouvines außer Sonnen- oder Mondfinsternissen nichts Nennenswertes mehr zu erzählen. Das Ereignis ist wie ein Donnerschlag, der dem lärmenden Getümmel ein plötzliches Ende setzt und wieder Ruhe einkehren läßt. Im Glück schwelgend hat das Königreich keine Geschichte mehr – bis zum Tod Philipps »des Eroberers«, bis der Trauerzug seiner sterblichen Hülle das letzte Geleit zu den merowingischen Gräbern gibt.

Fast ohne Übergang folgt dem Schlachtbericht die Lobrede auf den Verstorbenen: »Im Jahre 1223 nach Christi Geburt starb Philipp, der gute König, in der Burg von Mantes: Ein wahrhaft weiser König, edel in der Tugend, groß in den Taten, strahlend im Ansehen, ruhmreich in der Regierung, siegreich in der Schlacht. Er mehrte und vervielfachte das Königreich Frankreich auf wunderbare Weise, er unterstützte die Grundherrschaft und er bewahrte tugendhaft sowohl das Recht als auch den Adel der Krone von Frankreich. Er besiegte und er überwand manch mächtigen und edlen Fürst, der sich ihm und dem Königreich widersetzte. Stets war er der Heiligen Kirche ein Schild gegen alles Mißgeschick. Und er verteidigte die Kirche Saint-Denis en France vor allen anderen, er hütete sie wie seine eigene Kammer mit besonderer Liebe, und durch fromme Stiftungen bewies er viele Male die große Zuneigung, die er zeitlebens für die Märtyrer und für ihre Kirche empfand. Seit den ersten Tagen seiner Jugend war er ein eifersüchtiger Liebhaber des christlichen Glaubens gewesen; er nahm das Zeichen des Heiligen Kreuzes, an das Christus geschlagen ward, und nähte es sich an die Schultern, um das Heilige Grab zu befreien, und litt Mühe und Arbeit um der Liebe Unseres Herrn willen. Jenseits des Meeres zog er mit großem Kriegsheer gegen die Feinde des Kreuzes, und er plagte sich aufrichtig und mit aller Kraft, bis die Stadt Akkon eingenommen war. Und nachdem das Alter ihn geschwächt und entkräftet hatte, verschonte er nicht seinen eigenen Sohn, sondern schickte ihn zweimal mit großem Kriegsheer in das Gebiet von Albi, damit er der Abtrünnigkeit des einheimischen Volkes ein Ende bereite. Im Leben wie im Tode gab er große Summen Geldes, um die guten Söhne der Heiligen Kirche im Kampf gegen die ketzerischen Albigenser zu unterstützen. An verschiedenen Orten säte er reichlich Almosen unter die Armen. Sein Leichnam ruht in der Kirche Saint-Denis en France, dem Ort der Königsgräber und der Kaiserkrönungen, würdevoll und ehrenhaft, wie es einem solchen Fürsten gebührt.«

Im gleichen Moment, in dem Gott die Legitimität Philipp Augusts bestätigte und dessen Feinde allseits fliehen ließ, in dem er Otto die Schmach einer vollständigen Niederlage antat und ihn dazu verdammte, einsam durch die Welt zu irren, von einer Zuflucht zur anderen, ehe er ruhmlos starb, während der Himmel es zuließ, daß »die deutsche Sprache fürderhin von den Welschen verachtet wurde«, bestrafte der Ewige Gott auch Johann Ohneland, indem er ihn zwang, sich vor dem Heer des Thronfolgers Ludwig aus dem Staub zu machen, die Belagerung von La Roche-aux-Moines aufzuheben und sich spornstreichs an die Küste zurückzuziehen. Als die Barone des Poitou von dem französischen Sieg über Flandern erfuhren, ließen sie dem Kapetinger Botschaften überbringen, um ihm ihre Treue zu versichern. Philipp aber traute den »Überläufern« des Südens nicht. Mit dem gleichen Heer, das in Bouvines gekämpft hatte und das seine Müdigkeit nicht spürte, rückte er gegen sie vor, zeigte seine Kraft und überzeugte die Aquitanier, daß er sich nicht mit Worten abspeisen ließ. Der Feldzug verlief reibungslos, wie damals, im Mâconnais – eine Art Spazierritt mit gelegentlichen Unterbrechungen, um hier und dort ein Palaver abzuhalten. Auch in diesen Gegenden war der Krieg zu Ende, und zwar für lange Zeit. Das Gefolge des Herrschers glich weniger einem Heer als einem wandernden Gerichtshof, der bei jeder Etappe Verhandlungen führte, der unterwegs für Recht und Ordnung sorgte, der Huldigungen und Versprechungen entgegennahm, der sich Geiseln überstellen ließ, allenthalben für die Wiederherstellung gerechter Verhältnisse sorgte und zum Abschluß seiner Mission mehrere Gesandte Johann Ohnelands empfing, unter ihnen den unvermeidlichen Legat des Papstes. Wie Wilhelm Brito sagt, hätte der König von Frankreich seinen Trumpf gut ein zweites Mal ausspielen und auch den anderen König, der sein Recht anfocht, in einer Schlacht zum Zweikampf herausfordern können. Immerhin hatte er zweitausend Ritter bei sich. Doch Philipp war fromm und führte den Herrn, seinen Gott, nicht in Versuchung: Er ließ sich auf Verhandlungen ein. Ein Waffenstillstand wurde geschlossen – kein Frieden, sondern nur eine fünfjährige Unterbrechung des Krieges. Fünf Jahre lang sollten alle Streitigkeiten in »Sitzungen« beigelegt werden, und die Ritter sollten sich von ihren Gerichtsstühlen nur erheben, um die steifgewordenen Glieder bei Turnieren aufzulockern.

Zuvor hatte Philipp August seinen Triumph gefeiert: in Paris, wie es sich gehörte, in seiner Stadt, dem Kronjuwel, zu dessen Schutz er gerade unter großem Kostenaufwand eine Befestigungsmauer hatte errichten lassen. Seit dem Ersten Weltkrieg kommt der Siegeszug, der mit den gefangenen, in Fesseln geschlagenen und auf Karren geladenen Grafen von Bouvines aufbrach, in allen französischen Schulbüchern vor. Wilhelm Brito schildert ihn als idyllische Verbindung zwischen der Macht und dem Volk der Armen. Am Abend eines Erntetages krönt er die erschöpften, sonnengegerbten und ausgezehrten Bauern mit Blumen. Ihre Freudentänze säumen den Wegesrand. In dem hellerleuchteten Paris bietet sich ein erbauliches Schauspiel: Der einmütige Jubel, der die drei »Ordnungen« endlich versöhnt, hat die Klassenkämpfe zum Schweigen gebracht und eine gottgefällige Eintracht hergestellt. Die Ritter haben ihre Funktion als Rächer des Herrn großartig erfüllt; der Klerus und das Volk, die Intellektuellen der Universität und die Handwerksleute – das heißt die Kirche und die »Armen« – empfangen vereint das Heer jener Krieger, die sie durch Tapferkeit und unverbrüchliche Treue vom Bösen befreit haben; die Männer des Gebets, die Kanoniker, die Magister und Scholaren singen Loblieder, wie sie es gewöhnlich tun; und auch die Bürger singen, auf ihre Weise. Sieben Feiertage hintereinander. Eine einzige Liturgie, die sonntags beginnt und sich über die ganze Woche erstreckt. Eine kollektive Inkantation, ein Chor, ein ritueller Tanz auf den wiedergefundenen Frieden. In dieser Zeremonie spielt jeder seine Rolle, jeder hat seinen Platz, der ihm zugewiesen ist und den er vor allem nicht verlassen darf: Gott und der König halten aufmerksam die Wacht.

Es ist ein Fest der königlichen Ordnung, die in diesem Sieg ihre Rechtfertigung gefunden hat. Bouvines legitimiert alles: den opulenten Reichtum und die Faulheit einer aufgeblähten Kirche ebenso wie die grundherrliche Unterdrückung zugunsten derer, die ein Schwert am Gürtel tragen. Vor allem aber das »politische« Vorgehen Philipps, das einer Rechtfertigung noch dringender bedarf: seine Eroberungen, seine Gaunereien, seine Intrigen gegen Richard Löwenherz, der als Kreuzfahrer gefangengenommen wurde, die Enteignung König Johanns, die Vertreibung der Juden. Über Bouvines schwebt ein ganzes Bündel evidenter Zeichen. Otto ist geflohen, von der Bildfläche verschwunden. Die kaiserlichen Embleme liegen zerbrochen am Boden, neben dem Wagen, der sie in den Himmel ragen ließ. Von dem Drachen, dem Symbol der Schlechtigkeit, ist nichts übriggeblieben. Den goldenen Adler hat Philipp einem anderen überbringen lassen, demjenigen, den der Papst für den guten Kaiser hält: Friedrich II. Diese Geste zeigt den König von Frankreich als Schiedsrichter, der über die Kaiserwürde verfügt. Wer könnte seinen Anspruch auf die volle Souveränität jetzt noch in Frage stellen? Es hat sich bestätigt, daß er allein der Erbe Karls des Großen ist, der Führer aller Christen. Im ganzen Königreich wird es niemand mehr wagen, sich gegen ihn zu erheben. Alle eidbrüchigen Lehnsmänner sind eingesperrt.

Auch der unerhörte Beutewert macht Bouvines zu einem Ereignis, wie man es nie zuvor erlebt hat. Nie waren mit einem Mal so viele und so hochwertige Gefangene ins Netz gegangen. Am 28. September 1198 war es Richard Löwenherz bei Courcelles gelungen, neunzig französische Ritter und zweihundert Pferde, darunter einhundertvierzig mit Panzerdecken, in seine Gewalt zu bringen. Berauscht von dem unglaublichen Erfolg, erzählte er frohlockend aller Welt von seiner wunderbaren Beute. Die Beute von Bouvines ist unvergleichlich schöner. Die Inschrift auf dem Torbogen von Arras nennt – ebenso wie mehrere Chronisten – eine Zahl von dreihundert adligen Gefangenen. Die niedrigste Schätzung, die in den Siegesberichten auftaucht, beläuft sich auf hundertdreißig. Im übrigen sind uns präzise Spuren erhalten, da Philipp die eroberten und auf mehrere Schatzkammern verteilten Reichtümer minutiös auflisten ließ. Seine Beute lag ihm am Herzen. Nachdem deutlich geworden war, daß Otto mit seinen Leuten die Flucht ergriff, hatte er an nichts anderes mehr gedacht. Unentwegt wachte er über die Reichtümer, die ihm zugefallen waren, indem er sie, um jedem Verlust vorzubeugen, mit einem ganzen Netz von Bürgschaften und Sicherheiten umgab. Das in den ersten Augusttagen angelegte »Verzeichnis der Gefangenen« zählt hundertzehn Ritter auf, die mit den Kippwagen der Kommunen nach Paris gebracht worden waren, sechzehn weitere, die der Obhut französischer Barone unterstanden, und drei, die man Beamten des Königs anvertraut hatte. Doch diese Liste ist bei weitem nicht vollständig. Ein guter Teil der Fracht war unterwegs an den verschiedenen Halteplätzen abgeladen worden. Insgesamt war die Schar der Gefangenen eine riesige Summe Geldes wert.

Doch nicht alles war einklagbar, und der König erwartete nicht den ganzen Gewinn für sich allein – nicht im entferntesten. Er war lediglich der Unternehmer einer kollektiven Aktion, und so mußte er zuerst seine Mitarbeiter bezahlen, die Jäger, die das Wild zur Strecke gebracht hatten. Dann wurden bestimmte Personen gegen Freunde ausgetauscht, die der Feind in seinen Kerkern gefangenhielt. Einen weiteren Teil der Beute verteilte der König freigebig an seine Verwandten und alle, die ihm nahestanden. Auch den Rest der Lösegelder trieb er nicht vollständig ein. Sein Interesse gebot, die gefährlichsten Rebellen unschädlich zu machen. Die eingefleischten Verräter, die Rückfälligen, wurden zu lebenslanger Haft verurteilt. So etwa Rainald von Dammartin, von dem der König in Bapaume hörte oder sich sagen ließ, er sei schon wieder im Begriff, ein Komplott gegen ihn zu schmieden. Trotzdem blieben noch allerhand Gefangene übrig, von denen viele einen hohen Preis wert waren. Elf Grafen und mehrere Dutzend Bannerführer. Für den Geringsten unter ihnen konnte man hoffen, mindestens tausend Pfund oder zweihundertvierzigtausend Silberlinge herauszuschlagen. Der König selbst kehrte von dem herrlichen Turnier, das Bouvines unter anderem gewesen war, so reich zurück wie vor ihm kein anderer König von Frankreich. Reich und obendrein in einer Position, die ihm erlaubte, zu diskutieren, Verhandlungen zu führen – wie er es beispielsweise mit der Gräfin von Flandern tat – und auch die widerspenstigsten Fürstentümer eine lange Zeit zu bändigen. Gelobt sei Gott: Er läßt die im Wohlstand leben, die ihm treue Dienste tun. Durch den Sieg, den er Philipp August schenkte, hat er die kapetingische Monarchie im wahrsten und umfassendsten Sinne des Wortes geheiligt. Dem kleinen Ludwig, Philipps Enkelsohn, einem Baby von gerade erst drei Monaten, ist die Heiligkeit bereits verheißen.

LEGENDENBILDUNGEN

Die Entstehung des Mythos

Unbestreitbar hatte das Ereignis vom Sonntag, dem 27. Juli 1214, ganz erhebliche Bedeutung: Es war die erste »Feldschlacht«, die ein König von Frankreich seit einem Jahrhundert riskierte – nicht ohne Zögern, ja man kann wohl sagen, wider Willen. Der erste Sieg, den ein kapetingischer König errang. Seit Menschengedenken war keine Entscheidung so eindeutig, keine Beute so prächtig, keine Bestätigung der Legitimität eines Rechts so überwältigend gewesen. Nach Bouvines kann die gewaltige Ausdehnung der Krondomäne durch nichts mehr in Frage gestellt werden. Nichts kann die Baillis mehr hindern, die unterworfenen Provinzen gründlichst auszubeuten und beispielsweise »den ganzen Boden Flanderns, der an Ludwig gefallen war, so zu knechten, daß diejenigen, die davon hörten, sich verwunderten, wie man solches erleiden und erdulden konnte«. Im gesamten Königreich war kein Fürstentum mehr in der Lage, sich widerspenstig zu gebärden. Bouvines hatte unmittelbare Folgen: Ottos Niederlage führte auf direktem Wege zum Triumph Friedrichs II. und den lorbeerbekränzten Statuen an den Toren von Capua, während Johann Ohneland sich nach seinem Mißerfolg den waffenschwingenden englischen Baronen in der Ebene von Runnymead stellen mußte. Nach der Schlacht bei Navas de Tolosa und nach Muret legte Bouvines das Schicksal sämtlicher Staaten Europas für mehrere Jahrhunderte fest.

Daß die Bedeutung des Ereignisses am Hof des Königs von Frankreich und im Umkreis des Schlachtfeldes sogleich erkannt wurde, geht nicht nur aus den fünf von mir benutzten Berichten hervor, sondern auch aus der Tatsache, daß Wilhelm Britos Bericht unverzüglich in das von der Abtei Saint-Denis betreute Werk der offiziellen Geschichtsschreibung aufgenommen wurde. Es geht auch aus der Notiz hervor, die Königin Ingeborg in ihr Betbuch schrieb. Einen weiteren Beleg liefert die Pariser Kirche Sainte-Catherine vom Val-des-Écoliers, die Ludwig IX. zum Gedenken seines Vaters und seines Großvaters errichten ließ, »um der Freude und um des Sieges willen, den sie an der Brücke von Bouvines über den Feind des Königreichs davontrugen«. Das wichtigste Zeugnis schließlich ist die Abtei der Bruderschaft des Heiligen Viktor, von König Philipp bei Senlis gegründet, um Gott durch diese fromme Schenkung einen Teil der Beute als Opfer darzubringen. Er widmete sie der Siegbringenden Jungfrau Maria und bekundete seinen

Willen, daß in dem Gotteshaus immerwährende Danksagungen gesungen werden sollten. Es war dies das eigentliche Denkmal, die wahre Erinnerungsstätte der Schlacht. In der Landschaft des Valois sind die Ruinen der von Ludwig XI. wiederaufgebauten Kirche noch heute zu besichtigen. Aber auch in ferneren Gegenden machten sich wellenförmige Rückwirkungen des Ereignisses bemerkbar. Wir wollen versuchen, uns anhand der schriftlichen Spuren, die sie hinterlassen haben, ein Bild von diesen Nachklängen zu machen.

Die Hinweise sind zahlreich, da die Schriftkultur des 13. Jahrhunderts das Geschichtliche stark betont. Gewiß, die meisten Erinnerungen an vergangene Zeiten wurden lediglich im Gedächtnis aufbewahrt, und von Generation zu Generation ging ein Teil des dort gelagerten Schatzes verloren, während der Rest, laufenden Veränderungen ausgesetzt, durch die Erzählungen der Alten mündlich weitergegeben wurde. Ein kleiner Teil indes wurde auch schriftlich festgehalten. Die Geschichtsschreibung gehörte in der Tat zur Tradition der religiösen Gemeinschaften, der Klöster und der Kathedralkapitel, und die Aktivität des *scriptorium*, das naturgemäß jeder dieser Einrichtungen angegliedert war, bestand weitgehend darin, historische Ereignisse vor dem Vergessen zu bewahren. Denn zwischen der Funktion des Gebets, zwischen der liturgischen Feier des Ruhmes Gottes und der Komposition eines historischen Werks gibt es enge Verbindungen: Wenn es stimmt, daß Gott seinen Willen durch die erstaunlichen Taten der Menschen manifestiert, daß er durch sie seine Allmacht offenbart und Warnungen kundtut, haben seine Diener wohl die Pflicht, alle diese Zeichen aufmerksam zu sammeln, sie in ihrer zeitlichen Abfolge aneinanderzureihen und sie in die Form eines Berichts zu bringen, der – bruchstückhaft, stockend und rätselhaft – in Zukunft und im Lichte seiner eigenen Fortsetzung kommentiert, ausgelegt und entziffert werden kann, der Stoff für die Meditation der Weisen bietet. Sie werden Ermahnungen darin finden, Beispiele, nützliche Hinweise, um das christliche Volk auf den rechten Weg zu bringen und es zum Seelenheil zu führen. Seit Adam schreitet die Menschheit voran, aber sie strauchelt, sie verirrt sich. Die Geschichte zeigt den Verlauf ihrer Umwege, ihrer Schwankungen, ihrer Berichtigungsversuche: eine kontinuierliche Bewegung. Die Menschwerdung Christi hat auf diese Bewegung keinen Einfluß genommen, sie hat nur eine tiefe Zäsur gesetzt und die Farbe der Zeit verändert: Sie hat ihr die Farbe der Hoffnung gegeben. Seither geht der Fortschritt über zahllose Hindernisse weiter, ein langer Durchzug durch das Rote Meer unter der ständigen Bedrohung des Satans Pharao. So strebt die Christenheit geradeaus, dem Endpunkt, dem Ewigen entgegen, der triumphierenden Wiederkunft Christi, der Parusie, der Wiederauferstehung der Toten, dem Ende der Zeiten, dem Tag, da sämtliche Akteure der menschlichen Geschichte vor dem Jüngsten Gericht erscheinen werden.

Solange der Himmel nicht aufreißt, solange das unerschaffene Licht sich nicht über die Vollendung des sichtbaren Universums ergießt – solange die Geschichte nicht abgeschlossen ist – werden die Menschen freilich nicht imstande sein, die Vergangenheit angemessen zu beurteilen. Doch zur Vorbereitung auf das Ende der Welt, um sich der Vollkommenheit zu nähern, kann es ihnen äußerst nützlich sein, wenn sie über die Taten ihrer Vorgänger nachdenken; wenn sie den schon abgelaufenen Teil der Geschichte nach bestem Vermögen erforschen; wenn sie sich insbesondere mit den Schlachten befassen, in denen Gott lauter und klarer spricht als irgendwo sonst. Derartige Erwägungen erklären die Kontinuität der *Annalen*, in denen die Redakteure nacheinander alle Ereignisse zusammentrugen, die ihnen bemerkenswert erschienen; sie erklären auch die Einarbeitung dieses Materials in *Chroniken* oder – noch ambitionierter – in *Geschichten*, von denen viele mit der Sintflut anfingen. Im 13. Jahrhundert herrschte unter Mönchen und Klerikern immer noch lebhafte Begeisterung für solche Unternehmungen.

Aber auch an den Höfen, an denen der großen wie an denen der kleineren Herren, die sich als Zentren einer langsam sich verweltlichenden Kultur laufend mehrten und immer einflußreicher wurden, interessierte man sich zunehmend für die Geschichte, und man begann auch dort, sie aufzuschreiben. In einer ganz anderen Absicht freilich: An den Höfen ging es um die Glorifizierung eines Geschlechts, einer Dynastie; es ging um die Bildung der Prinzen und die Erziehung der Ritter, um die Festigung einer Macht, einer Moral, eines sozialen Gebäudes. Außerdem mußte die Neugier der Adligen befriedigt werden, denn auch unter ihnen wuchs die Anzahl derer, die lesen konnten, und sie alle ließen sich mit großem Vergnügen über Ereignisse informieren, die sie selbst erlebt hatten oder von denen man sprach, die ihre Gemüter erregten. In den Jahren nach Bouvines wurden in allen Provinzen der Christenheit zahllose Geschichten, Chroniken und Annalen geschrieben – die meisten auf lateinisch, einige aber auch in der Sprache der höfischen Zerstreuungen. Größtenteils sind diese Manuskripte in der Zwischenzeit verlorengegangen. Von denen aber, die uns erhalten sind, liegen viele in einer gelehrten Ausgabe der modernen Geschichtswissenschaft vor. Zweihundertfünfundsiebzig dieser gedruckten Quellen, die bis Ende des 13. Jahrhunderts entweder von Zeitgenossen der Schlacht oder von Autoren der beiden folgenden Generationen geschrieben wurden, sind im vorliegenden Zusammenhang untersucht worden. Die meisten stammen aus den Ländern des Heiligen Römischen Reichs – nicht nur, weil die historische Literatur der damaligen Zeit dort lebhafter gediehen war, sondern auch, weil die deutschen Gelehrten es eiliger hatten, derartige Dokumente zu veröffentlichen. Die Frage ist nun, welches Echo Bouvines in all diesen Berichten über eine damals noch junge Vergangenheit fand.

Die erste wichtige Beobachtung: Eine Spur des Ereignisses taucht überhaupt nur in zweiundneunzig der besagten Geschichtsdarstellungen auf; das heißt, zwei Drittel erwähnen den Tag – einen der *Trente journées qui ont fait la France* – mit keinem Wort. Natürlich fragt man sogleich nach der geographischen Verteilung der Orte, wo die professionellen Schreiber von Chroniken, Geschichten oder Jahrbüchern dem Sieg Philipp Augusts Beachtung schenkten, und wo sie ihn ignorierten: Könnte man nicht durch die Abgrenzung der sensiblen Zonen einerseits und der mehr oder weniger indifferenten Zonen andererseits zu einer tiefen, wahrhaftigen, noch vollständig unbekannten Geographie dessen gelangen, was man als das politische Bewußtsein im damaligen Europa bezeichnen mag? Kein Wunder, wenn dreiunddreißig – das heißt ein Drittel – derjenigen Berichte, die Bouvines feiern, ihren Ursprung in der ehemaligen *Francia* haben, in dem Teil des Königreichs, das sich östlich der Bretagne und nördlich der Loire erstreckt. Es versteht sich von selbst, daß die Schlacht in sämtlichen Quellen der alten kapetingischen Krondomäne eine Rolle spielt. Die zahlreichsten Erwähnungen indes finden sich in der Grafschaft Flandern und Umgebung, in Regionen also, wo die historische Produktion insgesamt reichlicher ausfiel und die, näher bei Bouvines gelegen, von den Auswirkungen der Schlacht direkter betroffen waren. Trotzdem scheint die Aufmerksamkeit hier bereits nachzulassen: Ein Viertel der Chronisten geht über das Ereignis hinweg. In der Normandie liegt der Anteil derer, die Stillschweigen bewahren, bei einem Drittel, während er in der Champagne, in Burgund und in der Touraine auf die Hälfte steigt, obwohl diese Gegenden doch immerhin mit eigenen Kontingenten in dem siegreichen Heer vertreten waren.

Im englischen Königreich hat Bouvines offenbar tiefere Spuren hinterlassen als etwa in Dijon oder in Troyes (weniger tief freilich als die Aufhebung des Interdikts, die das Land ein Jahr zuvor von einem langen Mißstand erlöst hatte): Sechzig Prozent der in unsere Untersuchung einbezogenen englischen Jahrbücher oder Chroniken berichten von der Schlacht. Um die Mitte des Jahrhunderts kompilierte Matthäus Paris im Kloster Saint-Albans eine Geschichte der Engländer; in der abschließenden Übersicht stellte er jene Ereignisse zusammen, die er für die wichtigsten hielt, und er versäumte nicht, Bouvines als eines der Wunder, als eines der wenigen »rühmlichen Geschehnisse« zu nennen, die sich seines Wissens in den vergangenen fünfzig Jahren zugetragen hatten. Jenseits des Kanals gibt es übrigens eine ganze Reihe anerkennender Hinweise auf den Sieg des Königs von Frankreich. Bis hin an die schottischen Grenzen findet sich diese positive Haltung gegenüber Philipp August in sämtlichen Zeugnissen, die aus der Feder zisterziensischer Mönche stammen: Johann Ohneland, der ihre am Wollhandel gut verdienenden Abteien nicht ohne Grund für übermäßig reich erachtete, hatte ihnen Geld geraubt. Schließlich kommt fast ein Drittel aller Äußerungen über die Schlacht aus den Ländern des Reichs. Doch gemessen an der Fülle geschichtlicher Erzählungen, die auf den dortigen Böden gediehen, ist der Anteil der Chronisten, die dem Ereignis von Bouvines einen Platz einräumten, relativ gering. Diejenigen, die eine Erwähnung für nötig hielten, schrieben größtenteils in Lothringen, in jener Region also, die – von Köln bis hin zu den Vogesen – besonders stark zu spüren bekam, wenn sich in Flandern etwas Wichtiges ereignete. Aber selbst hier bleiben viele Quellen stumm: Die Chronik der Herzöge von Brabant, die den unrühmlichen Ausgang der Schlacht bei Steppes nicht verschweigt, geht über die Niederlage von Bouvines hinweg. Alles in allem hat das Schweigen hier keinen geringeren Anteil als in der Normandie: ein Drittel vom Ganzen. Im übrigen befanden sich die Schriftsteller, die das Echo von Bouvines in diesem Teil der Christenheit vernahmen – bis auf einen isolierten Posten im österreichischen Klosterneuburg – fast ausnahmslos in Ottos Heimat Sachsen oder aber in Schwaben und im Elsaß, den Ländern der Staufer. Italien bleibt ausgesprochen gleichgültig. Dennoch stößt man hier auf drei unmittelbare Spuren: eine in Genua, eine zweite im Kloster Monte Cassino, wo alles, was die Macht des Königs von Sizilien betraf – zur damaligen Zeit also die Macht Friedrichs II. –, größte Aufmerksamkeit fand, und die dritte schließlich in einer Geschichte der Kaiser und der Päpste, die allem Anschein nach 1278 in der Toskana geschrieben wurde.

Sonst scheint Bouvines nirgendwo das Interesse derer geweckt zu haben, die sich die Aufgabe gestellt hatten, alle großen Neuigkeiten schriftlich festzuhalten oder Berichte über die Vergangenheit zu kompilieren. Nichts in den skandinavischen Quellen, unter denen immerhin drei auf die Hochzeit zwischen Philipp August und Ingeborg verweisen. In Frankreich selbst kehrt tiefes Schweigen ein, sobald man die Loire überschreitet. Diese ausdrückliche Mißachtung zeigt deutlicher als alles andere, wie unüberwindlich die trennende Mauer war, die sich damals quer durch das Königreich zog. Kein Echo in den Ländern des Jura, den Alpen, der Provence. Eine späte Erwähnung taucht in der Geschichte der Albigenser auf, die wir Wilhelm von Puylaurens verdanken, eine andere in Poitiers, eine dritte in Bordeaux und eine letzte in dem großen katalanischen Kloster Ripoll: Insgesamt bleibt Aquitanien unberührt. Seine Augen sind auf Muret gerichtet, auf die »Sache des Friedens und des Glaubens«, die Simon von Montfort gemeinsam mit den Kreuzfahrern im Namen des Papstes brutal erledigt hatte, indem er die Katharer nach Herzenslust verbrennen ließ. Nehmen wir als Beispiel die Aufzeichnungen des Mönchs Bernhard Itier, zuständig für die Bibliothek des Klosters Saint-Martial in Limoges, einem großen Pilger- und Informationszentrum, das ausgezeichnete Beobachtungsmöglichkeiten bot. Bernhard selbst war ein kluger Mann, der auf den Rändern eines Manuskripts alle Denkwürdigkeiten des laufenden Jahres notierte. Auch 1214 gab es viele Ereignisse, die ihm eine Eintragung wert waren: Er erwähnte den Tod eines

*Die Spuren des Ereignisses
in den europäischen Chroniken des 13. Jahrhunderts*

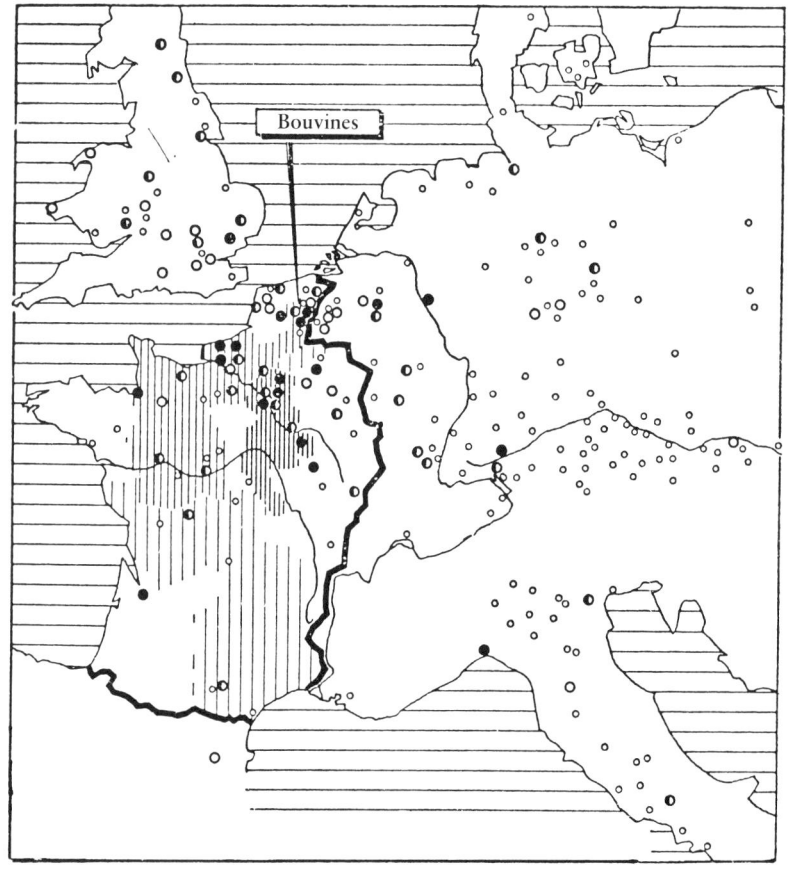

Quellen, verfaßt
● zu Lebzeiten Philip Augusts (bis 1223)
◐ in den Jahren 1223 – 1270
○ nach 1270, bis Anfang des 14. Jahrhunderts
o Quellen, in denen Bouvines unerwähnt bleibt.

⦀ Krondomäne im Jahre 1180
⦀ Annexionen vor Bouvines
⦀ Annexionen vor 1270
▌ Grenzen des Königreichs Frankreich

großen Wohltäters, der dem Kloster viele Dienste erwiesen hatte, den Tod des Bischofs von Poitiers, die Aufnahme eines neuen Bruders, der Bücher für die Ordensgemeinschaft gestiftet hatte, die Qualität der Weinernte, die Streitigkeiten innerhalb der rivalisierenden Kongregation von Grandmont, die Jagd, die im nämlichen Jahr auf Häretiker und Pfandleiher stattgefunden hatte, die Verhandlungen zwischen den Herren des Limousin und Johann Ohneland, eine Kreuzzugspredigt, die Einführung eines neuen Gottesdienstes zu Ehren der Heiligen Jungfrau, das Hinscheiden des Abtes, die Konstruktion eines Stützpfeilers im Klostergang und schließlich den großen Sturm, der am Tag vor dem Fest des Heiligen Andreas Steine aus dem Kirchturm riß. Kein Wort über Bouvines. In einem Europa, das kreuz und quer von Händlern, Turniermannschaften und Pilgern bereist wurde, in dem die Konzilien Prälaten aus aller Welt versammelten, das ständig durchstreift wurde von Horden armer Leute, die den Weg nach Jerusalem suchten, in dem alle möglichen Nachrichten sich von Mühle zu Mühle, von Schenke zu Schenke bis an die vorderste Front der Urbarmachung verbreiteten, konnte das Echo dieser schicksalhaften Schlacht, bei der die vier großen Mächte der Christenheit gekämpft hatten und bei der Gott über ihr künftiges Los entschied, ohne weiteres bis nach Kampanien, bis an die ungarischen Grenzen, bis an die Küsten des gallischen Meeres gelangen – denn manche Ohren, durch ein bestimmtes politisches Verhalten aufmerksam geworden, vernahmen es dort. An den Toren von Orléans oder Chalon-sur-Saône hingegen verhallte es ungehört in den dichten Schwaden der Gleichgültigkeit gegenüber allem, was von seiten der »Franzosen«, dieser geringgeschätzten Fremden, kommen mochte. Sogar wenige Meilen von den Feldern Cysoings entfernt blieben manche taub: Die Chronik eines nahe bei Dünkirchen gelegenen Klosters hat von dem Krieg des Jahres 1214 nur eine einzige Episode festgehalten: die Verwüstungen, die Ferrand, der Graf von Flandern, auf den Böden Arnolds von Guines anrichtete.

Fünfundsiebzig der zweiundneunzig Zeugnisse begnügen sich mit ein paar Zeilen. Neun nennen lediglich das Datum und den Ort des Ereignisses. Ein zehntes fügt ohne weiteren Kommentar hinzu, daß der Tag ein Sonntag war. Alle etwas weniger lakonischen Berichte heben diesen Punkt hervor. Die Schlacht fand zu einem Zeitpunkt statt, an dem es verboten war, zu kämpfen: Neunzehn der Zeugen weisen darauf hin. Das Hauptgewicht indes legen mehr als dreiviertel von ihnen auf die Gefangennahme mehrerer Grafen durch den König von Frankreich. Zwei haben sagen hören, es seien fünf Grafen gewesen, acht haben von vieren gehört, und sieben sprechen nur von einem einzigen, dem Grafen von Flandern; sechzehn fügen den Grafen von Boulogne hinzu, dreiundzwanzig erwähnen einen dritten, den von Salisbury. Im Endeffekt bildet jedenfalls die Gefangennahme des Grafen von Flandern den Mittelpunkt, den harten Kern des Ereignisses: Sie ist die große Neuigkeit, die Eindruck auf die Zeitgenossen machte. Ottos Flucht erregte weniger Aufsehen: Sie wird nur von der Hälfte der Chronisten erzählt. Allerdings muß gesagt werden, daß acht Berichterstatter, darunter fünf, die im Reich ansässig waren, sie zum einzigen Thema machen. Sechs halten den Hinweis für nötig, daß der Kaiser exkommuniziert war. Fünf wagen darüber hinaus eine grobe Einschätzung der Heeresstärken. Acht stellen fest, daß die Gefangenen außerordentlich zahlreich waren. Hier und dort finden sich noch einige zusätzliche Bemerkungen: In Lüttich wird Friedrich II. erwähnt, in Dijon der Herzog von Burgund; anderswo wird ausdrücklich auf die geringe Zahl der Toten und auf die Freude des Volkes nach dem Sieg hingewiesen. Zwei der Kurzberichte lassen irrtümlich Prinz Ludwig auf der Bühne von Bouvines erscheinen.

Die siebzehn ausführlicheren Schilderungen zeigen das Ereignis in einem ähnlichen Licht. Natürlich geht keine von ihnen stillschweigend über die gefangenen Grafen hinweg: Ganz offensichtlich waren sie es, die man in erster Linie mit dem Stichwort Bouvines verband. Die meisten Verfasser nennen nur drei der hochwertigen Gefangenen: Die Grafen von Flandern, Boulogne und Salisbury; einige holen weiter aus und fügen den »behaarten Grafen« von Holland hinzu – zweifellos wegen seines kuriosen Beinamens. Der Dominikaner Vinzenz von Beauvais hingegen, ein Vertrauter des Heiligen Ludwig, erwähnt in seinem *Miroir historial*, in dem er die Schlacht nach eigenen Aussagen auf der Grundlage dessen beschreibt, was die Gefangenen ihm erzählt haben, nur Ferrand von Portugal und Rainald von Dammartin, denn in Wirklichkeit liefert er nichts anderes als eine rechtschaffene Abkürzung des Berichts von Wilhelm Brito. Keine der etwas reicher ausgestatteten Schilderungen verschweigt die wilde Flucht des Kaisers: Diese Episode erscheint fraglos als der zweitwichtigste Angelpunkt, an dem die Erinnerung sich festmacht. Im übrigen fassen elf der ausführlichen Berichte die feierliche Ansprache des Königs von Frankreich zusammen; zehn betonen den Bruch des Sonntagsfriedens, verweisen auf die schöne Ordnung der Truppen, heben den wunderbaren Fischzug hervor, zu dem die Schlacht Gelegenheit gab; neun erinnern außerdem daran, daß Philipp August aus dem Sattel gehoben wurde. Am Rande hört man von drei überaus »tapferen« Pferden, die Otto vor der Gefangenschaft bewahrten, indem sie eines nach dem anderen ihr Leben opferten.

Aus der vorstehenden Analyse ergibt sich folgendes Bild: Der König von Frankreich hat den Grafen von Flandern, einige andere Grafen und eine große Anzahl Ritter gefangengenommen; zu Boden gestürzt, hat er sich wieder erhoben, um einen »falschen«, exkommunizierten Kaiser in die Flucht zu schlagen; das alles geschah an einem Sonntag. Auf den einfachsten Nenner gebracht reduziert sich die Erinnerung auf eine Jahreszahl, 1214, und auf den Namen der Brücke, die über einen kleinen Fluß in Flandern führt.

Freilich hat das Ereignis auch Spuren hinterlassen, die in manchen Punkten sehr viel weniger oberflächlich sind. Es wurden Berichte geschrieben, in denen die Erinnerungen anschwollen, und solche, in denen sie entstellt wurden. Die Übertreibungen stammen zumeist von denen, die dem König von Frankreich dienten, die Verzerrungen vorwiegend aus der Feder derer, die ihm nicht hold waren. In Deutschland, wo die meisten Schriftsteller kein Wort von der Niederlage erwähnen – obwohl diese, wie es in der Chronik von Lautersberg in Meißen heißt, dazu führte, daß die Gallier den Namen der Deutschen verhöhnten –, glaubten einige wenige sich dennoch verpflichtet, über den Mißerfolg zu berichten, versuchten aber, die Sache so zu beleuchten, daß sie weniger beschämend wirkte. Der zeitgenössische Geschichtsschreiber der Abtei Ursperg in Schwaben wollte seine Leser vor allem überzeugen, daß der König von Frankreich Angst gehabt habe. Eine berechtigte Angst, heißt es, denn schließlich sei Philipp August vor der unerhörten Tapferkeit des Feindes gewarnt worden, und zwar von seinen eigenen Baronen. Ihnen werden Äußerungen in den Mund gelegt, die gewöhnlich Rainald von Dammartin zugesprochen werden; der Chronist verkehrt die Seiten, um die Ehre seiner Landsleute zu retten: Die Helden, die gefürchteten Krieger, die vor nichts und niemandem zurückschrecken, sind keine Franzosen mehr, sondern Deutsche: »So stark ist ihre *ferocitas*, daß sie lieber kämpfend sterben, als schmählich fliehen.« Erschreckt und wenig selbstsicher soll der König von Frankreich seinen Rittern beim Vorgehen in der Schlacht völlig freie Hand gelassen haben. Allein die Ritter sollen die Entscheidung herbeigeführt haben, indem sie zuerst die Brücke abbrechen ließen, ihren bereits davonlaufenden Gefährten jede Fluchtmöglichkeit nahmen und sie zum Kämpfen zwangen. Ja es kommt sogar noch besser, denn schließlich hätten sie trotz des gewaltigen Schreckens, der ihnen in die Glieder gefahren war, nur durch eine Täuschung des unbezwinglichen Gegners gesiegt: Sie lockten ihn in eine Falle, wobei sie sich in gemeinster Weise des »Fußvolkes und des Pöbels« bedienten; sie stellten den ganzen Haufen der unwürdigen, mit Spießen gerüsteten Kämpfer in zwei schrägen Reihen auf, so daß eine Art Schere entstand, um dann eine Flucht zu simulieren und die guten loyalen deutschen Krieger in den Hinterhalt zu locken. Ohne diese List wären die Franzosen niemals zum Ziel gelangt, und der Kaiser, dem die Schilderung des deutschen Chronisten keinen geringeren als den König von England persönlich als Fluchtgefährten beigesellt, wäre nie geflohen. In dem Fragment einer Chronik der Fürsten von Braunschweig steht ferner zu lesen, daß Otto den Krieg verabscheute, daß Verwüstungen ihm ebenso verhaßt waren wie die Drangsal der Armen, daß er drei Jahre lang sehr glorreich und in großem Frieden regierte, daß es folglich nur recht und billig ist, ihn einen »friedliebenden König und Friedensfürst« zu nennen, zumal er sich nur wider Willen, herausgefordert von den Bösen, auf die Schlacht eingelassen hatte.

Im gleichen Geist versucht ein Teil der englischen Berichte, den Ruhm des Kapetingers zu schmälern. Wilhelm Marschall war in Bouvines zwar nicht dabeigewesen, aber das Reimlied, das ihm zu Ehren geschrieben wurde, erzählt dennoch von der Schlacht. Es behauptet ebenfalls, daß es den Franzosen an Selbstsicherheit gebrach, daß sie keine Lust hatten, sich auf einen Kampf einzulassen, und daß sie nur auf die Dunkelheit warteten, um sich aus dem Staub zu machen. Rainald von Dammartin, heißt es, habe den klugen Rat gegeben, nicht anzugreifen, bevor die Feiglinge mit dem Rückzug begonnen hätten: Dann wäre es ein leichtes gewesen, ihre Böden einzunehmen, sie dem König von England und dem Kaiser zurückzugeben. Der *Geschichte Wilhelm Marschalls* zufolge hatte Otto nicht einmal ein Viertel seiner Leute bei sich, und die Franzosen konnten ihn nur bezwingen, weil sie viermal so stark waren. Hätte der Kaiser den nächsten Tag abgewartet, wäre ihm mit Sicherheit großer Ruhm zuteil geworden. Der wahre Held des Tages ist ein Engländer, der Graf von Salisbury, der dem Kaiser riet, sich zurückzuziehen, und der sich als treuer Diener an Ottos Stelle gefangennehmen ließ. Roger von Wendover, der in seinem zwischen 1219 und 1225 verfaßten Werk *Flores historiarum* die entscheidenden Ereignisse der Jahre 1193-1216 erzählt, liefert einen weniger bruchstückhaften, gut informierten Bericht, der im 13. Jahrhundert vielfach von anderen englischen Geschichtsschreibern benutzt wurde. Sehr richtig hat Wendover erkannt, daß König Philipp sich auf drei »Ordnungen« stützte – auf die Grafen, die Barone und die Ritter seiner Umgebung, aber auch auf die Knechte zu Fuß und zu Pferde, auf die dörflichen und städtischen Kommunen, die ihm die Unterstützung des Volkes brachten, während die Bischöfe, die Geistlichen und die Mönche allenthalben im Gebet ausharrten, immerfort sangen und die Gottesdienste »für den Stand des Königreichs« vervielfachten. Trotz all dieser Stützen aber zeigt er den Gegner Johann Ohnelands höchst beunruhigt, geplagt von der Befürchtung, sich nicht hinreichend verteidigen zu können, weil Prinz Ludwig zur gleichen Zeit mit einem ansehnlichen Heer im Poitou weilte. In seiner Panik soll der König angeordnet haben, die Brücke abzureißen, um sich selbst und den Seinen jede Möglichkeit eines Rückzuges zu nehmen. Dann soll er sich mitten auf dem Schlachtfeld hinter einem eigens für ihn errichteten Wall aus zweirädrigen Karren versteckt haben.

Roger von Wendover hat klar erkannt, daß die Verbündeten leichtfertig handelten, als sie beschlossen, die Feldschlacht an einem Sonntag zu führen. Aber für ihn war Rainald von Dammartin nicht der einzige, der davon abriet, sich »an einem so feierlichen Tag ungebührlich eines Kampfes schuldig zu machen« und den Sonntag »durch Menschenmord und Blutvergießen zu beschmutzen«. Wendover empfindet Sympathie für Otto, den man fast einen Plantagenet nennen könnte. Im Kriegsrat läßt er den Kaiser sagen, daß man keinen glücklichen Ausgang erwarten dürfe, wenn man an diesem Tage eine Schlacht herausfordere. Wendover zufolge hat Otto sich von dem Gotteslästerer Hugo von Boves mitreißen lassen. Und während Philipp August – der nur vor dem sicheren Tod gerettet wurde, weil einer seiner Ritter sich für ihn opferte und weil es seinen Freunden mit Müh und Not gelang, ihn wieder auf sein Pferd zu heben – die ganze Zeit vorsichtig auf der Hut blieb, soll der Kaiser, nachdem Hugo von Boves schändlich entflohen war, die ganze Last des Kampfes allein und in Ehren getragen haben, indem er sich tapfer mit dem Schwert verteidigte, »das er wie eine Sense, mit der Schneide nach vorn, zwischen beiden Händen hielt, hier und dort unvergleichliche Hiebe austeilend; alle, die er traf, waren erstaunt, und er brachte die Reiter mitsamt ihren Pferden zu Fall«. Drei Schlachtrosse wurden unter ihm getötet, alle mit Lanzen und aus weiter Entfernung, da die Franzosen nicht wagten, sich ihm zu nähern. Trotzdem stand er jedesmal wieder auf, schwang sich – anders als König Philipp – leichtfüßig in den Sattel und stürmte mit furchterregendem Heldenmut erneut gegen seine Feinde. Von einer kopflosen Flucht, von zurückgelassenen Emblemen kann nicht die Rede sein. »Unbesiegt« verließ Otto, nachdem er die Feinde weit zurückgeschlagen hatte, mit seinem Gefolge das Schlachtfeld, ohne den geringsten Schaden für sich und seine Leute. König Johann indes soll vor allem die vergeudeten vierzigtausend Mark Silber bedauert und verbittert gesagt haben, daß ihm nichts Gutes mehr widerfahre, seit er sich mit Gott versöhnt und sein Königreich der römischen Kirche unterstellt habe.

Aber ist eigentlich gesagt, daß Wendovers Version in allen Punkten falsche Eindrücke vermittelt? Es stellt sich die Frage, ob Wilhelm Brito sich nicht seinerseits erlaubt hat, die Züge des Ereignisses um des Ruhmes seines Herrn willen zu beschönigen. Ist nicht eine schleichende Legendenbildung schon in der Prosachronik enthalten, in jenem Bericht, den ich hier als die beste, direkteste und am wenigsten verworrene Spur präsentiert habe? Jedenfalls hat Wilhelm Brito, kaum daß er den ersten Bericht geschrieben und sich den Ruf eines bestallten Lobredners im Dienste des kapetingischen Sieges erworben hatte, den Stoff gleich wieder aufgegriffen, um den Triumph des Königs von Frankreich noch feierlicher zu gestalten, ihm ein noch prunkvolleres literarisches Denkmal zu setzen und Philipp in der gleichen Weise zu besingen wie Vergil Äneas besang. Noch 1214 beginnt Brito mit seinem zweiten Werk, der *Philippide*, einem großangelegten Gedicht aus nahezu zehntausend Versen. Er arbeitet langsam, gesetzt und gründlich. Nach drei Jahren sind zehn Gesänge fertig. 1224 schließt er eine weiterentwickelte Fassung in zwölf Gesängen ab, die noch vor Ende des Jahrhunderts in französische Prosa übertragen wird. Im Laufe dieses Lobliedes, das für uns eher langweilig zu lesen ist, zeichnen sich gleichsam als Effekt einer doppelten Belichtung die ersten Umrisse des Mythos ab.

Denn im Grunde hat die ganze *Philippide* kein anderes Thema als Bouvines. Die Beschreibung der Schlacht füllt die drei letzten Gesänge des Gedichts, das mit diesem Bericht endet. Das Ereignis selbst ist das Ende der Regierung; danach kommt kein nennenswerter Schicksalswechsel mehr; es beschließt die Lebensgeschichte des glorreichen Königs Philipp August. Man spürt sehr deutlich, daß die vorausgehenden siebentausend Verse nur den Präliminarien des Sieges dienen: Sie erklären all die kleinen Schritte, die den Triumph nach und nach, im Laufe von fünfunddreißig Jahren, vorbereitet und möglich gemacht haben. Am Anfang steht das unerläßliche Gottesgnadentum, der Tag der Königsweihe als Wurzel aller späteren Begebenheiten. Es folgt das Werk der großen Reinigung, die das Königreich von allem Schmutz befreien sollte und die darin bestand, daß die Juden vertrieben und, wenn sie nicht schnell genug abzogen, verbrannt wurden, daß man diejenigen strafte, die – überaus zahlreich – ohne Notwendigkeit beim Namen des Herrn geschworen hatten, daß allenthalben Scheiterhaufen angezündet wurden, daß man die Welt mit Feuer und Schwert von der häretischen Pestilenz befreite. Dann kommt der Kampf, den der Statthalter des lieben Gottes gegen die Unterdrücker der Kirche führte, gegen den Grafen von Sancerre, gegen den Herzog von Burgund; dann das Gemetzel in Berry, bei dem siebentausend *Cottereaux* abgeschlachtet wurden und das Brito fälschlicherweise dem königlichen Heer anrechnet. So hält der Herrscher einen glanzvollen Einzug in die Politik, umgeben von lodernden Flammen und bedeckt mit den Blutspritzern der Rache des Ewigen Gottes.

Anschließend wird in sieben Gesängen die schwierige Auseinandersetzung mit dem Hause Plantagenet beschrieben, jenem verdorbenen, dämonischen Geschlecht, dessen Produkt König Johann ist. Johann selbst wird ab dem achten Gesang verdammt. Er ist ein Freund der Häretiker, ein Freund aller Katharer, die den Süden des Königreichs durch ihre Gegenwart vergiften. Der König von Frankreich hilft den Kreuzfahrern, die Ketzer zu vertreiben, während Johann sich grämt, daß er sie nicht besser schützen kann. Besiegt, wendet er seine Bösartigkeit gegen die Kirche, die gute römische und katholische Kirche, aus deren Schätzen der fromme König Philipp mit vollen Händen schöpft, um den nicht minder frommen Kanonikern, die, von ihrem gottlosen Herrscher gebannt, aus England entfliehen, Beistand zu leisten. Danach betritt der andere Böse in Gestalt des Kaisers Otto von Braunschweig die Bühne. Er treibt sein Unwesen in der heiligen Stadt selbst, in Rom, wo er die Pilger verfolgt, ihnen ihr Geld nimmt, ja wo er gar die Wallfahrten zum Grab der Apostel und ins Heilige Land verbietet. Das alles bereitet Philipp August so großen Schmerz, daß er im zehnten Gesang weint, die heilige Kirche rächen will und beschließt, die »Schismatiker« anzugreifen. Eine letzte Schmähung seitens des Grafen von Boulogne bestärkt ihn in seiner Absicht. In Soissons läßt der König, das »Oberhaupt der Kinder

Frankreichs«, die Prälaten und die Krieger wissen, daß er aufbrechen wird, die beiden Exkommunizierten, Johann Ohneland und den Kaiser, zu züchtigen, und daß er den Gefahren des Meeres trotzen wird, um, alles andere vergessend, dafür zu sorgen, daß der in England seit sieben Jahren ausgesetzte Gottesdienst wieder stattfinden kann. Dann endlich kommt Bouvines.

Hier hält Wilhelm Brito sich eng an jenen Bericht, den er gleich nach der Schlacht geschrieben hatte. Außerdem benutzt er Informationen, die er in der Zwischenzeit gesammelt hat, um einige schicksalhafte Momente zu präzisieren. Aber die Veränderung liegt vor allem in dem Ton, den er gewählt hat und der ihn mitreißt. Der Kampf wächst in die Dimensionen des Epos hinein. Er wird kolossal. (Als die Stadt Gent ihre Tore öffnet, speit sie »Tausende von Truppen« aus). Und er wird grausam: Er findet auf einem Gelände statt, das, wie die Ortsnamen bezeugen, zum Schlachtfeld prädestiniert ist (Sanghin, im Westen, bedeutet »Blut«, und Cysoing, im Osten, »Gemetzel«); die Konfrontation nimmt die Züge eines Blutbads an. Kaum haben die Feindseligkeiten begonnen, sterben die Ritter reihenweise unter den Hieben der tapferen Knechte aus dem Soissonnais. »Bellone, an den Händen, an den Kleidern, an der Brust und an den Waffen mit Blut befleckt, teilt nach allen Seiten tausendfach tödliche Hiebe aus.« Und da zu jedem poetischen Vortrag einige Emphase gehört, wird die Überlegenheit des Feindes maßlos übertrieben: Allein die Waffengefährten des Grafen von Flandern sind so zahlreich, daß sie die des Königs um mehrere tausend Mann übertreffen. Der Ruhm der Franzosen besteht darin, daß sie den Sieg davontrugen, obwohl auf einen ihrer Kämpfer drei Gegner kamen. Das Wichtigste freilich sind die Verzierungen, all die kleinen Sträuße schmückender Beiwörter, die sich wie ein barockes Ornament um das nüchterne Anfangsprotokoll ranken. Durch diese Aufbereitung, durch all die hübschen Zusätze, all die leichten, aber zahllosen Verschiebungen, hat sich das ursprüngliche und als solches schon nicht sehr realitätsgetreue Bild noch mehr von der Wirklichkeit entfernt. Langsam aber sicher nimmt es märchenhafte Züge an. Vorsichtig, in kleinen, kaum spürbaren Schritten – denn als Wilhelm sein Werk vollendet, leben noch viele Augenzeugen, die nicht unbedingt ein kurzes Gedächtnis haben – hat der Blickwinkel sich geändert. Unter dem Druck der damals am französischen Königshof herrschenden Ideologie findet die unmerkliche Verschiebung vor allem auf drei Ebenen statt.

Zunächst einmal erscheinen die Dinge in einem etwas anderen Licht. Die Beleuchtung geht mehr in Richtung Caravaggio, so daß der Kontrast zwischen hell und dunkel schärfer hervortritt. Insgesamt bewahrt das Schlachtenbild seinen Uccello-Charakter – die Fischbeinzierde am Helmsturz des Grafen von Boulogne und all die schwungvoll vorgeführten Reitkünste –, aber es nimmt tragische Züge an. Die Bösen sind schwärzer denn je. Sie waren hassenswert, jetzt sind sie mehr als das. Die Schlimmsten im Lager der Wollust, der Zaubersprüche und der Habgier sind jene Männer, die nicht im französischen Königreich geboren sind, deren Meuten das Heilige Römische Reich losgelassen hat: Die Grausamkeit kommt aus Brabant, die Schurkerei aus dem Hennegau, die Raserei aus Sachsen. Alle gegnerischen Oberhäupter sind vor Hochmut aufgeblasen, von ihrem Sieg überzeugt. Sie haben alles vorbereitet. Ihre Troßknechte haben aufgewickelte Seile mitgebracht, mit denen sie ihre Gefangenen im voraus gefesselt sehen. Unter ihrem Befehl wimmelt es von Fußknechten: Otto läßt sie so zusammenstehen, daß ihre Körper eine dreifache Palisade bilden, um seine Person besser zu schützen. Und zu allem Überfluß sind sie auch noch Heuchler: Wilhelm Brito greift die Gerüchte auf, denen zufolge sie sich mit Kreuzen geschmückt haben, um als Streiter Gottes zu erscheinen. Blutrünstig haben sie die böse Absicht, den König zu töten. Habgierig denken sie nur ans Plündern.

Sie halten sich bereits für die Herren der kapetingischen Böden, die sie schon untereinander aufgeteilt haben, für die Herren all der treuen Städte, in deren Kerkern der Sieger – so will es die Ironie des Schicksals, auf daß die göttliche Rache sich vollende – sie als Gefangene unterbringen wird: Château-Landon und Mantes sollen an die beiden deutschen Grafen fallen, Dreux an Wilhelm Langschwert, Péronne an Rainald, und Paris, die schönste Beute, an keinen geringeren als Ferrand. In der langen Rede, die das Gedicht Otto in den Mund legt, enthüllt der Kaiser sein wahres Gesicht: Er entlarvt sich als der Antichrist. Will er nicht die Welt, deren einziger Herrscher er zu sein behauptet, auf den Kopf stellen? Will er nicht die Ordnung der Staaten und der Machthabenden zerschlagen und die Kirchenmänner zu wirklichen Bettlern machen? Mit erstaunlicher Naivität läßt Wilhelm sich lang und breit über den Plan der Kirchenreform aus: Als künftiger Kanoniker und schon jetzt wohlgenährt, findet er dieses Vorhaben in der Tat abscheulich. Für ihn ist es keine Frage: Der Kirche steht das Recht auf ein fettes Leben und ein weiches Polster zu. Philipp, ihr erstgeborener Sohn, wird ihren Wohlstand, ihre Privilegien und alles andere verteidigen, was sie aus den Arbeitern herauspreßt, um bequemer zu leben. Das ist die erste Pflicht, die ihm aus der Salbung erwächst. Und weil er sie vollkommen erfüllt, segnen Gott und Gottes Priester den guten Philipp, den heiligen Philipp, dessen schlichte Fahne, die Oriflamme, »jenen Bannern, die üblicherweise bei kirchlichen Prozessionen mitgeführt werden, in allen Punkten gleicht«.

Diese erste Verschiebung bedingt eine andere, die jedoch zu einer deutlicheren Umgestaltung der gesamten Inszenierung führt: In der *Philippide* verdichtet sich die ganze Handlung zu dem einzigen dramatischen Knoten des Zweikampfes zwischen den beiden Kontrahenten, dem Stellvertreter Gottes und dem Abgesandten des Teufels. Dieses Duell hatte der König von

Frankreich die ganze Zeit sehnlichst herbeigewünscht, darauf hatte er sich vorbereitet. Philipp ist kaum wiederzuerkennen. Er ist nicht mehr das listige alte Oberhaupt, der umsichtige, schon etwas gliederlahme König der wahrhaftigen Geschichte, der sich aus Angst vor einer frühzeitigen Erschöpfung seines Heeres und zur Vermeidung größerer Verluste zu entziehen suchte, der fürchtete, alles, was er hatte, mit einem Mal aufs Spiel zu setzen, und der sich am 27. Juli am liebsten in die Sümpfe verkrochen hätte, um den Krieg unter vernünftigen Bedingungen mit geringerem Risiko wiederaufzunehmen. Der Held der *Philippide* ist ohne Furcht und Tadel. Nie ist er vor dem Feind zurückgewichen; und wenn er es vorgetäuscht hat, so nur, weil er wollte, daß »die Schlacht auf einer gut überschaubaren Ebene« stattfand, auf einem Feld, das er seit langem als den geeignetsten Platz für das Gottesurteil ausgewählt hatte. Wie war seine Antwort, als die Barone – weniger vorbildlich und ritterlich als er – ihn im Kriegsrat drängten, den Rückzug fortzusetzen? »Seht, der Herr selbst legt mir zu Füßen, was ich mir sehnlichst wünschte. Jenseits unserer Verdienste und jenseits unserer Hoffnungen gewährt der gnädige Gott uns eine Gunst, die alle unsere Bitten übersteigt. Die Feinde, die wir eben noch durch lange Märsche, über zahlreiche Umwege zu erreichen trachteten, stehen hier mit einem Male vor uns. Der barmherzige Gott hat sie uns zugeführt, denn er selbst will seine Widersacher auf einen Schlag durch uns vernichten. Mit unseren Schwertern wird er seinen Feinden die Glieder vom Leib abtrennen; er wird uns zu einem scharfen Werkzeug machen; er wird schlagen, und wir werden der Hammer sein; er wird die Schlacht anführen, und wir werden seine Diener sein.«

Daß ihm soviel destruktive Gewalt übertragen wird, läßt den Kapetinger frohlocken. Darauf hatte er gewartet. Er will zeigen, daß er seiner Aufgabe würdig ist. Und kaum hat der Kampf begonnen, sieht man ihn auch schon vorwärtsstürmen, wild um sich schlagend, mit dem einzigen Ziel, seinen Gegenspieler zu erreichen und sich endlich mit ihm zu messen. »Da Otto die Sache immer noch hinauszögerte und den König nicht als erster angreifen wollte, wagte dieser sich in höchster Ungeduld, da er keinen Aufschub mehr ertrug, brennend vor Kampfeslust mitten unter die Fußsoldaten der Teutonen.« Er stürzt sich blindlings in den wilden deutschen Haufen, trotzt Messern und Dolchen, ungeachtet der Gefahr, der er sich aussetzt; als glorreicher Held fällt er zu Boden, mit heimtückischen Waffen vom Pferd gestoßen. Aber schon steht er wieder auf, schon mäht er die nächsten Hindernisse nieder, ohne daß es ihm jedoch gelingt, sich aus dem Wirrwarr des Handgemenges zu lösen. »Weder der eine noch der andere fand einen Weg hinaus, so dicht war das Getümmel, so sehr waren die Kämpfer beider Parteien ineinander verstrickt.« Eine herbe Enttäuschung: Gott hat das glühendste Gebet des Monarchen nicht erhört, seinen Wunsch, »dem Kaiser allein, Mann gegen Mann, begegnen und wie Äneas gegen diesen neuen Turnus kämpfen zu dürfen«.

Wie gesagt resultiert der Übergang zum Mythos aus drei zusammenhängenden Verschiebungen. Die erste hat manichäisch-tragische Züge: Durch sie gerät Bouvines ins Zentrum eines permanenten Kreuzzugs, bei dem das Gute sich gegen das Böse durchzusetzen versucht. Die zweite geht in die gleiche Richtung: Sie stellt das Gottesurteil in den Vordergrund und überzieht die ganze Schlacht mit der Liturgie des gerichtlichen Zweikampfs. Entscheidend aber ist die letzte Verschiebung: Sie macht den Sieg, den der Streiters Gottes erringt, zu einem nationalen Triumph. Wenn der König von Frankreich in der *Philippide* die Gewänder des Äneas trägt, so nicht nur, weil der Autor des Gedichts pedantisch ist und Vergil ergebenst folgt. Der Glaube, daß die Franken Nachfahren der Trojaner sind, besteht schon seit uralter Zeit; die Chronik Fredegars behauptet es bereits im 7. Jahrhundert. Philipp kämpft nicht für sich selbst, sondern für eine Sache, die Sache aller »Kinder Frankreichs«. Bei dem Zweikampf geht es nicht mehr um das Erbe eines Herrschers, nicht mehr um die bloße Niederwerfung der Hochmütigen und der Häretiker, sondern es geht um das Schicksal einer Nation, die auserwählt ist, die Welt zu führen.

In dem poetischen Lobgesang auf Bouvines bricht also der Korpsgeist oder, um ein anderes Wort zu wagen, das Nationalgefühl triumphierend hervor. Die einzigen wahren Helden, die Krieger »von hitziger Tapferkeit«, die »niemals zögern, jedweder Gefahr zu trotzen«, sind die »Söhne Frankreichs«. Welches Frankreich ist gemeint? Das alte fränkische Land natürlich, die Umgebung von Paris, Étampes und Senlis. Das Frankreich der Abtei Saint-Denis. Diejenigen, die am meisten zum Sieg beitrugen, jene Ritter, deren kollektives Ansehen glanzvoll bei jedem Turnier erstrahlte, stammten samt und sonders aus den kapetingischen Domänen, aus jener Region, die Chlodwig und Dagobert geliebt hatten. Keiner von ihnen kam aus der Bretagne oder aus Aquitanien. Doch in Wirklichkeit war das Frankreich der *Philippide* weniger eng. Bouvines fiel genau in die Zeit einer tiefgreifenden Wandlung. Seit zehn Jahren nannte Philipp August sich in den von seiner Kanzlei ausgestellten Urkunden nicht mehr König der Franken, sondern König von Frankreich. Und das ganze Königreich war geneigt, sich mit *Douce France*, dem Land seiner Herrscher, zu identifizieren. Während die Ritter des Pariser Beckens begannen, Hand an das Languedoc zu legen, während die Plantagenets sich nach der Saintonge zurückzogen, zeigte die unmerkliche Sinnverschiebung eines Worts die Erweiterung des bezeichneten Bildes innerhalb der Ideologie an, die sich geschmeidig darauf einstellte, ihren Teil zur Festigung des Staates beizutragen und sie zu rechtfertigen.

Als eifriger Diener war Wilhelm Brito gern bereit, mit den Fanfaren seines Epos alle Umtriebe zu unterstützen, die der königlichen Politik nützlich sein konnten. Gleich wird die Schlacht beginnen. Bruder Garin schreitet die Reihen ab, um die Ritter zu ermutigen. Wovon spricht er? Von ihrem Geschlecht: »Siegreich in allen Kämpfen, hat es die Feinde stets vernichtet.« Seine Worte erinnern an die Blutsgemeinschaft, bekräftigen die ethnische Überlegenheit, fordern augenzwinkernd den latenten Fremdenhaß heraus – und das alles im Angesicht der Flandrer, die zwar aus dem Königreich stammen, aber deren Graf in Portugal, dem Land der Hexerei, geboren ward, und die zumeist altdeutsch sprechen, was an sich schon ausreicht, um sie hassenswert zu machen. Im Angesicht auch »jener Söhne Englands, die den Freuden der Ausschweifung und den Gaben des Bacchus mehr Reize abgewinnen als den Geschenken des gefürchteten Mars«, und von denen man weiß, daß sie nach kürzester Zeit wie die Hasen davonlaufen werden. Vor allem aber im Angesicht der Deutschen, der »Teutonen«. Die beiden Zweikämpfer, die Könige des Schachspiels, waren die Könige von Frankreich und von Deutschland. Es paßte also gut ins Bild, daß eine Seite mit gestärktem Nationalbewußtsein aus der Begegnung zwischen den beiden Monarchien hervorging.

Im Krieg kennen die Deutschen, die Barbaren, nur eine Tugend: den *furor*, der in Wirklichkeit die heidnische und wilde Tugend Wotans und der alten Götter ist. Die deutschen Krieger gelten als gefährlich, aber man fürchtet sie in der gleichen Weise, wie man wilde Tiere aus dem Urwald fürchtet. Ihnen fehlt der wahre, der französische Mut, der Edelmut. Man sieht es auf den ersten Blick: Sie kommen zu Fuß, wie Knechte aus dem gemeinen Volk. »Ihr dagegen, Kinder Galliens, kämpft stets zu Pferde.« Auf, Leute! Wenn das Fußvolk der Kommunen euch behindert, stoßt es ritterlich beiseite. Und wenn der heimtückische Verräter, der Graf von Boulogne, der ein Genießer ist und seinen Helmstutz wie ein Banner auf dem Kopfe trägt – wenn dieser Mann so tapfer kämpft, wenn er so guten Rat erteilt, wenn er sich als so heldenhaft, geschickt und klug erweist, dann nur, weil er, der vom rechten Wege abgekommen ist, der sich vom bösen Geist ins falsche Lager locken ließ, kein Flandrer, kein Engländer und kein Teutone ist: Er stammt aus Dammartin-en-France. »Der angeborene Mut, den er im Krieg bewies, ließ alle wissen, daß er wahrhaft ein Kind französischer Eltern war. Und obwohl sein Vergehen ihn in Deinen Augen, o Frankreich, tief herabgesetzt hat, solltest Du Dich seiner nicht schämen, und um seinetwillen sollte Deine Stirne nicht erröten!« Edles Blut verleugnet sich nicht. Auf geht's! Unter Trompetengeschmetter läßt die *Philippide* die Furchtlosen zum Angriff stürmen.

Zu welchem Zweck? Nicht etwa, um durch die Schlacht alte Rechnungen zu begleichen, um innere und feudale Zwistigkeiten auszutragen. Nicht einmal, um zu entscheiden, wer von beiden, der Kaiser oder der König, Anspruch auf die Führung der Christenheit hat. Nein, die Teutonen sollen schlicht und einfach anerkennen, »daß sie den Franzosen wirklich unterlegen sind, daß in den Übungen des Mars kein Vergleich zwischen ihnen möglich ist, ... und daß französischer Kampfesmut die deutsche Gewalt allemal bezwingt«. Das Duell findet nicht mehr zwischen zwei Monarchen, sondern zwischen zwei Nationen statt. Der Graf von Boulogne, die unbotmäßigen Vasallen der Plantagenets – die übrigens auch »Kinder Galliens« sind –, die Flandrer, ja selbst die Engländer spielen nur noch Nebenrollen.

Die Weißen und die Schwarzen sind von nun an die Franzosen und die Deutschen. Als neuer Äneas, als Erbe Karls des Großen – jenes Mannes, von dem man sagt, sein Banner sei die Oriflamme gewesen, und weise habe er Sachsen bestraft, indem er es »durch das Schwert der Franzosen erröten ließ« – richtet der König von Frankreich seine Rede in der *Philippide* an die »Nachfahren der Trojaner«; er behandelt sie wie der Kaiser der Legenden seine Paladine. Angesichts dieser Reiter, deren Stolz, ja deren ganzes Geschichtsbewußtsein von Genealogien zehrt, spricht auch Philipp August von den Ahnen, dem Geschlecht, der angestammten Tugend. Doch um sie alle in einer einzigen Nation zu vereinigen, greift er die Hauptthemen jener Erzählungen und Gedichte auf, die üblicherweise bei den Zusammenkünften der »Jugend« gesungen werden: Den antiken Stoff der Äneas-Romane, die *matière de France* der Heldenlieder. Die ideologische Erweiterung in Wilhelm Britos Epos bezieht sich nicht unmittelbar auf die königliche Funktion. Zwar wird diese durchaus gerühmt, aber nur indirekt. Und nicht etwa durch die Wiederholung dessen, was alle Welt weiß – daß die Person des Königs geheiligt ist, daß niemand Hand an sie legen darf, daß der Herrscher, wenn er eine Schlacht riskiert, nicht sein eigenes Leben, sondern die Ehre des Königreichs und die Krone aufs Spiel setzt. Sondern indem er den Sieg eines Herrschers als den Sieg eines ganzen Volkes präsentiert.

Am Schluß des Gedichts erscheint der Triumph Philipp Augusts auf der gleichen Ebene wie der Triumph eines Pompejus, eines Cäsar, eines Vespasian oder eines Titus. Der König von Frankreich hat den goldenen Adler, der auf dem Schlachtfeld in den Staub gefallen war, wieder aufgehoben; er hat das Reich in seine Hände genommen. Natürlich führt der feierliche Siegeszug ihn nach Paris zurück, in das neue Rom der Magister und Scholaren. Aber noch überwältigender als jeder Triumph der antiken Kaiser konzentriert der seine sich nicht nur auf eine einzige Stadt: Durch eine innige Gemeinschaft hat der Leib des ganzen Königreichs einschließlich seiner fernsten Glieder daran teil. Es ist, als würde der Ruhm unwiderstehlich aus der Tiefe erstrahlen: »Ein einziger Sieg läßt tausend Triumphe entstehen... in jeder Stadt, jeder Ortschaft, jeder Burg.« Dank der einmütigen Freude vermischen sich sogar die Stände der Gesellschaft: »Alle Stellungen, ob arm oder reich, alle Berufsstände, alle Geschlechter, ob alt oder jung, singen die gleichen Loblieder.« Einstimmig. Eine Zeitlang verschwindet sogar die unterschiedliche Kleidung, die damals die Vielfalt der sozialen Positionen auszeichnete und die Menschen wirklich klassifizierte: »Ritter, Bürger, Bauern, alle in scharlachroter Pracht.« Einheitlich in einen purpurnen Siegesmantel gehüllt, sind sie plötzlich alle gleich. Zur großen Verwunderung des einfältigen Mannes vom Lande, baß vor Staunen, daß auch er wie ein Kaiser geschmückt ist: »Er denkt, der Mensch selbst sei ein anderer geworden.« Und für einen Moment hat der Sieg den Menschen tatsächlich verwandelt: Er hat den Riten einen neuen Sinn gegeben und das Erntefest zu einem Fest der Freiheit, der Gleichheit, der Brüderlichkeit – dem ersten nationalen Fest – gemacht.

Eine Transformation hat stattgefunden, die keine Störung, keine Unterwanderung der kosmischen Ordnung bedeutet, die nicht einer bösen Absicht entspringt, wie Otto sie im Schilde führte. Ganz im Gegenteil, sie ist ein Segen des Himmels. Vorübergehend – kurzlebig, wie jede Festgesellschaft – ist eine vollkommene, eine Gesellschaft der Auserwählten Wirklichkeit geworden. So übernimmt Wilhelm Brito in seinem zweiten Werk über Bouvines eine uralte eschatologische Perspektive: Der Sieg ist gleichsam eine zweite Taufe. Er hat Frankreich von allen Sünden reingewaschen, von jenem Schmutz, der die Ungleichheit rechtfertigt, die Ausbeutung der Arbeiter durch die anderen. Die Gunst des Herrn und die Tapferkeit des Herrschers haben das Königreich gewissermaßen zu einem wiedergefundenen Paradies gemacht. Der festliche Zug, der sich von Bouvines aus in Bewegung setzt, feiert die kapetingische Monarchie, aber er feiert auch die Nation, und mehr noch das neue Bündnis zwischen beiden. Am Ende, schreibt Wilhelm Brito, »wußte man nicht, ob der König sein Volk mehr liebte als das Volk seinen König. Es war, als wären sie in einen Wettstreit der Liebe getreten, und man fragte sich, wer dem anderen wohl teurer war, wer mehr vor Liebe überströmte, so zärtlich war das Gefühl, das sie beide in vollkommener Reinheit verband.«

Nachdem Philipp August im Frieden gestorben war, blieb das Ereignis im mittleren Zeitraum des 13. Jahrhunderts dreißig, vierzig oder fünfzig Jahre lang in sehr lebhafter Erinnerung. Damals wurde der Beschluß gefaßt, das Tor von Arras mit der bereits erwähnten Inschrift zu versehen, die Bouvines in die lange Folge jener Siege einreihte, die von den Königen von Frankreich, den wahren Nachfolgern Karls des Großen, über die deutschen Herrscher errungen worden waren. Die Schlacht fand immer noch Interesse. Es entstanden neue Texte, die von ihr erzählten, aber das Bild, das sie übermittelten, verzerrte sich in zunehmendem Maße. Die Autoren übertreiben weit mehr, als Wilhelm Brito es sich in der *Philippide* je erlaubt hatte. Richer beispielsweise, ein Mönch der in den Vogesen gelegenen Abtei Sénones, berichtet in seiner zwischen 1255 und 1264 verfaßten Chronik, Kaiser Otto habe fünfundzwanzigtausend Reiter, achtzigtausend Fußknechte und zahllose Wagen mit Waffen und Proviant bei sich gehabt, und er habe am nämlichen

Tag dreißigtausend Mann durch Tod oder durch Gefangenschaft verloren. Auf der französischen Seite hingegen habe man – oh Wunder! – lediglich zwei Tote gezählt, einen Ritter und einen berittenen Knecht. Für den Verfasser der bis 1225 reichenden Chronik der Abtei Saint-Martin de Tours oder für den Franziskanerbruder Thomas, einen Provinzial aus der Toskana, der in Begleitung des Heiligen Bonaventura lange durch Frankreich gereist war und 1278 schrieb, haben die Leute des Königs von Frankreich nicht mehr gegen eine dreifache, sondern gegen eine zehnfache Übermacht gekämpft. Der drängendste aller Einflüsse, die das Bild auf dem schmiegsamen Untergrund der Erinnerungen umzuformen suchten, kam aus Saint-Denis. Die französische Reimchronik von Philipp Mousket, um 1240 geschrieben, ist zutiefst davon geprägt. Dieser Amateurschriftsteller, Sohn einer reichen Schöffenfamilie aus Tournai, macht großes Aufhebens von dem Schlachtgeschrei. Jedes Oberhaupt hat seinen Ruf. In Ottos Haufen schreit man: »Rom!« In Philipps Haufen: »Montjoie-Saint-Denis!« Der bloße Ausruf dieser drei Worte wirkt Wunder, er allein genügt, um die flandrischen Truppen auseinanderzutreiben: Plötzlich werden die Starken schwach und die Waghalsigen feige. »Dieses Wort brachte ihnen Tod und Schande.« Als dann die Oriflamme gehißt wurde,

> *»wollte ihnen scheinen, der heilige Dionysius*
> *hätte einen Drachen darauf angebracht,*
> *sie zu verschlingen und zu töten.«*

Das feuerspeiende Ungeheuer befindet sich nicht mehr im Lager des Bösen, sondern in dem des Königs von Frankreich, und hier tut es segensreiche Dienste. Auch Richer von Sénones bezog seine Informationen aus Saint-Denis, allerdings nur indirekt, über eine Priorei in der Nachbarschaft seines Klosters. Infolgedessen sind seine Erinnerungen noch verworrener: Unter den Gefährten Philipp Augusts findet man beispielsweise einen Grafen der Normandie und einen Grafen der Bretagne. Wie dem auch sei, die Rolle, die der Oriflamme in Richers Bericht zugewiesen wird, erklärt sich jedenfalls aus der Herkunft des Materials. Philipp August sucht in seiner Umgebung nach einem geeigneten Mann, dem er das Banner, von dem man sagt, es sei nie mehr aus der königlichen Schatzkammer herausgenommen worden, seit der Kaiser mit dem wallenden Bart es getragen habe, anvertrauen kann. »Wer will die Ehre Frankreichs tragen?« Der Herzog von Burgund schlägt einen Ritter vor. Einen sehr reinen, weil sehr armen Mann: Um sich ein Pferd kaufen und dem König Heerfolge leisten zu können, hat er sein ganzes Land verpfänden müssen. Sein Name ist Galo von Montigny. Die ganze Erzählung des anschließenden Kampfes konzentriert sich auf die Oriflamme und auf den, der sie in seinen Händen hält, von dem heiligen Banner aber eher mitgerissen wird, als daß er es trägt. Sonst ist nichts und niemand mehr eines Blickes wert. Weder die Barone noch der König selbst. Der Zweikampf entfällt: Eine Heldentat folgt der anderen, alle bewirkt durch die Oriflamme, die allein das ganze Spiel beherrscht und klare Verhältnisse schafft – mit roher Gewalt. Galos Hände tragen nicht mehr das Emblem einer Liturgie, einer Prozession, sondern eine rachsüchtige und grausame Waffe. Die rote Seide lechzt nach frischem Blut, die Fahne wird zum Spieß, durchbohrt den Körper des Grafen von Flandern, kommt triefend und röter als zuvor aus der Wunde heraus, um sich wieder und wieder hineinzubohren. Doch schon geht es weiter, im wilden Ansturm nimmt sie Otto ins Visier, bricht in das Getümmel ein, erreicht den Kaiser vor allen anderen und sprengt das Lager des Bösen auseinander: Am Ende ist der Sieg einzig der Oriflamme zu verdanken.

Im Grunde sind solche Abschweifungen nur noch abenteuerliches Schmuckwerk. Was Aufmerksamkeit verdient, ist die Tatsache, daß der Mythos immer reicher wird, die neuen Hinzufügungen aber ausschließlich das königliche Symbol betreffen. Zwei Innovationen stehen im Zentrum der aus dieser Periode stammenden Berichte. Beide erweitern die der Schlacht vorausgehenden Liturgien um rituelle Gesten, die das Bündnis zwischen dem Herrscher und der ihm dienenden Ritterschaft unterstreichen. Durch die erste wird die priesterliche Funktion des geheiligten Königs erhöht: Was in der ursprünglichen Darstellung nur ein zeremonielles Vorspiel der Läuterung war, verwandelt sich in eine Feier der Eucharistie, bei der König Philipp die Pose des Melchisedek einnimmt. Im Keim war diese Entwicklung schon in einer der ausschmückenden Bemerkungen des ursprünglichen Berichts von Wilhelm Brito angelegt: Als die Nachricht vom Angriff des Feindes kam, ruhte der König im Schatten einer Esche und stärkte sich, indem er »geschnittenes Brot« in seinen Wein tunkte. Philipp Mousket schmückt diese Szene ein wenig aus, macht sie etwas feierlicher: Die Trinkschale des Königs wird zu einem »Kelch aus feinstem Gold«, einer Art Abendmahlskelch. Die eigentliche Wende aber kommt erst zwanzig Jahre später, um 1260, herbeigeführt durch den Ménestrel von Reims, einen anonymen Liederdichter, der zur Unterhaltung seines adligen Publikums in der Stadt der Königsweihe ein beschauliches Bild von Bouvines entwirft.

Es fängt damit an, daß Philipp, da es noch früh am Morgen ist, in der Kapelle jenseits der Brücke eine ganze Messe hört – ein Pontifikalamt, das der Bischof von Tournai für ihn singt –, und daß er dem Gottesdienst in voller Rüstung beiwohnt. Als er hinausgeht, wird ihm Brot und Wein gebracht, das Abendmahl in beiderlei Gestalt; er läßt das Brot aufschneiden, nimmt eine Scheibe, tunkt sie ein und ißt. Sodann wendet er sich mit folgenden Worten an alle, die sich um ihn scharen: »Möget ihr, meine getreuen Freunde, die ihr hier zugegen seid, mit mir dieses Mahl einnehmen, zum Gedenken an die zwölf Apostel, die mit Unserem Herrn aßen und tranken.

Und so einer unter euch Böses denkt und Falsch in seinem Herzen hat, möge er sich fernhalten.« Ehe die Passion beginnt – vor der großen Prüfung, dem Leidensweg, dem Opfer für das Seelenheil des Volkes –, spielt der König das heilige Abendmahl. Er selbst hat die Rolle Jesu inne. Durch die feierlichen Gesten der Kommunion versucht er, die Gruppe der Waffengefährten, der »Pairs«, fester denn je an seine Person zu binden und ihren Zusammenhalt zu stärken. Er fürchtet jene, die wie Judas sind. Er will sie entlarven. Enguerrand von Coucy ist der erste, der ein Stück Brot aus seinen Händen empfängt. Dann tritt der mutmaßliche Verräter vor, Walter, Graf von Saint-Pol, »den der König der üblen Nachrede verdächtigte«. Walter indes zögert nicht, das Brot zu essen; so macht er deutlich, daß er dem Bösen endlich abschwören will, Auge in Auge versichert er Philipp seine Treue: Der König, sagt er, werde schon sehen, wer heute der Verräter sei. Danach ist die Reihe an dem Grafen von Sancerre, und ihm folgen sämtliche Barone. »Der Andrang war so groß, daß man nicht zu dem Humpen durchkam.«

Die Bedeutung der zweiten Ausschmückung ist weniger klar, obwohl die Hauptabsicht ganz offenbar in einer Erhöhung der Krone besteht, so daß auch dieses Beiwerk – wie viele andere Verzierungen – seinen Ursprung durchaus in Saint-Denis haben könnte. Schon Philipp Mousket verbindet das Bild der Krone mit einem Gebet, das der König mittags nach der Brotzeit an den Himmel richtet, und rückt es hier voll in den Mittelpunkt. Zuerst fleht Philipp August seinen Herrn Jesus Christus, den Vater, den Sohn und den Heiligen Geist, demütig an, ihn und alle seine Leute, die ihm zu Fuß oder zu Pferde gefolgt sind, vom Bösen zu befreien. Sein wichtigstes Anliegen aber ist, daß der Himmel seine Krone schützen möge. Um diese Gunst bittet er auch den Heiligen Dionysius: Haben die Könige von Frankreich sich ihm nicht seit Karl dem Großen anvertraut, haben sie ihn nicht zu ihrem Schutzpatron erwählt?

> *»Ihr müßt die Krone hüten,*
> *denn jeder König huldigt Euch,*
> *ganz nach dem Beispiel Karls des Großen.*
> *Ich bin Euer eigener Mann.«*

(Das heißt, unter der Lehnsherrschaft des Heiligen Dionysius ist der König dessen »Leibeigener«, ein Höriger seines Herrn.)

> *»Bewahrt meine Ehre und mein Recht,*
> *Ihr seid es mir schuldig…«*

(Wie der Lehnsherr es seinem Vasallen schuldig ist.)

Schließlich bittet Philipp August die Jungfrau Maria, sie möge darauf achten, »daß die Krone an diesem Tage nicht geraubt werde«. Eigentlich hat eine solche Besorgnis nichts Überraschendes an sich. Der neue Aspekt liegt woanders: In der Tatsache, daß manche Berichte, um dem Schauspiel Nachdruck zu verleihen, das Emblem des Königtums auf dem Schlachtfeld selbst erscheinen lassen. Als hätte Philipp August, seit langem voraussehend, daß der Zweikampf im Laufe dieses Feldzuges stattfinden würde, schon ehe er von Paris aufbrach beschlossen, das Symbol seiner Macht mitzunehmen, es gleichzeitig mit dem Banner Karls des Großen aus der königlichen Schatzkammer holen zu lassen. Als hätte er das kostbare Objekt absichtlich in den Mittelpunkt des zeremoniellen Ablaufs der Schlacht stellen wollen. Als hätte er, indem er der Krone die erste Rolle überließ, seine eigene Person vollständig zurückgenommen und die Krone nicht nur zum Einsatz des bevorstehenden Zweikampfes gemacht, sondern auch zum höchsten Preis eines vorausgehenden Wettstreits, einer Art offenem Wettbewerb zwischen allen Rittern des kapetingischen Heeres. Denn noch ehe die Stunde der Wahrheit schlägt, tritt der Herrscher vor die versammelte Ritterschaft und gibt bescheiden zu, daß er vielleicht nicht der Würdigste sei, um die Krone auf seinem Haupt zu tragen und ihre Ehre zu verteidigen. Sollte ein besserer Anwärter zugegen sein, wäre er bereit, sie ihm zu überantworten. Der Rahmen für diese letzte und äußerst bemerkenswerte Manipulation der Erinnerung an Bouvines besteht in der feierlichen Ansprache, die Philipp August vor Eröffnung des Kampfes hält. Es ist sicherlich der Mühe wert, genauer zu untersuchen, wie die Verschiebung sich, was diesen Punkt betrifft, in den einzelnen Versionen langsam herauskristallisiert und schärfere Konturen gewinnt.

Philipp Mousket tut in seinem Bericht nur einen ersten Schritt. Der König spricht, will aber lediglich seine Solidarität mit der Ritterschaft bekräftigen. Ähnlich wie in der *Flandria generosa:*

»*Auf denn, ihr Ritter, ich werde euch folgen,
und werde überall mit euch gehn.*«

Er will seinen Kriegern sagen, daß sie für ihn keine bloßen Werkzeuge, sondern wahre Freunde sind; in jeder Gefahr werden sie ihn an ihrer Seite finden. Aber sie sollen ihn auch gut beschützen, denn er ist der König von Frankreich. Als guter Herrscher, der nicht fehlen wird, alle Gewinne der bevorstehenden Schlacht mit ihnen zu teilen, hat er ein »uneingeschränktes« Recht auf ihren Dienst. Oder vielmehr auf ihren Schutz. Die Ritter, seine Helfer, sind also aufgerufen, seine Leibwächter zu sein, denn sein Leib ist königlich. Trotzdem – und hier kommt der entscheidende Punkt, gut plaziert, ganz am Schluß der Rede – ist dieser Leib ein Leib wie alle anderen, nicht besser und nicht schlechter. Allein das Würdenkleid, das sein vergängliches Fleisch umhüllt, gebietet den besonderen Schutz seiner Person, daß man ihn nicht einsam ins Abenteuer ziehen läßt:

> »Ihr Herren, ich bin nur ein einzelner Mensch.
> Doch wer ich auch sei, bin ich der König von Frankreich.
> Ihr müßt mich schützen...«

Richer von Sénones schlägt die gleiche Richtung ein, wagt sich aber weiter vor. Zu Beginn der Rede wendet Philipp sich mit ähnlichen Worten an die Ritterschaft, die »Blüte Frankreichs, Zierde der königlichen Krone«: »Ihr seht mich als Träger der Krone. Doch ich bin nur ein Mensch wie ihr, und ich kann sie nur tragen, wenn ihr mich unterstützt.« Dann aber folgt ein Szenenspiel, das den ganzen Ton verändert. »Ich bin König«, fährt Philipp fort, nimmt die Krone von seinem Haupt – in dieser ernsten Stunde trug er sie also auf dem Kopf, was die Vorbereitungen auf die Schlacht in einem ganz anderen Licht erscheinen läßt und ihnen den Glanz der höchsten Feierlichkeiten einer königlichen Liturgie, der prunkvollsten Zurschaustellung majestätischer Größe verleiht – und bietet sie denen, die um ihn sind, mit den Worten dar: »Möget ihr alle König sein. (Ist dies im Geiste des priesterlichen Monarchen – oder vielmehr im Geiste des Verfassers Richer von Sénones – als Anspielung auf den Ersten Brief des Heiligen Petrus gemeint, der alle Gläubigen einlädt, am königlichen Priestertum Christi teilzuhaben?) Ohne euch kann ich das Königreich nicht mehr regieren.« Durch dieses gewaltige Offertorium, das ebenfalls eine Geste der Kommunion ist, hier aber der Verantwortung eines gemeinsamen Amtes untersteht, ruft der Herrscher den Stand der Ritterschaft im Moment einer äußersten Herausforderung auf, eine Art Pakt mit ihm zu schließen: Das Vaterland ist in Gefahr; der Feind bedroht die Böden unserer Heimat; wenn wir fest zusammenhalten, können wir ihn bezwingen und den Sieg, den gemeinsamen Ruhm, nach Hause tragen zu unseren Frauen, unseren Söhnen und unseren Töchtern, die der Gegner niedermetzeln will! Sogleich bricht jubelnder Beifall aus, alle geloben einmütigen Gehorsam. Der König kann die Schlußfolgerung ziehen und erklären: »Ritter, ihr seid alle meine Mannen, und ich bin euer Herr, wer ich auch sei.« Dieser Satz ist wie ein »Spruch«, ein vom Gerichtshof verkündetes Urteil.

Der Ménestrel von Reims läßt Philipps Rede anders beginnen: Der König beruft sich nicht auf die recht kühl wirkende Treue, die ein Monarch von seinen Untergebenen erwarten kann, sondern auf die Ergebenheit der Vasallen. Das verleiht seinen Worten einen ganz neuen Akzent. Philipp ist der beste aller Herren, freigebiger als irgend jemand sonst, der die Herzen seiner Leute mit großzügigen Geschenken erobert. »Ich habe euch stets geliebt und hoch in Ehren gehalten, und habe euch reichlich vom Meinen gegeben. Nie tat ich euch Unrecht, nie verlangte ich, was unbillig war, sondern führte euch stets auf den Wegen des Rechts. Im Namen Gottes bitte ich euch alle, daß ihr heute meinen Leib und meine Ehre schützt, wie auch die eurige.«

Mögen die Ritter ihren Herrn, der nie gefehlt hat, seine Pflicht zu tun, durch den beim Lehnseid gelobten Kriegsdienst unterstützen. Während dann die Krone in Erscheinung tritt, kehrt in ausgeweiteter Form das gleiche Thema wieder, das ansatzweise schon bei Philipp Mousket enthalten war: »Wenn ihr glaubt, daß die Krone bei einem von euch in besserer Obhut wäre als bei mir, werde ich mich fügen und werde es ohne Falsch und guten Willens tun.« In diesem Punkt ist die Schwelle überschritten: Was lediglich ein Bekenntnis zur Demut war, wird zum Gebärdenspiel der Kronentsagung. Die drohende Gefahr verlangt in der Tat eine Neuverteilung aller Rollen. Gleich wird die Schlacht beginnen – ein gewagtes Abenteuer, bei dem die Königswürde auf dem Spiel steht. Die Situation ist so prekär, daß nur der Tapferste imstande ist, die Farben Frankreichs zu verteidigen. Darum findet eine Art Neuwahl statt. Doch was dann folgt, ist noch bemerkenswerter: Unter den Zuhörern bricht keinerlei Unruhe aus, nicht die geringste Spur von Verlegenheit. Für alle Anwesenden gibt es nur einen, der als der Tapferste in Frage kommt: Den Nachfahren Karls des Großen. »Alle Barone weinten vor Rührung und sagten: Sire, Gott sei Dank wollen wir keinen König außer Euch. Und nun reitet kühnen Mutes gegen Eure Feinde – wir sind bereit, mit Euch zu sterben.« Auch dieser letzte Satz enthält eine Umkehrung. In den früheren Versionen hatte der König selbst gesagt: »Wir werden gemeinsam sterben.« Hier sind es nun die Ritter, die das Versprechen geben. Damit ist der Pakt endgültig besiegelt.

Bruder Thomas fügt dem Dialog zwischen dem Herrscher und dem *ordo* der Krieger eine letzte Abwandlung hinzu: Der König richtet seine Rede nicht mehr an die großen Vasallen, die Barone, sondern er wendet sich direkt an die *parva militia*, die Horde der armen Ritter, die er als seine *commilitiones*, seine Kampfgefährten, bezeichnet. Gewiß ist er ihnen überlegen, er steht hoch über ihnen, doch diese Position verdankt er einzig und allein dem Königstitel. In Wirklichkeit, bekundet der Herrscher, sind viele stärker und tapferer als er. Darauf nimmt er die Krone, die er zu aller Ehren trägt, in beide Hände. Und diesmal legt er sie vollständig ab, stellt sie auf den Boden und kehrt an seinen Platz zurück. Dann endlich kommt die entscheidende Frage: »Wollt ihr sie verteidigen? So ihr mich im Stich laßt, werde ich allein sterben.« Die Antwort der versammelten Krieger ist die gleiche wie bei Philipp Mousket: »Nimm die Krone wieder auf Dein Haupt. Wir sind bereit, unser Leben für die Verteidigung des Königreichs zu lassen.«

All diese kleinen Umgestaltungen der Inszenierung sollen verdeutlichen, daß der Leib des Königs nicht zu verwechseln ist mit der königlichen Funktion, die in dem unsterblichen und unverderblichen Diadem aus Edelmetall konkrete Gestalt annimmt. Die Entwicklung, die in Frankreich eine langsame Transformation der Idee des Königtums bewirkte, war um die Mitte des 13. Jahrhunderts so weit gediehen, daß es sich ganz selbstverständlich anbot, den zeitlosen und überragenden Wert der monarchischen Würde durch derartige Reden und derartige Gesten – wie auch durch viele andere Mittel, namentlich den Dekor der Kathedralen – nachdrücklich zu betonen. Wie aber soll man den Rest verstehen, die geheuchelte Bescheidenheit, das ganze Schauspiel um die Krone, das den Charakter einer Versteigerung bekommt? Was ist das für ein neuer Äneas, der so tut, als wolle er auf alle seine Vorrechte verzichten, um sich in der Masse der Krautjunker zu verlieren? Welchen Sinn hat der illusorische Rücktritt eines Mannes, der nur allzu gut weiß, daß die Salbung ihn mit göttlicher Allmacht begabt, und der sich selbst als den letzten Sproß der Wurzel Jesse sieht, deren Genealogie bis in die Dunkelheit des merowingischen Zeitalters zurückreicht, der Dutzende von Königen seine Ahnen nennt, hier aber vorgibt, er würde sein Haupt vor jedem Reiter neigen, der tapferer, gewandter und weniger kurzatmig wäre als er selbst? Was soll man zu einer Haltung sagen, die allen beharrlichen Versuchen, die Majestät des Königs hervorzuheben, absolut zuwiderläuft, und dies ausgerechnet zu einer Zeit, in der das französische Königshaus immer mehr Sinn für das Familiengeschlecht entwickelt, in der seit neuestem der bloße Titel »Königssohn« ausreicht, um den, der ihn trägt, unberührbar zu machen und ihn mit lauter Tugenden zu erfüllen, mit jenem magischen Wert, der zur Herrschaft prädestiniert? Wollten die Verfasser der zitierten Berichte, die Urheber des ganzen Beiwerks, durch ihre Zusätze die Ansprüche der Enkelsöhne Philipp Augusts in Abrede stellen? Sind die letzten Triebe, die letzten Blüten der Legende vielleicht ein Gefälligkeitsdienst, durch den die professionellen Schreiber – wie etwa der Ménestrel von Reims – sich bei einem Publikum aufbegehrender Aristokraten beliebt zu machen suchten? Haben sie sich, um leichter ihr Brot zu verdienen, zum Sprachrohr dessen gemacht, was man eine feudale Ideologie nennen könnte? Ging es darum, gute Mäzene – die Herzöge und die Grafen, die *Pairs de France* – bei Laune zu halten? Aber warum hätten die Autoren dann so tief unten ansetzen, warum hätten sie den Wettbewerb auch für die niedrigsten Schichten der Ritterschaft bis hin zur *parva militia* der jungen Abenteurer freigeben sollen? Und für welchen Mäzen schrieb der Mönch von Sénones?

Ich glaube, der Schlüssel zur Bedeutung des Symbols liegt ganz woanders. Besteht seine Funktion nicht darin, in besonders eindrucksvoller Weise klarzumachen, daß Bouvines das französische Königtum gerettet hat? Was spielt Philipp August eigentlich, indem er die Krone vor sich auf den Boden stellt, wenn nicht seinen eigenen Tod? Für einen kurzen Moment ist der Thron unbesetzt. Muß der König nicht sterben, ehe er sich der entscheidendsten aller Prüfungen aussetzt? Muß er nicht den Tod hinnehmen, um gleich darauf wiedergeboren zu den Seinen zurückzukehren?

So auch Philipp, der alsbald neu gekrönt wird und jetzt vor allem für den Sieg designiert ist. Die Krone hat den fruchtbaren Schoß des Bodens berührt, um neue Kraft zu schöpfen. Bis dahin hatte es berechtigte Zweifel an den Erfolgsaussichten des Königs gegeben. Schließlich war er nur ein Mensch, und keineswegs der jüngste, auch nicht der schönste und nicht der geschickteste im Kampf. Wie in einen Jungbrunnen mußte er in seine Ritterschaft eintauchen, einen Moment verschwinden, ganz in ihr untergehen. Um gleichsam reingewaschen durch die strömenden Fluten brodelnder Kampfeslust und jugendlichen Ungestüms wieder aufzutauchen. Erfrischt, gefestigt und gestärkt durch eine zweite symbolische Geste: den lauten Beifall der Krieger, den einmütigen Aufschrei, durch den sie sich gemeinsam weigern, ihm seinen Titel zu nehmen, durch den sie gemeinsam bekräftigen, daß nur ein einziger das Recht auf diesen Titel hat: er selbst, Philipp August. Nicht, weil er stärker wäre als die anderen, sondern weil das Blut der alten Könige in seinen Adern fließt. Ebensowenig wie die *Ludwigskrönung* liebäugelt die Erzählung des Ménestrel von Reims mit dem Freiheitsdrang der Barone. Sie versteht sich, ganz im Gegenteil, als Proklamation der kapetingischen Legitimität.

Die Stunde, da Gott sein Urteil sprechen wird, steht unmittelbar bevor. Wer weiß, ob die Macht, die er Philipp vor fünfunddreißig Jahren durch die Salbung übertragen hat, immer noch gültig ist? Ob Gott den König überhaupt noch als seinen wahren Statthalter ansieht? Dies ist die ursprüngliche Frage, und die Schlacht selbst ist im Grunde nichts anderes als das Warten auf eine Antwort. Sie wird zeigen, ob Gott immer noch gewillt ist, die gleiche Wahl zu treffen. Hinzu kommt, daß die Frage in einem entscheidenden Moment der Geschichte des französischen Königshauses gestellt wird: Sie bezieht sich auf das Recht eines Herrschers, der sich als erster seines Geschlechts auf die Erbtradition verlassen will und es nicht für nötig befunden hat, das Königsamt zu Lebzeiten mit seinem ältesten Sohn zu teilen. Feldschlacht, Gottesurteil.

Man muß Bouvines als Bestätigung begreifen. Auf dem Schlachtfeld findet eine zweite Weihe statt, und zwar nicht durch die Salbung mit dem Öl der Heiligen Ampulle, sondern durch das Blut, das reinigende Blut, das – wie einige behaupten – bald über die Oriflamme rinnen wird. Genau wie der ersten Königsweihe muß auch dieser zweiten eine Konsultation des Adels vorausgehen. Damals, als alle großen Vasallen des Königreichs sich stehend in der Kathedrale zu Reims versammelt hatten, war die Krone schon einmal vor ihnen niedergelegt worden. Derjenige, der sie tragen sollte, hatte vorab um ihr Votum gebeten. Und alle hatten geantwortet, genau wie ihre Ahnen, als sie den »langhaarigen« König zum höchsten Ansehen erhoben – denn er war »langhaarig«, das heißt, er stammte in gerader Linie von den Merowingern ab. Während die Bischöfe zur Weihe schritten, hatte die Ordnung der Krieger ihre Zustimmung bekundet und den König akklamiert. Aus vollem Halse hatten die Anwesenden geschrien, er sei der

Einzige, der Wahre, der Beste, und sie würden ihm jederzeit mitten ins Getümmel folgen, um seinen Leib zu schützen, und wenn nötig würden sie ihr Blut für ihn vergießen.

Was tun die Ritter in Bouvines anderes? Das, was die Texte aus der Mitte des 13. Jahrhunderts dem alten Schlachtbericht hinzufügten, ist weder ein Zugeständnis an die Bitterkeiten der Feudalherren, noch unnützes Beiwerk oder eine Parodie. Ganz im Gegenteil: Unter Verwendung höchst dramatischer Effekte ist es ein sehr ernstgemeinter Ausdruck der Huldigung, die dem König – nicht nur dem Priester-König, der bereit ist, sich wie Jesus zu opfern und der wie Jesus das Abendmahl reicht, sondern auch dem Ritter-König – in der Stunde der schlimmsten Gefahr durch die ganze Ritterschaft des Königreichs zuteil wird. Am Ende erscheint die Legende von Bouvines als ein Mythos der Einheit von Nation und Königtum. Und dieses Königtum stützt sich tatsächlich auf die drei gesellschaftlichen Ordnungen, die sich für die Wohltaten des Friedens und zum Ruhme Gottes einträchtig zu einer engen Gemeinschaft zusammengeschlossen haben. Seit langem konnte der Kapetinger auf die Unterstützung der Männer des Gebets und auf die Hilfe des arbeitenden Volkes zählen: Er schützte sie. Es fehlte indes noch, daß auch die Krieger ihm ihren Beistand in feierlichster Form versicherten. Zur Zeit des Heiligen Ludwig, der unter einer Eiche Gericht zu halten pflegt und die Häuser der Leprakranken persönlich besucht, lassen Richer, der anonyme Erzähler aus Reims und bald danach auch Bruder Thomas die große Szene der Einheit auf dem Schlachtfeld selbst stattfinden.

Eine späte Vollendung – kurz bevor die Erinnerung an den Sieg sich gänzlich im Imaginären der Historiensänger verliert, bevor sie unter der Feder eines Jean des Prés d'Outremeuse in den Strudel eines großen Narrenspiels gerät. Bevor Bouvines zum Ringelstechen der vier Haimonskinder wird, zum Magic Circus der reinen Phantasie.

Das Wiederaufleben der Erinnerung

Gegen Anfang des 14. Jahrhunderts verschwand der Name Bouvines in der Tat recht schnell aus den Gedächtnissen. König Philipp wurde in den historischen Überblicken über die Geschichte Frankreichs zwar immer noch gefeiert, aber man nannte ihn nicht mehr Augustus, sondern den Eroberer. Mit der Normandie und dem Anjou hatte er wahre Schatzkammern in seinen Besitz gebracht; und das war es, was zählte. Auch berichtete man durchaus, daß er Otto besiegt hatte, ohne aber Bouvines noch zu erwähnen. Denn im Umkreis Philipps VI. und im Umkreis Johanns des Guten waren Schlachten kein beliebtes Thema. Die Verhältnisse hatten sich geändert, aus den jüngsten Schlachten waren andere als Sieger hervorgegangen: die Könige von England, die wahren Feinde des Königreichs. Der Kaiser hingegen war ein guter Vetter des Königs von Frankreich, und die Teutonen waren etwas weniger verhaßt. Am stärksten freilich wurde die Erinnerung dadurch verdrängt, daß die Gestalt Philipp Augusts hinter der seines Enkelsohnes verblaßte, daß der Heilige Ludwig nunmehr als der große Mann des Königshauses galt. Für immer. Nicht etwa wegen seiner erfolgreichen Kriegführung, sondern wegen seiner Heiligkeit, wegen all der erbaulichen Dinge, die man von ihm erzählte: daß er die armen Leute von ganzem Herzen liebte, genau wie Franz von Assisi und wie Christus, daß er die Aussätzigen mit eigenen Händen speiste, daß er half, Royaumont zu erbauen, daß er unter seinem Gewand ein Büßerhemd trug. Und wegen des Martyriums, das er auf sich nahm, als er für das Wohl des ganzen Volkes vor Tunis starb. Genau wie die vom Kriegsglück verlassenen Könige erwartete auch die neue Christenheit, daß Gott seine Gnade durch andere Zeichen offenbarte als durch militärische Siege. Die Spuren von Bouvines verwischten, wurden nahezu unsichtbar und sollten es lange bleiben.

Im 17. Jahrhundert sieht man sie wieder auftauchen, in einer Zeit, in der die Art der Geschichtsschreibung sich verändert, in der die alten Chroniken wieder aufmerksam gelesen werden und eine lange Suche der Gelehrten nach allen Spuren der Vergangenheit beginnt. Guillaume Marcel, dessen vierbändiges Werk *Histoire des origines et des progrès de la monarchie française suivant l'ordre des temps* 1686 in Paris erschien, beschreibt die Schlacht nur in groben Zügen. Ähnlich wie die meisten Vignetten in den Schulbüchern des 19. und 20. Jahrhunderts zeigt er nicht viel mehr als einen überaus mutigen König, der zu Boden geworfen wird, sich wieder erhebt, abermals gegen die Feinde stürmt und sie alle in die Flucht schlägt. Ein anderer Historiker namens Mézeray, Verfasser der 1643 in drei Bänden veröffentlichten *Histoire de France depuis Faramond jusqu'à maintenant*, widmet dem Ereignis immerhin neun ganze Seiten. Bei der Darstellung hält er sich sehr genau an die *Grandes Chroniques de France*, das heißt an Wilhelm Brito, fügt aber seltsamerweise hinzu, daß Johann Ohneland dem Miramolin von Afrika vorschlug, ihm zu huldigen; außerdem läßt er die Heeresstärke der Verbündeten auf hundertfünfzigtausend Mann anwachsen. Über den Sonntagsfrieden verliert er kein Wort: Zu seiner Zeit war dieses Tabu längst in Vergessenheit geraten, und niemand kam mehr auf den Gedanken, das edle Spiel des Krieges am Tag des Herrn zu unterbrechen.

Besonderen Gefallen findet Mézeray offenbar an der Szene mit der Königskrone. Er stellt sie in den Mittelpunkt seines Berichts und schmückt sie weiter aus: »Der König von Frankreich ließ seinen Zepter und seine goldene Krone vor dem versammelten Heer auf einem erhabenen Feldaltar niederlegen, und indem er die rechte Hand erhob, rief er mit lauter Stimme: ›Ihr Herren Frankreichs und ihr alle, tapfere Soldaten, die ihr bereit seid, euer Leben für die Verteidigung dieser Krone aufs Spiel zu setzen, wenn ihr glaubt, daß einer von euch ihrer würdiger wäre als ich, will ich sie ihm überlassen und gern auf sie verzichten, sofern ihr dafür sorgt, daß sie uns vollständig erhalten bleibt und nicht von diesen Exkommunizierten entzweigerissen wird.‹ Zutiefst gerührt ob dieser hochherzigen Worte brach das ganze Heer in laute Akklamationen aus: Es lebe Philipp, und er regiere ewiglich! Es lebe der König Augustus, möge die Krone ihm auf immer gehören! Wir werden sie für ihn verteidigen, gegen jedermann, und koste es unser Leben!« Derart ermutigt kämpfte der »Augustus«, »der tapferste und feurigste Ritter der Welt«, wie ein Löwe. Die Herren hatten gegen seinen Willen einen schützenden Wall um ihn gebildet, aber er ließ sich »von den Edelleuten, die ihn bewachen sollten, nicht zurückhalten; mit der Gewalt einer reißenden Flut stürmte er hervor, alles niedermachend und durchbrechend, was sich ihm widersetzte«.

Offenbar sieht die Kultur der Gegenreformation König Philipp als einen ungestümen Roland. Sie kleidet ihn im römischen Stil und gibt aufmerksam die erfundenen Gesten einer Allianz zwischen dem Monarchen und den Edelleuten wieder. In ihren Augen kämpfen die Franzosen des königlichen Heeres gegen eine hundertfache Übermacht. Sie ist überzeugt, daß »die Anzahl der Toten furchtbar hoch« gewesen ist, verliert aber kein Wort über das Freudenfest des Volkes. Ausgegraben, retuschiert und in eine feste Form gebracht werden die Spuren des Ereignisses 1770 von Velly und 1839 von Anquetil unverändert übernommen.

Erst während der Julimonarchie kommt es zum eigentlichen Wiederaufleben der Erinnerung, herausgefordert durch eine romantische Vorliebe für das Mittelalter und begünstigt durch die Tatsache, daß die Verfechter der Ideologie des Bürgerkönigtums zahlreiche Argumente aus den alten Schlachtberichten schöpfen können. Allen voran François Guizot. In seinem *Cours d'histoire moderne*, 1840 neu aufgelegt, zeigt er Philipp August als den ersten französischen Herrscher, welcher der Monarchie »den Charakter eines verständigen, auf die Verbesserung der sozialen Verhältnisse bedachten Wohlwollens« verlieh. Dadurch wurde »das Königtum eine nationale Angelegenheit«, die »im Denken der Völker« große Begeisterung »für die Fortschritte weckte, zu denen sie der Gesellschaft verhalf«. Selbstverständlich wird hier auch der Triumphzug der Sieger von Bouvines ins Feld geführt: Seht nur, welche Popularität ein gütiger Monarch, der die Interessen des Bürgertums vertritt, bei ehrbaren und nach Bereicherung strebenden Arbeitern genießen kann. Als derselbe Guizot fünfunddreißig Jahre später seinen Enkelkindern die Geschichte Frankreichs erzählt, erklärt er ihnen die Bedeutung der Kommunalmilizen, die gewissermaßen vorwegnehmen, was die Nationalgarden einmal sein werden. Der Sieg ist »ein Werk des Königs und des Volkes«, eine Folge der segensreichen »Vereinigung aller Klassen«, die »der französischen Nation und dem französischen Königtum an diesem Tage mit gemeinsamer, dem feudalen Kriegsheer weit überlegener Kraft« in einem einzigen Schwung zu hohem Ansehen verhalfen.

Kein Wunder, daß Michelet die gleichen Quellen mit ganz anderen Augen sieht. Für ihn ist der Bericht Wilhelm Britos »durch Schmeichelei entstellt«. Alles in allem, schreibt er, »scheint die so berühmte und so nationale Schlacht von Bouvines keine sehr bemerkenswerte Angelegenheit gewesen zu sein«. Sie mißfällt ihm. Was war in der Tat dabei herausgekommen, wenn nicht eine Stärkung des unliebsamen Bündnisses zwischen dem Thron und dem Altar? Philipp war nur eine Marionette in den Händen der Priester, ein Werkzeug des Obskurantismus, viel zu unterwürfig gegenüber dem heuchlerischen Papst, der sich mit Blut befleckt hatte, indem er die Ausrottung eines Volkes befahl, dessen Ketzertum alle Hoffnungen auf Freiheit in sich barg. Dagegen erscheint Otto schon eher als ein Mann von Format, der sich belustigt über die Exkommunikationen hinwegsetzte; und auch König Johann hatte es verstanden, seinen Klerus so zu bändigen, daß er niemandem mehr schaden konnte. Die Anführer der wirklichen, der tiefergehenden Geschichte, diejenigen, die der großen Strömung der Aufklärung als Avantgarde voranmarschierten, befanden sich jedenfalls nicht auf seiten der französischen Ritter, dieser Grobiane. Für Michelet ist Bouvines ein Sieg der Bigotterie und der grundherrlichen Unterdrückung. Und die Heldenkrone kommt bei ihm den alten Haudegen zu, denen, die bis zuletzt durchhielten, den Söldnern, den fleißigen Männern aus dem Volk, die ihre Arbeit gewissenhaft erledigten: »Den Brabanzonen blieb der Ruhm des Heldenmuts, nicht aber der Sieg. Diese alten Soldaten, fünfhundert an der Zahl, wollten sich den Franzosen nicht ergeben und zogen es vor, auf dem Schlachtfeld zu sterben.« Die Ritter hingegen ließen sich unterdessen gefangennehmen. Insgesamt umfaßt Michelets Darstellung der Schlacht eine knappe Seite.

Unter denen, die sich damals mit dem wiederauflebenden Ereignis beschäftigten, scheint Augustin Thierry mit Abstand der Scharfsinnigste zu sein. Gleichwohl rühmt auch er die unauflösliche Verbindung, die das Königtum bis zum Augenblick der Französischen Revolution mit dem Dritten Stand vereinigte. Unter der Prämisse, daß die Aufgabe der historischen Forschung darin besteht, »all die Interessen, die Leidenschaften und die Meinungen, die unsere Gemüter bewegen, auf ihre Wurzel hin« zu untersuchen und »die Spur jener unwiderstehlichen Antriebskraft, die jeden einzelnen von uns zur Wahl einer bestimmten politischen Partei veranlaßt, die uns einsichtsfähig macht oder uns den Verstand verwirrt, in die Vergangenheit zurückzuverfolgen«, will Thierry beweisen, daß »der Mittelstand und die unteren Klassen des Volkes nicht von gestern« sind: »Man nehme eine beliebige Epoche, die sich nicht durch Bürgerkriege, sondern durch feindliche Invasionen auszeichnet, und man wird sehen, daß der letzte Stand der Nation in Sachen Ergebenheit und Enthusiasmus nie hinter den anderen zurückgeblieben ist.« So auch in Bouvines: »Die hundertfünfzig berittenen Knechte aus dem Tal von Soissons, lauter Nichtadlige, eröffneten die Schlacht, und die Bürger der Kommunen postierten sich in vorderster Front.« Angesichts der Spuren, die von Bouvines geblieben sind, stellt Augustin Thierry zuerst diesen Aspekt heraus, der die Grundlage bildet für das plötzliche und letzte Wiederauftauchen eines ganzen Stücks vergessener Erinnerung, das dem fiebernden Nationalismus Auftrieb gibt, das einstimmt in die Fanfaren der Soldatenwerbung, in das Flattern der gehißten Fahnen, und das all den armen Teufeln, die man eines Tages als Helden sehen möchte, ein ermutigendes Beispiel geben soll.

Im übrigen fordert Thierry als erster dazu auf, die überlieferten Zeugnisse einer systematischen Kritik zu unterziehen und sie von ihren legendären Zügen zu befreien. So will er verhindern, daß man den Patriotismus der jungen Rekruten mit lauter verlogenen Erinnerungen nährt. »Die Reform muß in die Tiefe gehen, ... sie muß auch jene katechismusähnlichen Bücher erfassen, die das erste Grundwissen vermitteln. In allen derartigen Werken, die heutzutage üblich sind, steht die größte chronologische Wahrheit neben der gröbsten historischen Verzerrung, die man sich nur vorstellen kann. Schulmeisterlich werden kurz und bündig sämtliche Irrtümer zusammengefaßt, die in den dicken Büchern enthalten sind; und damit das Falsche gewissermaßen über alle Sinne in uns eindringen kann, sind oft noch zahlreiche Stiche zu sehen, die uns die wichtigsten Szenen der Geschichte in höchst merkwürdiger Verkleidung vor Augen führen.« So sieht man »Philipp August am Tag der Schlacht von Bouvines in einer stählernen Rüstung im Stil des 16. Jahrhunderts und gerade im Begriff, seine Krone auf einem Altar niederzulegen. Ich kann nicht umhin«, schreibt Thierry, »diesen letzten Punkt, dessen hierzulande weit verbreitete Popularität eine Art historischer Skandal ist, noch einmal besonders hervorzuheben. Zweifellos ist es sehr erbaulich, wenn ein König in aller Öffentlichkeit Krone und Zepter ablegt, um sie dem Würdigsten darzubieten; aber es ist schon dreist zu glauben, solche Szenen hätten sich je woanders abgespielt als im Theater. Und wie gut der Zeitpunkt gewählt ist, um den ganzen Schmuck der Königswürde unter freiem Himmel zur Schau zu stellen: Es ist eben der Moment, in dem das französische Heer überraschend angegriffen wird! Und wie gut daß alles zum Charakter König Philipps paßt, den man doch als so listig, so nüchtern und so schnell entschlossen kennt! Gewiß, die erste Erwähnung dieser seltsamen Anekdote findet sich in einer zeitgenössischen Chronik; aber diese Chronik stammt von einem Mönch, der außerhalb des Königreichs Frankreich in den tiefsten Vogesen lebte, ohne direkten oder indirekten Kontakt zu den großen Persönlichkeiten seiner Zeit; von einem Mann mit blühender Phantasie, einem Freund des Wunderbaren, der sich gern die erstaunlichsten Dinge erzählen ließ und sie ohne Überprüfung niederschrieb.«

Schon F. Ansart, ein Lehrer des *Collège royal Saint-Louis*, hatte Mézeray 1848 in seiner *Petite Histoire de France à l'usage des écoles primaires* kritisiert und die Geschichte mit der Krone auf dem Altar in Zweifel gezogen. Doch als Augustin Thierry in seinen *Lettres sur l'histoire de France* zur Bekämpfung des Anachronismus aufrief und eine Berichtigung der historischen Verzerrungen forderte, wurde die Erinnerung an Bouvines gerade allenthalben wiederbelebt und ausgebeutet. Bouvines mußte gefeiert werden, man mußte eine Lehre daraus ziehen.

1833 hatte die *Société d'Émulation de Cambrai* einen Preis für die beste historische Abhandlung über den französischen Norden ausgesetzt und die Goldmedaille im Wert von 200 Francs an Herrn Lebon, Ritter des Heiligen Ludwig und Offizier der Ehrenlegion, verliehen. Lebon hatte die alten Schlachtberichte zunächst auf Informationen über die Kunst der Kriegführung untersucht und nebenbei die Ehre der Einwohner von Lille gerettet: Es war kein Verrat gewesen, daß sie die Flandrer, ihre Landsleute, bei sich aufgenommen hatten, denn sie waren Ferrands Untertanen, und der Haß hatte Philipp August blind gemacht, als er ihre Stadt verheerte. Hauptsächlich aber sollte die Studie aufzeigen, welche Spuren das Ereignis von Bouvines im Bewußtsein der nunmehr dort lebenden Menschen hinterlassen hatte. Es kam nicht viel heraus: Konfuse Erinnerungen an ein Gemetzel und an tote Helden, die irgendwie mit »einer Reihe grabförmiger und aufgewölbter Erdhaufen« und mit dem »alten Schutt«, den wenigen bei Pflugarbeiten ans

Tageslicht beförderten Überresten, in Verbindung gebracht wurden. Verschwommene Erinnerungsfetzen, wie man sie auf dem Schauplatz jedes ehemaligen Schlachtfeldes findet.

1845 kam bei der Jahresversammlung des Archäologenkongresses unter dem Vorsitz von Arcisse de Caumont der Gedanke auf, am Schlachtort ein Denkmal zu errichten. Aber damals einigte man sich, nur das Datum, 1214, in den Stein zu meißeln: Obwohl »unsere flandrische Bevölkerung im Herzen französisch geworden war«, mußte man das stets etwas heikle Selbstwertgefühl der Flandrer schonen. Sie galten nämlich immer noch als die eigentlichen Verlierer der Schlacht. Nach 1870 änderte sich alles: Der deutsche Kaiser wurde wieder zum einzigen Gegner des Königs von Frankreich. Vor allem aber belebte die Niederlage mit einem Schlag sämtliche Erinnerungen an Bouvines. 1879 wurde beschlossen, daß der Obelisk nicht mehr genügte: Malereien an den Kirchenfenstern sollten die Verteidiger des Vaterlandes feiern. Der Gelehrte H.-M.-L. Delpech, bekannt durch seine Arbeiten über die Geschichte des Militärwesens, wurde beauftragt, die Maler anzuleiten. Der wunderliche Kurzbericht, den er zu diesem Zwecke schrieb, brandmarkt den Erbfeind, den Deutschen: »Otto«, so heißt es, »war ein heuchlerischer, brutaler, egoistischer Mensch«; unterhalb der Gestalt des Königs von Frankreich, der soeben beschlossen hat, die Offensive zu ergreifen, sollen »die heranstürmenden deutschen Reiter« dargestellt werden, »wie sie plötzlich innehalten, dicht zusammenrücken und im Flankenmarsch an dem König vorbeidrängen, haßerfüllt und nur durch ihre Angst gebremst«; die wichtigsten Szenen, die im Mittelpunkt stehen, zeigen »die Krone von Frankreich, dem direkten Schutz der Kirche anvertraut«, und die ganze Nation unter der segnenden Hand des Herrschers versammelt; sollte es den Malern widerstreben, »einen Bischof darzustellen, der Leute niederschlägt, könnte man diese Schwierigkeit derart umgehen, daß man jenen Moment auswählt, in dem Salisbury bereits am Boden liegt und Beauvais ihn an Johann von Nivelle übergibt«; wäre es schließlich nicht angebracht, »ohne die historische Ähnlichkeit zu verfehlen« am Ende des Kampfes »eine Art Ehrenparade«, einen Siegesaufmarsch, zu inszenieren?

Neun Jahre später bemüht sich ein von General de Gallifet geleitetes Komitee, der Schlacht noch mehr Glanz zu verleihen. In einem Aufruf appelliert es »an die Künstler, sie in ihren schönsten Episoden darzustellen, und an die Öffentlichkeit, sich an den Kosten zu beteiligen, die durch die Pflege dieser nationalen Erinnerung entstehen«. Ernest Lavisse eilt dem Komitee zu Hilfe – wenn nicht mit seinem Geld, so doch wenigstens mit seiner Feder. Es ist ihm »eine Ehre, um Spenden für das Werk des Andenkens an diesen Tag zu bitten«; erfreut über »die ihm angebotene Gelegenheit, dieses große Gefecht, weit entfernt von der grellen Klarheit moderner Sachverhalte, in all seiner Zwielichtigkeit, im poetischen Schein der Morgenröte« darzustellen, schreibt er im Dezember 1888 den Leitartikel für das *Journal des Débats*. Obwohl er hier das »Gold *(sic)* des treulosen Albion« erwähnt, gibt es keinen Zweifel: Die Heimat des Bösen liegt jenseits des Rheins. »Vor neunundzwanzig Jahren«, schreibt Lavisse, »habe ich eine große nationale Freude erlebt, die Freude eines Volkes, das glücklich war, gesiegt und durch seinen Sieg ein anderes Volk befreit zu haben; dann, vor achtzehn Jahren, erlebte ich einen großen nationalen Schmerz.« Und das macht ihm zu schaffen. Das zwingt ihn zu dem Bekenntnis, es sei doch Gutes an »der Politik unserer Könige« gewesen, »die uns im Gehorsam und in der Pflege unserer nationalen Größe vereinigt hat«. Was er jedoch – seine Leser kommen schließlich von zwei Seiten – durch eine Hommage an »die Revolution, die uns alle zu Mitbesitzern des Vaterlandes machte«, schnell wieder korrigiert.

Seit neuestem ließ die Republik all ihren Mitbesitzern, solange sie noch jung waren, kostenlosen Pflichtunterricht in der Geschichte Frankreichs erteilen, damit sie genau wußten, was dieses gemeinsame Erbe wert war, und um ihren Stolz zu fördern. »Unser Vaterland braucht den zuverlässigen Beistand aller seiner Kinder heute ganz besonders. Die Lehre unserer Nationalgeschichte wird mehr als alles andere dazu beitragen, ihm seine vergangenen Fehler wie auch seine künftigen Pflichten klar und deutlich bewußtzumachen. Möge dieses Büchlein unseren unglücklichen Brüdern im Elsaß und in Lothringen beweisen, daß wir immer an sie denken; möge es uns alle daran erinnern, daß dies eine feierliche Stunde ist, daß die Erneuerung eines Volkes mit der Erziehung seiner Kinder beginnt und daß dies der Preis für das Wohlergehen Frankreichs ist«, heißt es in den *Textes et récits d'histoire de France, première année,* einem 1880 von P. Foncin herausgegebenen Lehrbuch für Erstkläßler.

In den Schulbüchern dieser Zeit wird Bouvines nachdrücklich als ein Sieg des Volkes über das Feudalwesen dargestellt, dessen unheilvolle Einflüsse zu einem Verlust des Nationalbewußtseins geführt hatten: »Die Vielzahl der Grundherren hatte die Idee des Vaterlandes gewissermaßen zerstört. Trotzdem war diese Idee nicht ganz verschwunden, und als die Franzosen hörten, daß ein überwiegend deutsches Heer im Anmarsch war, geriet ihr Blut in Wallung«, schreibt G. Ducoudray 1884 in der *Histoire élémentaire de la France*. Und wer »ließ den Feind verzagen«, wer führte den Sieg herbei? Die Kommunalmilizen. Mögen die kleinen Bauern sich getrost darauf verlassen: Auch sie werden siegreich sein! Wenn sie sich gegenüber ihren Herren nicht immer nur gehorsam, höflich, respektvoll und redlich zeigen, sondern den gleichen Mut aufbringen wie ihre Ahnen, werden sie Elsaß und Lothringen befreien!

Die Brüder der christlichen Schulen treten in die gleichen Fußstapfen, präzisieren allerdings, daß die Monarchie die Kommunen selbst ins Leben rief und daß diese ihr wohlgesonnen waren. Auf jeden Fall hat Bouvines die gleiche Bedeutung wie Alésia: Es ist die zweite Manifestation eines französischen Patriotismus. »Der erste nationale Sieg«, sagt der 1894 von Ernest Lavisse herausgegebene *Cours:* »Alle Klassen der Nation, die Ritter, der Klerus und die Kommunalmilizen, hatten sich an dem Kampf beteiligt, und zum ersten Mal feierte ganz Frankreich einen Triumph.« Es geht in der Tat um die nationale Einheit. Um die Einheit eines Volkes, das souverän geworden ist. »Der Sieg von Bouvines ist dem Mut der tapferen Bürger der Kommunen zu verdanken«, stellt der *Cours d'histoire à l'usage de l'enseignement primaire* von D. Blanchet und J. Périard 1901 ohne Umschweife fest.

Nach Anbruch des 20. Jahrhunderts wird der Tonfall aggressiver: »Es war unser erster Sieg über die Deutschen«, heißt es kühl in dem *Cours* von C. Calvet, erschienen 1903 – im gleichen Jahr, in dem Leo XIII. wohlwollend genehmigt, daß die Reliquien des Heiligen Fulgentius und der Heiligen Saturnina, großzügige Schenkungen des Bischofs von Anagni, in die Kirche von Bouvines überführt werden dürfen. Endlich kann das Gotteshaus, wie der Kanoniker Salembier es vier Jahre später wünscht, zu einer »jener patriotischen Wallfahrtsstätten werden, die zugleich Orte der Verehrung und der dankbaren Anbetung des Gottes der Schlachten sind«. Eine dementsprechende Wallfahrt in Lederhosen unternimmt Capitaine H. de Malleray im Jahre 1905. Auf dem Rückweg von einem angenehmen und frommen Marsch zu den Gedenkstätten früherer Blutbäder, deren Erde er gerochen hat, kommt er nach Bouvines und entbrennt in leidenschaftlicher Begeisterung: »Es ist die reinste Lust für einen Soldaten, den nationalen Gedanken auf einem Schlachtfeld keimen, wachsen und gedeihen zu sehen, ...besonders dann, wenn dieses Feld schon ganz getränkt, ja gewissermaßen saturiert ist von dem Haß gegen jede Fremdherrschaft, von dem energischen Willen, den Heimatboden vor ihr zu bewahren... O Frankreich, mein geliebtes Land, sicher wirst du schwere Stunden noch erleben. Du bist zu schön, um unbegehrt zu bleiben, zu reich, um keine Lüsternheit zu wecken.« Aber auch zu knauserig, um dafür zu sorgen, daß die Kirche von Bouvines endlich alle ihre Fenster bekommt: »Aus Geldmangel ruhen die Arbeiten seit mehreren Jahren.« Sie müssen unbedingt fortgeführt werden. Und warum sollte man dieses nationale Denkmal nicht »dem Ruhm der unbekannten und furchtlosen Kämpfer widmen, für die Michelet schon vor langer Zeit ein Wort, eine Träne, ein Andenken erbeten hat«? Dieser Hauptmann, der Michelet gelesen hat, liebt seine Männer: »Könnten wir in Frankreich nicht eine Art Versöhnungsmonument errichten, ein militärisches Pantheon für die namenlosen und vergessenen Helden?«

Um die gleiche Zeit nimmt auch die Poesie sich des Themas an – und was für eine Poesie! 1879 hatte der Jesuitenpater Longchamp eine köstliche Trilogie mit Chorbegleitung auf Bouvines geschrieben, zu Ehren Frankreichs, der »Heiligen Kirche und des Heiligen Vaterlandes«, ein Loblied auf das »Feld der Ehre«, das alles veredelt, wo es »gemeine Leute nicht gibt«. A. Fraisse, der das Thema 1911 wieder aufgreift, zeigt Philipp August als einen König, der den Feudalismus zerschlägt, indem er Freiheitsbriefe in alle Winde verstreut. Natürlich hat Bouvines bei weitem nicht die gleiche Zugkraft wie Jeanne d'Arc. Vielleicht gerade weil das gemeine Volk und die bewaffnete Nation hier allzu dicht neben der Kirche, dem Adel und dem König hermarschieren. So dicht, daß man die einen kaum verherrlichen kann, ohne auch die anderen ein wenig zu rühmen. Mit der Jungfrau von Orléans ist das alles einfacher. Sie, ein Mädchen aus dem Volke und obendrein noch Lothringerin, kann sowohl einen Péguy als auch einen Déroulède in Wallung bringen. Ärgerlich ist nur, daß es englische Landsleute sind, die sie aus Frankreich vertrieben hat. Wo zwischen England und Frankreich doch die *Entente cordiale* geschlossen wurde! Hier ist Bouvines im Vorteil: Es sind eindeutig die Teutonen, die besiegt werden und sich wie die Hasen aus dem Staube machen.

Ausgerechnet jetzt steht Bouvines der siebenhundertste Jahrestag bevor. 1913 hat Deutschland den Jahrestag der Völkerschlacht bei Leipzig gefeiert und ihr ein Denkmal gesetzt. Zweifellos wird England demnächst sein Waterloo feiern. Worauf wartet Frankreich noch? Es bildet sich ein neues Komitee, das Anfang Juni 1914 eine Zeremonie in Saint-Denis organisiert: Bei den Gräbern der Könige von Frankreich schwingt ein Statist die Oriflamme. Man plant, auf dem Schlachtfeld ein Denkmal zu errichten, das weniger kleinlich ist als der Obelisk und eine deutlichere Sprache spricht; es soll die Gestalt »einer mittelalterlichen Festung« haben, überragt von »einer riesigen Statue Philipp Augusts, als leibhaftige Verkörperung des Vaterlandes auf einem Schlachtroß sitzend«. Eine würdige Erinnerung an einen der Könige, *qui ont fait la France* – und sogleich verlangt das Komitee auch ein Fest, und zwar in Bouvines selbst, unweit Sedan. Die Regierung der Republik gibt zögernd ihre Einwilligung, aber nur unter einer Bedingung: Es sollen keine Pfarrer auftreten. Am 27. Juni zieht der Leitartikel des *Écho de Paris* eine Parallele zwischen Bouvines und Leipzig: »In Deutschland, wo die Länder des Südens uneins mit denen des Nordens sind, hat Leipzig eine künstliche Einheit geschaffen. In Frankreich hat Bouvines von 1214 bis 1914 für eine kontinuierliche und dauerhafte Einheit gesorgt. In einer der beiden Völkerschlachten war der Sieger dreimal so stark wie der Besiegte. In der anderen schlug der Sieger eine dreifache Übermacht. Welche kann man da wohl als glorreicher bezeichnen? ... Und wenn wir nun ein Denkmal in dieser berühmten Ebene errichten, müßte die ganze Welt sich zu uns gesellen, denn wie bei Tolbiac und bei Poitiers war es auch hier die Sache der Zivilisation, die triumphierte.«

Am 28. Juni, einem Sonntag, fahren Sonderzüge nach Bouvines. Nahe der Brücke ist eine Tribüne aufgestellt; das Militär defiliert vor den Zuschauerreihen, wo so manche Nachfahren der Kämpfer von Bouvines Platz genommen haben, unter ihnen ein Monsieur de Montigny. Es folgen Reden, Gesänge, ein Festessen, dann ein Fackelzug, angeführt von dem Lilienbanner, und zu guter Letzt ein Feuerwerk. Für die *Action française* »ist es eine Tatsache: Von morgens bis abends herrschte der Gedanke an den König von Frankreich«. Immer wieder ertönte der Ruf: »Es lebe Philipp! Es lebe der König!« Eine einmütige Gemeinschaft also auf diesem Volksfest der Vergeltung? Nein, keineswegs. Es kamen auch »einige hundert Sozialisten, die den Zapfenstreich zur Erinnerung an Bouvines Freitag abend in Lille mit törichten Pfiffen bedachten«. Das *Echo de Paris* vom 29. Juni beklagt diesen Vorfall und möchte den Störenfrieden die Augen öffnen: »Leider werden die Dummköpfe nie begreifen, daß diese Schlacht den Triumph der Kommunen über das Lehnswesen bedeutet.« Und das *Journal* vom 30. Juni hält »den Gegnern der Bouvines-Feiern« das Argument der Kultur entgegen: »Mit dem nationalen Befreiungssieg vor siebenhundert Jahren begann der wunderbare Aufschwung der französischen Zivilisation des Mittelalters, der Schule des modernen Europa.«

Dies war das Thema der Rede, die E. Lamy, der ständige Sekretär der *Académie française*, auf der Tribüne von Bouvines gehalten hatte. Er hatte »über das Recht der Völker« gesprochen und »über die Zukunft der Zivilisation«, einer Zivilisation, der »die Feudalgesellschaft im Wege stand«. Das damalige Frankreich unterstützte die Bemühungen der Bischöfe, während Deutschland, wo »man sich wenig empörte, wenn die Priester dem Zölibatsgelübde untreu waren«, »zur heidnischen Ordnung jener Gesellschaften neigte, in denen die Religion nur noch als Werkzeug der Macht und nicht mehr als Richter dient«. Das Heer Philipp Augusts jedoch schickte sich an, den feudalen und teutonischen Widerstand zu brechen. Der Feind, den es vor sich hatte, war die Kulturlosigkeit selbst, heimtückisch und stumm. »Unterbrochen wurde die Stille der lauernden Bestie nur durch den blutrünstigen Schwur, mit dem Otto, Ferrand und Rainald ihre Absicht bekräftigten, Philipp August zu töten, und durch einen Aufschrei der Sinnlichkeit (der ständige Sekretär der *Académie française* wetteifert mit Wilhelm Brito um die größere Prüderie), durch den Ruf: ›Ein jeder denke an seine Schöne!‹, der dem Mund eines Flandrers entfuhr.« Einzig die Brabanzonen »retteten die deutsche Ehre«. Bouvines ist ein Sieg des Verstandes über die Zahl, ein Sieg der wendigen und feurigen Kavallerie über das schwerfällige Heer der Infanterie. Aber es ist auch eine Art Wunder. Ihr dürft hoffen, Brüder! »Es ist nicht das einzige Mal, daß unser Volk diesen geheimnisvollen Beistand erhielt: In den Stunden der größten Entscheidungen ist es durch Mittel, die an sich unwirksam erschienen, erhöht und wiederaufgerichtet worden.« »Gibt es für unsere Nation oder für irgendein Geschöpf einen schöneren Ruhm als den, vorübergehend im Dienste der geistigen Weisheit zu stehen? (Lamy weiß kaum noch, wie er den Namen Gottes vermeiden soll!)« Die militanten Royalisten, die das Fest vorbereitet hatten, waren von diesem augenzwinkernden Einverständnis mit dem Klerikalismus und der Demokratie aufs Unangenehmste berührt. E. Lamy, »einer der dreihundertdreiundsechzig, deren Sieg uns nach dem 16. Mai, *Bismarcko juvente*, endgültig zu diesem glückseligen Regime verholfen hat«, wurde in der *Action française* arg heruntergeputzt, einmal am 8. Juli von dem Grafen Lur-Saluces und dann, am 12. Juli, noch einmal von Charles Maurras.

Das zuletzt genannte Datum war gleichzeitig der Tag, an dem der Klerus sein Bouvines-Fest feierte, ganz für sich allein. Es sprach Monseigneur Touchet, der Bischof von Orléans. Ein vorsichtiger Redner, mindestens ebenso listig wie Philipp August. Wird er als Priester eine Schlacht verherrlichen? Gewiß nicht, aber er rühmt »die streng erhabenen Werte, die der Krieg gebietet, und noch etwas, was er manchmal erreicht...: Die Unabhängigkeit des von unerträglicher Fremdherrschaft bedrohten oder vergewaltigten vaterländischen Bodens. So gesehen«, fährt der Bischof fort, »kann ich nur sagen, ja! Das Schauspiel von Bouvines ist mehr als ein Epos. Es ist ein grandioses Bürgerfest. Heinrich IV., Bonaparte und die Bergpartei von 1793, sie alle hätten applaudiert. Wir applaudieren ebenfalls. Bischöfe und Bürger, Bürger ebenso wie Bischöfe, ist es nicht wahr, meine Herren?... Otto war nur ein erbärmlicher Routier, dem es sehr gefiel, ein reiches Land zu plündern. Seit Tolbiac haben die Deutschen es im Blut: Sie fallen bei uns ein, um sich selbst zu stärken. Und wir haben nicht versäumt, es ihnen heimzuzahlen. Bald schlugen wir sie, bald wurden wir geschlagen. Gebe Gott, daß die Ära dieser tödlichen Kämpfe ein für allemal beendet ist! Doch sollte die Arena sich wieder öffnen, möge der Herr sich erinnern, daß wir an der Reihe sind, die anderen zu schlagen und nicht geschlagen zu werden.« Es lebe Frankreich, »um der Menschheit und wohl auch um Gottes willen. Denn Gott teilt diese Meinung: Eher hat er Wunder vollbracht, als daß er uns umkommen ließ«.

Vor allem aber wünscht Gott die Vereinigung. Die Vereinigung der Klassen natürlich – herbeigeführt durch väterliche Handreichungen gegenüber denen, die im Elend versinken. »Wißt ihr, was der Szene zu ihrer Vollendung fehlt? Philipp hätte einen der Bauern oder einen der Bürger, die soeben bewiesen hatten, daß das Blut in ihren Adern nicht weniger rot war als das der anderen, zu sich rufen und zum Ritter gürten müssen.« Die heilige Vereinigung. Die Vereinigung der Katholiken. Der Prälat schließt mit dem Ausdruck seiner »absoluten Hoffnung auf einen endgültigen Sieg, auf irgendein Bouvines der Kirche«. Die *Action française* vermied es, über diese hinterhältige Homilie zu berichten.

Man weiß, was drei Wochen später geschah. Die Blutbäder des Ersten Weltkrieges triumphierten über das, was von Bouvines geblieben war. Nach dem Sieg wird es still in den Schulbüchern, die von der Geschichte Frankreichs handeln. Nicht ganz, aber fast. Den Richtlinien von 1923 gemäß finden sich in dem *Cours* von Faubert und Huleux lediglich drei Zeilen zum Thema Bouvines. Und auch sie handeln nicht von der Schlacht, sondern von dem Volksfest, einem feudalen 11. November. Ähnlich in der *Histoire de France pour le Certificat d'Études* von L. Brossolette, die 1935 unter dem Motto erschien: »Das Volk eher denn die Fürsten. Die Zivilisation eher denn Schlachten.« Zur gleichen Zeit indes, während jenseits des Rheins dunkle Wolken aufzogen, während in Frankreich die *Anciens Combattants* von einer neuen Ordnung träumten, widmete Antoine Hadengue dem »schöpferischen Sieg« ein ehrenhaftes Buch, erfüllt von dem gleichen Enthusiasmus, der ehemals Capitaine de Malleray in Schwärmerei geraten ließ. »Die tödliche Gefahr läßt im tiefsten Innern unseres Volkes ein neues Gefühl erblühen, ein Gefühl, für das es nur ein Wort gibt: Patriotismus.« Voller Ergriffenheit hat Hadengue sich an Ort und Stelle die immer noch unvollständige Serie der Kirchenfenster angeschaut. Die Äußerungen eines alten Bauern haben ihn gerührt: »Schon damals waren es die Preußen, die bei uns eingedrungen sind. Da hat man hier mobilgemacht. Alle taten sich zusammen, die Herren und die kleinen Leute.« Wie in den Schützengräben. General Weygand leitet das Werk mit einem Vorwort ein. Er wird sehr deutlich. Welche Lehren sind aus dieser Geschichte zu ziehen? Daß »die tieferen Ursachen für das Wohlergehen Frankreichs in der Entschlossenheit und im Charakter des Führers liegen«. Man ahnt schon, was da kommen wird. »Siebenhundert Jahre alt sind die Lektionen von Bouvines, und wie jung erscheinen sie doch heute, nach dem beispiellosen Kampf, den Frankreich gerade erst für seine Existenz geführt hat, nach einem teuer errungenen Sieg, dessen Ergebnisse, unanfechtbar, aber unzulänglich fortgeführt, den Geist des Siegers verunsichern! Und das in einem Moment, in dem der derzeitige Führer Deutschlands schreibt: ›Frankreich ist der Todfeind, der ewige Feind seit dem 13. Jahrhundert. Wir müssen uns mit ihm auseinandersetzen, wir müssen mit ihm abrechnen!‹« Tatsächlich schickte Gott sich an, den frommen Wunsch von Monseigneur Touchet zu erhören und das Gesetz der Abwechslung zu respektieren. Diesmal waren die Teutonen an der Reihe.

Nach 1945 geriet Bouvines vollständig in Vergessenheit. Heute ist es für die Lehrer kein Thema mehr. Ihnen wird empfohlen, von den Kreuzzügen, den Grundherren, den Burgen und den Kathedralen direkt zum Heiligen Ludwig überzugehen, zu dem guten König, dem einzigen Kapetinger, der so eindringlich geschildert wird, daß er in den kindlichen Gedächtnissen Gestalt annimmt. 1961 stellt ein *Loto des Dates* zwanzig Jahreszahlen zusammen. Nur zwei Schlachten kommen vor: Crécy und Marignan. Bouvines fehlt. Die Lehrbücher für Gymnasiasten vergönnen dem Sieg immerhin eine Seite. So etwa die *Collection Portes-Reynaud*, die den Richtlinien von 1970 folgt. Man sieht eine Miniatur (aus dem 15. Jahrhundert), die zu der Frage veranlaßt: Warum ist das Volk so fröhlich? Die zitierte Schilderung von Wilhelm Brito soll dem Schüler auf die Sprünge helfen; des weiteren wird er aufgefordert, sich ein Bild von »der Truppenaufstellung« zu machen, und man zeigt ihm einen Schlachtplan; der deutsche Kaiser allerdings ist nicht mehr mit von der Partie: Es ist Rainald von Boulogne, der dem König von Frankreich gegenübersteht. Die *Collection Bordas* gibt sich etwas großzügiger: Sie widmet Bouvines zwei von 292 Seiten. Die gleiche Textstelle mit der Beschreibung der großen Freude des Volkes wird zitiert, diesmal jedoch Rigord zugeschrieben; und der Besiegte ist auch nach dieser Zusammenfassung nicht der deutsche Kaiser, sondern der König von England. Die *Encyclopaedia Universalis* erwähnt Philipp den Schönen, nicht aber Philipp August. Und Jacques Le Goff, der die Geschichte des Mittelalters von 1060 bis 1330 in über zweitausend Zeilen präsentiert, räumt Bouvines nur eine dreizeilige Bemerkung ein: Er sagt lediglich, daß Otto IV. eine »vernichtende Niederlage durch Philipp August, den König von Frankreich«, erlitt und daß letzterer anschließend »die gebührenden Ehrungen der Volksmassen entgegennahm, die auf seinem Weg zusammenströmten«. Sonst nichts.

Kein Wunder, daß die letzten Spuren des Ereignisses vor unseren Augen verschwinden. Was hätten Berichte über Bouvines in einem Schulunterricht zu suchen, der, für die Kindes des vereinigten Europa konzipiert, im Namen einer Geschichte erteilt wird, die sich in einem langen und berechtigten Kampf gerade von den Fesseln des Ereignishaften befreit hat? Die heutige Zeit vertreibt die Schlachten aus ihrem Gedächtnis. Zu Recht. Und wie sollte sie sich da erinnern, daß es früher einmal Staatsoberhäupter gab, die sich im Zweikampf messen wollten, Mann gegen Mann, während sie ihre Herrschaft wieder in die Hände Gottes legten? Heute macht in der Tat kaum jemand seine Macht von einer Waffenentscheidung abhängig, noch sucht er seine Legitimität in einem Sieg. Was heute geschieht, ist eher das Gegenteil: Das echte oder vorgetäuschte, durch zweifelhafte Erfolge erworbene Ansehen dient großen wie kleinen Befehlshabern als Vorwand, die Macht mit Gewalt an sich zu reißen. Und wer sie einmal hat, wird sich hüten, sie je wieder aufs Spiel zu setzen. Es ist ein finsterer Krieg, den diese Männer führen; ein Krieg, in dem es keine offenen Kämpfe gibt, der sich anderer Mittel bedient, die heimtückischer und effektiver sind; ein Krieg, der vernichten soll. Das aber hindert keinen General und keinen Offizier, eine gewisse Nähe zu Gott zu suchen. Bis heute üben die Sprengwedel einen unüberwindlichen Reiz auf die reflexartig sich zuneigenden Schwerter aus. Der Weihrauchduft gefällt den Obersten. Oft sieht man sie in Kathedralen, den Himmel nach Zeichen des Gottesgnadentums erforschend. Und es würde ihnen nicht mißfallen, wenn auch sie imstande wären, Aussätzige zu heilen.

Nachträglich erinnern sie gern an die Siege von einst – vielleicht, um das etwas schwere Gewissen, das die gnadenlose Tyrannei ihnen trotz allem manchmal bereitet, durch die Rechtfertigungen des Zeitlosen und des Magischen zu entlasten. »Gewiß, der Gott der Schlachten existiert. Die menschlichen Pläne und Absichten unterliegen stets dem Willen Gottes, der die Siege gewährt und die Fluchten auslöst. Gott aber läßt die gerechte Sache nicht im Stich, noch läßt er die allein, die ihm guten Glaubens dienen. Wenn wir versuchen, die entscheidenden militärischen Siege der Weltgeschichte unter diesem theologischen Aspekt zu betrachten, finden wir die Zeichen, durch die der göttliche Wille seine Absichten kundtut, leicht heraus. Der Spielraum zwischen Sieg und Niederlage ist so gering, die Umstände des Glücks sind so wechselhaft, daß jede Schlacht, so gut sie auch geführt sein mag, leicht an unüberwindlichen Hindernissen scheitern kann: Niemand weiß mit Sicherheit, ob Gottes Wille zu seiner Seite neigt.« Es ist ein General, der diese Worte schreibt: Francisco Franco. Im Jahre 1964. Am 25. Juli 1971, dem Fest des Heiligen Jakobus von Compostella, des Schutzpatrons von Spanien, kniet er, umringt von den Mitgliedern seines Kabinetts und von etwa zwanzig Bischöfen, vor der Statue des Heiligen nieder und erhebt abermals das Wort. Was hat er zu sagen? »Während unseres Kreuzzuges der Befreiung haben wir mehrfach festgestellt, daß die entscheidenden Siege an den großen Festtagen Spaniens errungen wurden. So auch bei der Schlacht von Brunete, wo der Sieg uns nach mehreren Tagen ergebnisloser Kämpfe am Festtag unseres heiligen Schutzpatrons zufiel. Anders kann es auch nicht sein, wenn man für den Glauben, für Spanien und für die Gerechtigkeit kämpft. Der Krieg ist leichter, wenn man Gott zum Bündnispartner hat.«

Gott. Den Gott der Holocausts und Militärparaden. Den Gott der wiederhergestellten Ordnung. Das große Weiße Pferd*, das eines Abends über dem Leichenfeld von Brunete schwebte, hatte einst auch über Bouvines geschwebt. Es schwebt auch über Guernica, über Auschwitz, über Hiroshima, über Hanoi und über allen Hospitälern, nach jeder Art von Aufruhr. Auch dieser Gott ist nicht bereit zu sterben. Und er erkennt die Seinen stets.

---

* A.d.Ü.: Der Legende nach ritt der Heilige Jakobus den Spaniern im Kampf gegen die Sarazenen auf einem weißen Pferd zu Hilfe.

Zeittafel

1163	Baubeginn der Kathedrale Notre-Dame de Paris.
1165	21. August: Geburt Philipps II. August.
	Heiligsprechung Karls des Großen.
Um 1167	Geburt Johann Ohnelands.
1178	Päpstliche Mission im Albigensergebiet.
1179	1. November: Salbung Philipp Augusts. III. Laterankonzil.
1180	28. April: Vermählung Philipp Augusts mit Isabella von Hennegau.
	14. September: Tod Ludwigs VII.
	Vertrag von Gisors. In Paris wird ein erstes Kollegienhaus für Studenten gegründet.
1181–1190	Chrestien de Troyes verfaßt *Perceval*.
1182	Philipp August vertreibt die Juden.
	Winter: In Le Puy entsteht die Sekte der Kapuzinaten (Bruderschaft Gottes).
1185	Philipp August erwirbt Arras und das Vermandois.
1186	Der Vater des Grafen Rainald von Dammartin flüchtet zum König von England.
1187	Saladin erobert Jerusalem. Erwerbung von Tournai.
	5. September: Geburt Ludwigs VIII.
1189	6. Juli: Tod Heinrichs II. Plantagenet.
	Tod Isabellas von Hennegau.
1190	4. Juli: Philipp August und Richard Löwenherz brechen von Vézelay zum Heiligen Land auf.
	Tod Philipps »von Elsaß«, Graf von Flandern.
1191	13. Juli: Einnahme von Akkon.
	21. Juli: Philipp August beschließt, nach Frankreich zurückzukehren.
	25. Dezember: Philipp August in Fontainebleau.
	Philipp August nimmt die Huldigung Rainalds von Dammartin für die Grafschaft Boulogne entgegen.
1193	Februar: Johann Ohneland leistet Philipp August ligische Mannschaft für die Lehen das Hauses Plantagenet.
	14. April: Philipp August heiratet Ingeborg von Dänemark.
1194	Die Bischofsversammlung zu Compiègne erklärt die Ehe zwischen Philipp August und Ingeborg für nichtig.
	20. März: Richard Löwenherz kehrt nach England zurück.
	Mai: Richard Löwenherz versöhnt sich mit Johann Ohneland.
	3. Juli: Philipp August wird bei Fréteval geschlagen.
	Beginn des Wiederaufbaus der niedergebrannten Kathedrale von Chartres. Die Lehrer der Pariser Schulen erhalten ein erstes Privileg.
1196	Philipp August heiratet Agnes von Meran. Papst Coelestin III. annulliert den Beschluß von Compiègne.
	Der Bischof von Beauvais wird durch Richard Löwenherz gefangengenommen. Errichtung der Burg Château-Gaillard.
	Dezember: Wahl Friedrichs II. zum deutschen König.
1198	8. Januar: Innozenz III. zum Papst gewählt.
	20. September: Das Heer des Königs von Frankreich erleidet bei Gisors eine Niederlage.
	Den Juden wird gestattet, in die Krondomäne zurückzukehren.
1199	April: Richard Löwenherz ernennt Johann Ohneland zu seinem Nachfolger.
	24. Juni: Waffenstillstand zwischen Philipp August und Richard Löwenherz.
	27. November: Johann Ohneland wird König von England.
	Verkündigung des IV. Kreuzzugs.
1200	Januar: Abkommen zwischen Philipp August und König Johann. Prinz Ludwig heiratet Blanka von Kastilien, Johanns Nichte, die als Mitgift Evreux bekommt.
	15. Januar: Innozenz III. verhängt das Interdikt über das Königreich Frankreich.
	22. Mai: Friede von Le Goulet zwischen Philipp August und Johann Ohneland, der dem König von Frankreich für die festländischen Lehen huldigt. Der Papst spricht sich für Otto von Braunschweig aus.
	7. September: Philipp August erkennt Ingeborg als seine Gemahlin an.
	Der König gewährt den Pariser Studenten ein Privileg.
1201	November: Innozenz III. legitimiert Philipp Augusts zweiten Sohn Philipp Hurepel, der Anfang des Jahres geboren und mit der Tochter Rainalds von Dammartin verlobt wurde.
1202	April: Verurteilung Johann Ohnelands durch das Königliche Hofgericht.
	Graf Balduin von Flandern nimmt das Kreuz.
1203	3. April: Ermordung Arthurs von Bretagne.
1204	Tod Eleonores von Aquitanien.

1204	6. März: Einnahme von Château-Gaillard. Die Normandie wird erobert.
	April: Einnahme Konstantinopels durch die Lateiner.
	Peter II., König von Aragon, wird Vasall des Heiligen Stuhls.
1205	Stephan Langton zum Erzbischof von Canterbury gewählt.
1206	26. Oktober: Waffenstillstand zwischen Philipp August und Johann Ohneland.
	Der Heilige Dominikus predigt im Albigensergebiet. Franz von Assisi zieht sich von der Welt zurück.
	Beginn der Bauarbeiten an den Portalen der Kathedrale von Chartres.
	Ende des von Rigord verfaßten Teils der *Gesta Philippi Augusti*.
1207	1. Oktober: Exkommunikation des Grafen Raimund von Toulouse.
	Geburt Heinrichs III.
	Erste Erwähnung des Zusammenschlusses von Lehrern und Studenten in Paris.
1208	24. März: Der Papst verhängt das Interdikt über das Königreich England.
	Ermordung Philipps von Schwaben. Neuwahl Ottos von Braunschweig.
1209	12. Januar: Ermordung des päpstlichen Legaten Peter von Castelnau im Albigensergebiet.
	März: Otto von Braunschweig leistet in Speyer seinen Eid.
	18. Juni: Raimund von Toulouse tut öffentliche Abbitte.
	Juli: Aufbruch des Kreuzzugs gegen die Albigenser.
	Exkommunikation Johann Ohnelands.
	27. September: Kaiserkrönung Ottos IV. von Braunschweig.
1210	November: Otto wird exkommuniziert und abgesetzt.
	An den Schulen von Paris wird die Lektüre der *Metaphysik* von Aristoteles verboten.
1211	Ferrand von Portugal heiratet Johanna, die älteste Tochter des Grafen Balduin IX. von Flandern.
	Oktober: Friedrich II. wird in Nürnberg zum deutschen König gewählt.
	Rainald von Dammartin befestigt die Burg Mortain und setzt sich mit Johann Ohneland ins Benehmen.
	Beginn des Wiederaufbaus der Kathedrale von Reims.
1212	22. Januar: Ferrand von Portugal huldigt Philipp August für die Grafschaft Flandern.
	24. Januar: Ferrand tritt Aire und Saint-Omer ab.
	4. Mai: Rainald von Dammartin huldigt Johann Ohneland und verpflichtet sich, weder Frieden noch Waffenstillstand mit Philipp August oder Prinz Ludwig zu schließen.
	Kinderkreuzzug.
	16. Juli: Schlacht bei Navas de Tolosa.
	19. November: Zusammenkunft Friedrichs II. mit Prinz Ludwig bei Vaucouleurs.
	Dezember: Krönung Friedrichs II. in Mainz.
	Bau der Stadtmauern von Paris.
1213	Januar: Der Papst belegt Johann Ohneland mit dem Kirchenbann.
	Prinz Ludwig nimmt das Kreuz.
	8. Mai: Versammlung von Soissons. Der Graf von Flandern weigert sich, an dem Feldzug gegen England teilzunehmen. Philipp August holt Königin Ingeborg an den Hof zurück.
	19. April: Einberufung des IV. Laterankonzils.
	15. Mai: Johann Ohneland unterwirft sich dem Papst.
	22. Mai: Mit gerüsteter Flotte zur Überfahrt nach England bereit, erfährt Philipp August in Gravelingen von der Unterwerfung König Johanns und beschließt, Flandern zu verheeren.
	30. Mai: Philipp August zieht sich aus Flandern zurück, nachdem er Damme niedergebrannt hat.
	31. Mai: Ferrand schwört, daß er König Johann unterstützen wird, daß er ohne ihn und ohne Rainald von Dammartin keinen Frieden mehr mit Philipp August schließen wird.
	20. Juli: Aufhebung der gegen Johann Ohneland verhängten Exkommunikation.
	13. September: Schlacht bei Muret.
	13. Oktober: Johann Ohneland nimmt die Königreiche England und Irland vom Papst zum Lehen.
	21. November: Abkommen zwischen Philipp August und der Gräfin von Champagne.
1214	16. Februar: Landung Johann Ohnelands in La Rochelle.
	April: Philipp August führt sein Kriegsheer nach Poitou.
	25. April: Geburt Ludwigs des Heiligen.
	17. Juni: Johann Ohneland in Angers.
	19. Juni: Johann Ohneland belagert La Roche-aux-Moines.
	2. Juli: Johann Ohneland gibt die Belagerung auf, als Prinz Ludwig mit seinem Heere naht.
	15. Juli: Johann Ohneland wieder in La Rochelle.
	23. Juli: Philipp August bricht von Péronne nach Douai auf.
	26. Juli: Philipp August in Tournai.
	27. Juli: BOUVINES
	18. September: Waffenstillstand von Chinon zwischen Philipp August und Johann Ohneland.
	24. Oktober: Vertrag zwischen Philipp August und Johanna von Flandern.
	Die Fassade der Kathedrale von Laon wird fertiggestellt.
	Philipp August gewährt der Pariser Vereinigung der Flußhändler einen neuen Hafen.
1215	Prinz Ludwig zieht gegen die Albigenser.
	April: Statuten der Pariser Universität durch Robert von Courçon.

1215	15. Juni: In der Ebene von Runnymead gewährt Johann Ohneland die Magna Charta.
	25. Juli: Krönung Friedrichs II. in Aachen.
	September–Oktober: Verhandlungen zwischen Philipp August und den englischen Baronen.
	11. November: Das IV. Laterankonzil tritt zusammen.
1216	21. Mai: Prinz Ludwig landet in England.
	17. Juli: Tod des Papstes Innozenz III.
	19. Oktober: Tod Johann Ohnelands. Heinrich III. wird König von England.
	Philipp Hurepel vermählt sich mit der Tochter des Grafen Rainald von Dammartin.
	Gründung des Dominikanerordens.
	Peter von Courtenay wird Kaiser von Konstantinopel.
1217	20. Mai: Niederlage des kapetingischen Heeres bei Lincoln.
	11. September: Friede vom Lambeth.
1218	Simon von Montfort stirbt vor Toulouse.
1219	Zweiter Feldzug des Thronfolgers Ludwig gegen die Albigenser im Languedoc.
	Erste Mission der Franziskaner in Paris.
1222	Philipp Hurepel, zum Ritter gegürtet, übernimmt die Grafschaft Boulogne.
1223	14. Juli: Tod Philipp Augusts in Mantes.
	6. August: Salbung Ludwigs VIII.
1226	April: Vertrag von Melun mit der Gräfin von Flandern.
	8. November: Tod Ludwigs VIII.
1227	Juni: Ferrand von Flandern erlangt die Freiheit.

Bibliographie

Die wichtigsten Quellen der erzählenden Literatur

ANONYMUS VON BÉTHUNE, *Chronique d'un Anonyme de Béthune*, in: *Recueil des Historiens des Gaules et de la France*, hg. von Martin Bouquet u.a., Bd. XXIV.
BERNHARD VON CLAIRVAUX, *De nova militia*, in: *Patrologiae cursus completus. Series Latina*, hg. von Jacques-Paul Migne, Bd. CLXXXIII.
Burchardi et Cuonradi Uspergensium chronicon, in: *Monumenta Germaniae Historica. Scriptores*, Bd. XXIII.
Chroniques des Comtes d'Anjou et des seigneurs d'Amboise, hg. von L. Halphen und R. Poupardin, Paris 1913 (Collection de textes pour servir à l'étude et à l'enseignement de l'histoire).
Continuatio Claromariscensis Flandriae generosae, in: *Monumenta Germaniae Historica. Scriptores*, Bd. IX.
GALBERT VON BRÜGGE, *De multro, traditione et occasione gloriosi Caroli, comitis Flandriarum*, hg. von H. Pirenne, Paris 1891 (Collection de textes pour servir à l'étude et à l'enseignement de l'histoire).
Histoire de Guillaume le Maréchal, hg. von Paul Meyer, Paris 1891–1901, Bd. I–III (Société de l'Histoire de France).
LAMBERT VON ARDRES, *Historia comitum Ghisnensium et Ardensium dominorum*, in: *Monumenta Germaniae Historica. Scriptores*, Bd. XXIV.
MATTHÄUS PARIS, *Flores historiarum*, hg. von H.R. Luard, London 1890 (Rolls Series).
MÉNESTREL VON REIMS, *Récits d'un Ménestrel de Reims au treizième siècle*, hg. von Natalis de Wailly, Paris 1876 (Société de l'Histoire de France).
ORDERICUS VITALIS, *Historiae ecclesiasticae*, hg. von A. le Prévost, Paris 1838–1855, Bd. I–V (Société de l'Histoire de France).
PHILIPP MOUSKET, *Chronique rimée*, in: *Monumenta Germaniae Historica. Scriptores*, Bd. XXVI.
Relatio Marchianensis, hg. von G. Waitz, in: *Monumenta Germaniae Historica. Scriptores*, Bd. XXVI.
RICHER VON SENONES, *Gesta Senoniensis ecclesiae*, in: *Monumenta Germaniae Historica. Scriptores*, Bd. XXV.
SUGER, *Vita Ludovici regis*, Paris 1887 (Collection de textes pour servir à l'étude et à l'enseignement de l'histoire).
THOMAS TUSCUS, *Gesta imperatorum et Pontificum*, in: *Monumenta Germaniae Historica. Scriptores*, Bd. XXII.
Vita Odiliae liber III. De Triumpho S. Lamberti in Steppes, hg. von J. Heller, in *Monumenta Germaniae Historica. Scriptores*, Bd. XXV.
WILHELM BRITO (GUILLAUME LE BRETON), *Gesta Philippi Augusti. Philippidos*, hg. von H. F. Delaborde, Paris 1882–1885, Bd. I–II (Société de l'Histoire de France). Altfranz. Übersetzung der Prosachronik in: *Chroniques de Saint-Denis, Recueil des historiens des Gaules et de la France*, hg. von Martin Bouquet u.a., Bd. XVII.

Bouvines in der politischen Geschichte

CARTELLIERI, ALEXANDER, *Die Schlacht bei Bouvines (27. Juli 1214) im Rahmen der europäischen Politik*, Leipzig 1914.
– *Philipp II. August, König von Frankreich*, Bd. 1–4, Leipzig 1899–1922.
DEPT, GASTON G., *Les influences anglaises et françaises dans le comté de Flandre au début du XIIIe siècle*, Gent, Paris 1928.
HADENGUE, ANTOINE, *Philippe-Auguste et Bouvines. Victoire créatrice*, Paris 1935.
HOLT, JAMES CLARKE, *Magna Charta*, Cambridge 1965.
LUCHAIRE, ACHILLE, *Louis VII, Philippe Auguste, Louis VIII (1137–1226)*, in: *Histoire de France*, hg. von Ernest Lavisse, Bd. 3, Paris 1901.
MALO, HENRI, *Un grand feudataire, Renaud de Dammartin et la coalition de Bouvines*, Paris 1898.
NORGATE, KATE, *John Lackland*, London 1902.
PETIT-DUTAILLIS, CHARLES, *Étude sur la vie et le règne de Louis VIII (1187–1226)*, Paris 1894.
RENOUARD, YVES, »1212–1216. Comment les traits durables de l'Europe occidentale moderne se sont définis au début du XIIIe siècle«, in: *Etudes d'histoire médiévale*, Bd. 1, Paris 1969.

Der Frieden und der Krieg im 12. Jahrhundert

BONNAUD-DELAMARE, ROGER, »Les fondements des institutions de paix au XIe siècle« in: *Mélanges L. Halphen*, 1951.
— »Les institutions des paix dans la province ecclésiastique de Reims au XIe siècle«, in: *Bulletin philologique et historique*, 1955–1956.
BOÜARD, MICHEL DE, »Sur les origines de la trêve de Dieu en Normandie«, in: *Annales de Normandie*, 1959.
BOUSSARD, JACQUES, »Les mercenaires au XIIe siècle. Henri II Plantagenêt et les origines de l'armée de métier«, in: *Bibliothèque de l'Ecole de Chartres*, 1945–1946.
COWDERY, HERBERT E. J., »The Peace and the Truce of God in the eleventh Century«, in: *Past and Present*, 1970.
DENHOLM-YOUNG, NOEL, »The tournament in the thirteenth Century«, in: *Studies in medieval history, presented to F. M. Powicke*, Oxford 1948.
DUBY, GEORGES, *La société aux XIe et XIIe siècles dans la région mâconnaise*, Paris 1953.
— »Dans la France du nord-ouest au XIIe siècle: les ›jeunes‹ dans la société aristocratique«, in: *Annales E. S. C.*, Paris 1964; dt. »Die ›Jugend‹ in der aristokratischen Gesellschaft«, in: *Wirklichkeit und höfischer Traum. Zur Kultur des Mittelalters*, Berlin 1986.
— »Les origines de la chevalerie«, in: *Ordinamenti militari in Occidente nell'alto medioevo*, Spoleto 1968.
FOSSIER, ROBERT, *La terre et les hommes en Picardie jusqu'à la fin du XIIIe siècle*, Bd. 1–2, Paris/Löwen 1968.
GÉRAUD, HERCULE, »Les routiers au XIIe siècle«, in: *Bibliothèque de l'Ecole de Chartres*, 1841–1842.
— »Mercadier. Les routiers au XIIIe siècle«, in: *Bibliothèque de l'Ecole de Chartres*, 1841–1842.
GRABOÏS, ARYEH, »De la trêve de Dieu à la paix du roi. Étude sur les transformations du mouvement de la paix au XIIe siècle«, in: *Mélanges...Crouzet*, 1966.
HUBERTI, LUDWIG, *Studien zur Rechtsgeschichte der Gottesfrieden und Landfrieden*, Bd. 1: *Die Friedensordnungen in Frankreich*, Ansbach 1892.
La Paix, Recueil de la Société Jean Bodin, Bd. 14, Brüssel 1962.
LOT, FERDINAND, *L'art militaire et les armées au Moyen Age*, Paris 1946.
MOLINIE, G., *L'organisation judiciaire, militaire et financière des Associations de la Paix. Etude sur la paix et la trêve de Dieu dans le Midi et le Centre de la France*, Toulouse 1912.
OMAN, CHARLES, *A history of the art of war in the Middle Age from the fourth to the fourteenth Century*, London 1898.
— *Paix de Dieu et Guerre Sainte en Languedoc au XIIIe siècle*. Cahiers de Fanjeaux, Bd. 4, Toulouse 1969.
PRESTWICH, JOHN OSWALD, »War and finance in the Angle-Norman State«, in: *Transactions of the royal historical society*, 1954.
PRÉVOST, H., *La peur et le courage dans l'Histoire anonyme de la première croisade*; unveröffentlicht: Mémoires, Faculté de Lettres, Aix-en-Provence 1969.
URI, S. P., »Het tournooi in de XIIe en XIIIe eeuw.«, in: *Tijdschrift voor Geschiedenis*, 1960.
VERBRUGGEN, J. F., *De Krijgskunst in West-Europa in de Middeleeuwen, IXe tot begin XIVe eeuw.*, Brüssel 1954.

Die Erinnerung an Bouvines

CHON, F., »Monument de Bouvines«, in: *Bulletin de la commission historique du Départment du Nord*, 1866.
DELPECH, HENRI, *Notice à l'usage des peintres chargés de la décoration de l'église de Bouvines*, Bar-le-Duc 1887.
FRAISSE, A., *Bouvines*; historisches Drama in fünf Akten, 1911.
LAMY, ÉTIENNE, *Institut de France. Académie française. Septième centenaire de la bataille de Bouvines. Discours*, Paris 1914.
LAVISSE, ERNEST, »La bataille de Bouvines«, in: *Journal des débats*, Dez. 1888.
LEBON, M., *Mémoire sur la bataille de Bouvines en 1214, enrichi de remarques historiques, stratégiques et critiques*, Paris/Lille 1835.
LONGHAYE, R. P. G., *Bouvines;* Trilogie in Versen, mit Chorbegleitung, Tours 1879.
MALLERAY, H. DE, *Bouvines, champ de bataille et souvenir*, Lille 1905.
SALEMBIER, LOUIS, *Bouvines*, Lille 1907.
TOUCHET, MGR., *Œuvres choisies oratoires et pastorales*, Bd. 12 (1914–1915), 1921.

Im Einverständnis mit dem Autor wurde der Quellen-Anhang des französischen Originals in diese Ausgabe nicht übernommen. Die Quellen werden im Text ausführlich zitiert.

Register
der Orts- und Personennamen

Aachen, 32, 40
Abälard, Peter, 122
Adam, Vizegraf von Melun, 27, 43 ff., 129
Ägidius, Mönch der Abtei Orval, 61
Agnes von Meran, 3. Gemalin König Philipps II. August, 25
Aimerich, Vizegraf von Thouars, 59
Aire, 33
Akkon, Belagerung, 24, 28, 148
Alberich II., Graf von Dammartin, 33, 55
Alberich des Trois Fontaines, Chronist, 61
Albi, Albigeois, Albigenser, 30, 37, 88, 144, 146, 148, 157
Alesia, Belagerung von, 188
Amalrich von Montfort, 75
Amiens, 29, 49
Anagni, Bischof von, 188
Andreas, Heiliger, 159
Aneas, Held der *Äneis* von Vergil, 163, 167 f., 170, 178
Anet, 100
Angers, 91
Angoulême, 92
Anjou, 30 f., 38 f., 57, 60, 77, 94, 98, 124, 181
Anonymus von Béthune, Chronist, 62, 129 ff., 134, 138, 141, 147
Antoine de Mol, Advokat und Schöffe zu Arras, 10
Anquetil, franz. Historiker, 182
Ansart, F., franz. Historiker, 185
Antiocheia, 110
Aquitanien, 31, 38 f., 59, 87, 157, 168
Ardres, 93, 95
Arnold von Guines, Herr von Ardres, 27, 34, 93–96, 110, 159
Arnulf von Audenarde, flandrischer Ritter, 34, 53 f., 137–140
Arras, 9 f., 25, 29, 35, 39, 49, 150, 171
Arthur, Graf (Herzog) von Bretagne, 56
Artois, 9, 25, 29 f., 36, 40, 119
Aumale, 55
Auschwitz, 195
Avenas, 79
Axpoel, Schlacht bei, 124, 128

Balduin IX., Graf von Flandern, 94
Balduin, Graf von Guines, 93–96, 109 f.
Balduin, Graf von Hennegau, 96 ff.
Bapaume, 55, 151
Bartholomäus von Roye, 28, 45, 51, 142
Bayeux, 22, 123
Beaumont, Vizegraf von, 111
Beauvais, 29, 49
Bellone, berittener Knecht aus dem Soissonnais, 165
Benedikt von Nursia, Heiliger, 106
Bernhard, Heiliger, Abt von Clairvaux, 92, 97, 107 f., 122
Bernhard von Horstmar, 41, 51
Bernhard Itier, Mönch, 157
Berry, 88, 164
Bertran de Born, Troubadour, 102
Blanchet, D., franz. Historiker, 188
Bologna, 38
Bonaventura, Heiliger, italien. Theologe, Philosoph und Mystiker, 172
Bordeaux, 87, 157
Boulogne, 34, 55

Bourges, Erzbischof von, 75
Bouvines, *passim*
Brabant, 41, 54f., 86, 157, 166
Brémule, Schlacht von, 125, 127
Bretagne, 14, 100, 110, 124, 156, 168, 172
Brie, 94, 96
Brossolette, L., franz. Historiker, 192
Brügge, 114–117
Brunete, Schlacht von, 194
Bruyères, 29
Burgund, 30, 78f., 82, 94, 97, 156
Buridan von Furnes, flandrischer Ritter, 34

Calixt II., Papst, 68
Calvet, C., franz. Historiker, 188
Capua, 153
Cäsar, Julius, 7, 26, 170
Cassel, 39, 124
Caumont, Arcisse de, Archäologe, 186
Cerny, 29
Chalon, Graf von, 86
Chalon-sur-Saône, 69, 159
Champagne, 26, 30, 46f., 52, 77f., 94, 96, 156
Champagne, Graf von, 86, 92
Chartres, 94
Château-Gaillard, Belagerung von, 15, 34
Château-Landon, 166
Chinon, 39, 117
Chlodwig, fränkischer König, 168
Christopherus, Heiliger, 43
Clairmarais, Abtei, 61
Clairvaux, 97
Clermont, 67f., 91, 97, 107
Cluny, Kloster, 69, 76f., 82, 86, 89f., 108
Commotus, Fußknecht, 53, 135
Compiègne, 29, 49
Corbie, 29, 49
Corneille, Pierre, 11
Courcelles, 150
Crécy, Schlacht bei, 193
Crépy-en-Laonnais, 29
Cysoing, 35, 44, 131, 159, 165

Dagobert I., fränkischer König, 13, 168
Dammartin-en-France, 55, 169
Damme, 55
Delpech, H.-M.-L., franz. Historiker, 186
Demetrius, Heiliger, 107
Déroulède, Paul, franz. Schriftsteller und Politiker, 189
Deutschland, deutsch, 10, 26 32–34, 41, 47, 49, 55, 79, 141, 161, 167, 169ff., 181. 186–193
Dietrich von Elsaß, 125
Dijon, 156, 160
Dionysius von Paris, französischer Nationalheiliger, 13, 18, 27, 74, 172, 174
Dionysius Areopagita (Pseudo-Dionysius), 13, 74
Dominikus, Heiliger, spanischer Ordensgründer, 145
Douai, 39f.
Dreux, 94, 166
Duby, Andrée, 41
Ducoudray, G., franz. Historiker, 187
Dünkirchen, 159
Dun-le-Roi, 88f.

Eleonore von Aquitanien, Gemahlin Ludwigs VII., dann Gemahlin Heinrichs II. Plantagenet, 31, 39, 77
Eleonore von Bretagne, 56
Elsaß, 157, 187
England, englisch, 10, 30–34, 39ff., 55f., 62, 65, 70, 73f., 79, 82, 86, 93, 97f., 125, 138, 156, 161f., 164f., 169f., 181, 187, 189, 193
Enguerrand von Coucy, 174
Etampes, 168
Europa, 12, 37, 63, 81, 156, 159, 190, 193
Eustach von Machelen, 47, 137
Eustachius, Heiliger, 107

Fabrice del Dongo, Hauptfigur in Stendhals Roman *Die Kartause von Parma*, 11
Faubert, franz. Historiker, 192
Ferrand von Portugal, Graf von Flandern, 25, 29, 33f., 39ff., 46, 49, 52, 55–59, 97f., 112, 132, 141, 159f., 165, 169, 173, 185, 190
Ferry de Locre, Pfarrer von Saint-Nicolas zu Arras, 10
Flandern, 7, 9, 18, 27, 33f., 36, 39ff., 47, 55, 59ff., 73, 76, 78, 82f., 85, 88, 91, 93f., 96, 103, 112, 114, 116, 119, 124f., 130ff., 136, 147f., 153, 156ff., 158f, 169f.
Flandrer von Crêpelaine, Ritter, 141
Foncin, P., franz. Historiker, 187
Fraisse, A., franz. Historiker, 189
Francia, 30, 156, 168
Franco, Francisco, General, span. Diktator, 194
Frankreich, französisch, *passim*
Franz von Assisi, 145, 181
Fredegar, angeblicher Verfasser einer fränkischen Chronik des 7. Jahrhunderts, 168
Friedrich I. Barbarossa, Kaiser, 38, 79, 86
Friedrich II., Kaiser, 32, 38f., 150, 153, 157, 160
Fulgentius, Heiliger, 188
Fulko Fitz-Warin, engl. Chronist, 31
Fulko III. Nerra, Graf von Anjou, 124
Fulko IV. le Récin, Graf von Anjou, 124

Galbert von Brügge, Chronist, 84f., 91, 114–117, 128
Gallien, 13, 65, 93, 143, 159, 161, 169f.
Galliffet, General de, 186
Galo von Montigny, Ritter, 49f., 172f.
Ganelon, Verräter im Rolandslied, 143
Garin, Johanniterbruder, Erwählter von Senlis und Leiter der königlichen Kanzlei, 28f., 41, 43f., 46f., 53, 108, 129f., 134ff., 139f., 168,
Gascogne, 88
Gauzfrid I. Grisegonelle, Graf von Anjou, 124
Gauzfrid II. Martel, Graf von Anjou, 124
Gauzfrid von Preuilly, Baron, 91
Gellone, 107
Gent, 55, 165
Genua, 157
Georg, Heiliger, 107, 127, 140
Gerald von Avranches, Kaplan im Hause Hugos von Chester, 106f.
Gerhard von Randerath, 41, 51
Gerhard La Truie, 28, 45, 49f., 142
Gisors, 122
Gottfried, Sohn Herzog Heinrichs von Brabant, 59
Gournai, 94, 98, 101
Grabois, Arieh, Historiker, 76
Grandelain, 29
Grandmont, Abtei, 87, 159
Griechenland, 27
Guernica, 195
Guines, 93, 95, 110
Guizot, François, franz. Historiker und Politiker, 183

Hadengue, Antoine, franz. Historiker, 192
Haimonskinder, 180

Hanoi, 195
Harold II. Godwinson, letzter angelsächsischer König, 123
Hastings, Schlacht bei, 124, 126
Heilige Land, das, 24, 32, 36f., 39, 70, 78, 95 f., 108, 110, 164
Heilige Römische Reich, das, 9, 26, 33, 80, 155, 160, 166
Heinrich V., Kaiser, 76
Heinrich, Prinz, Sohn des Grafen von Champagne, 92
Heinrich, Graf von Bar, 28, 45, 49, 138
Heinrich I., Herzog von Brabant, 33, 53, 61, 139
Heinrich I. Beauclerc, Herzog der Normandie, König von England, 73, 83, 125, 127, 129
Heinrich II. Plantagenet, König von England, 31, 33, 38f., 55, 70, 86f., 93, 95f., 122
Heinrich III., König von England, 126
Heinrich IV., König von Frankreich, 191
Heinrich III., Herzog von Limburg, 41, 53
Heinrich der Löwe, Herzog von Baiern und Sachsen, 32
Hennegau, 35, 41, 43, 55, 59, 94, 96f., 166
Helgaud von Fleury, Chronist, 15
Helie, Graf von Maine, 122
Herwig, Graf von Nevers, 57, 59, 76
Hesdin, 29
Hiroschima, 195
Hugo von Boves, flandrischer Ritter, 18, 34f., 52f., 119, 163
Hugo Capet, König von Frankreich, 13, 25f.
Hugo von Chester, 107
Hugo von Fontaines, Ritter, 28, 53
Hugo von Maleveine, 48
Hugo von Mareuil, Ritter, 28, 49
Huleux, franz. Historiker, 192

Île-de-France, 26, 30, 33, 69, 77, 94, 98, 119
Ingeborg von Dänemark, 2. Gemahlin König Philipps II. August, 25, 39, 153, 157
Innozenz III., Papst (Lothar Graf von Segni), 31f., 37ff., 45, 68, 80, 90, 123, 131f., 143f., 146, 149f., 157, 183
Isabella von Hennegau, 1. Gemahlin König Philipps II. August, 25f., 36
Isidor von Sevilla, 64
Italien, 24, 32, 38, 157
Ivo von Chartres, Bischof, 76

Jakobus d. Ä. (Jakobus von Compostella), span. Nationalheiliger, 43, 194
Jean des Prés d'Outremeuse, 180
Jeanne d'Arc (Jungfrau von Orléans), 189
Jerusalem, 24, 37, 77, 92, 110, 159
Johann II., der Gute, König von Frankreich, 181
Johann Buridan, flandrischer Ritter, 18, 47
Johann, Graf von Beaumont, 27f., 46, 48
Johann von Condune, Ritter, 28, 53
Johann von Mareuil, Ritter, 28, 49
Johann, Graf von Nesle und Kastellan von Brügge, 27, 53, 140
Johann von Nivelle, 186
Johann Ohneland, König von England, 30–34, 37ff., 41, 46, 56–60, 62, 79f., 117, 119, 123, 133, 138, 143f.,
   148ff., 153, 156, 159, 161–165, 182, 193
Johann von Rouvray, 28, 45, 49, 53
Johann von Salisbury, 134, 186
Johanna, Gräfin von Flandern, Gemahlin Ferrands von Portugal, 33f., 52, 59, 96, 151
Joigny, 94, 103 f.
Joinville, Jean de, Biograph König Ludwigs IX., 77
Juhel von Mayenne, 57
Jung-Heinrich, Sohn Heinrichs II. von England, 87, 95 f., 98, 103
Jura, 157

Kampanien, 159
Kapetinger, 9, 13, 15–18, 25–28, 33–39, 61, 70, 74, 76–79, 97, 119, 125, 142, 145, 148, 153, 156, 162f.,
   166ff., 171, 179f., 193
Karl der Große, Kaiser, 7, 13, 26, 32, 38, 110, 145, 150, 170ff., 174, 177
Karl der Gute, Graf von Flandern, 76, 82, 91, 93, 96, 114–117, 147

Karl II., der Kahle, König von Frankreich, dann Kaiser, 13, 91
Karl Martell, 145
Karolinger, 13, 26 f., 35, 86
Klosterneuburg, 157
Köln, 32, 157
Kono von Condune, Ritter, 28, 53
Konrad, Graf von Dortmund, 41, 51, 166
Konstantinopel, 27, 37

Lagny, 94, 98 f.
Lambert, Heiliger, Stadtpatron von Lüttich, 18, 61, 132
Lambert von Ardres, Priester, 93, 110
Lamy, E., 190 f.
Languedoc, 89, 168
Laonnais, 30
La Roche-aux-Moines, Burg, 60, 148
La Rochelle, 39
Lateran, 68, 79, 82, 88, 91, 93
Lautersberg in Meißen, 161
Lavisse, Ernest, franz. Historiker, 10, 186 ff.
Lebon, M., franz. Historiker, 185
Le Clerc, Victor, 10
Le Goff, Jacques, franz. Historiker, 193
Leipzig, Völkerschlacht bei, 189
Le Mans, Graf von, 124
Lens, Burg, 130
Leo XIII., Papst, 188
Le Puiset, Burg, 75
Le Puy, 71, 88
Lille, 39 f., 43, 185, 190
Limoges, 157
Limousin, 159
Lincoln, 126
Loire, 30 f., 57, 91, 156 f.
Lombardei, 99
Longchamp, Jesuitenpater, 189
Lothringen, 28, 33, 157, 187, 189
Loudon, Burg, 59
Louvre, 56
Ludwig VI., König von Frankreich, 13, 74–77, 83, 125, 127
Ludwig VII., König von Frankreich, 24, 77 ff., 85 f., 89 f., 90, 93, 125
Ludwig VIII., Prinz, Herr von Arras und Artois, dann König von Frankreich, 9, 25 ff., 30, 36, 39, 41, 60, 97, 143, 148, 153, 160, 162, 179
Ludwig IX., der Heilige, König von Frankreich, 26, 77, 151, 160, 178, 180 f., 193
Ludwig XI., König von Frankreich, 153
Ludwig der Deutsche, fränkischer König, 91
Lur-Saluces, Graf, 191
Lüttich, 18, 61, 144, 160
Luzy, 94

Maas, 32
Mâconnais, 79, 149
Magdalena, Heilige, 41
Mailand, 24, 131
Maine, 57, 94
Mainz, 32
Malleray, H. de, Hauptmann, 188, 192
Mantes, 14, 148, 166
Marcel, Guillaume, franz. Historiker, 181
Marchiennes, 61, 129, 131 f., 142
Marcq, Fluß bei Bouvines, 35, 119
Maria, Heilige Jungfrau, 71, 153, 159, 174
Maria von Châtillon, Gemahlin Rainalds von Dammartin, 18, 33
Marignan (Marignano), 8, 193
Matthäus, Graf von Montmorency, 27, 46, 48

Matthäus Paris, englischer Chronist, 156
Mathilde von Portugal, Gräfin von Flandern, 17, 57, 146
Maurras, Charles, franz. Schriftsteller und Politiker, Mitbegründer der rechtsradikalen Bewegung *Action française*, 191
Melusine, altfranzösische Sagengestalt und angebliche Ahnfrau des gräflichen Hauses Lusignan, 31 f.
Menestrel von Reims, anonymer Dichter und Spielmann, 173, 176, 178 ff.
Merowinger, 13, 26, 147, 178 f.
Mézeray, Eudes de, franz. Historiker, 182
Michael von Harnes, Ritter, 48
Michelet, Jules, Schriftsteller und Historiker, 143, 183 f., 188
Montbard, 94
Montdidier, 29
Monte Cassino, Kloster, 157
Montigny, Monsieur de, 190
Montjoie, 76, 172
Montpellier, 89
Montreuil, 29
Montségur, 146
Moritz, Heiliger, 107
Mortagne, Burg, 40, 43
Mortain, 55
Mosel, 13
Muret, Schlacht bei, 37, 153, 157

Napoleon I. Bonaparte, Kaiser der Franzosen, 191
Navas de Tolosa, Schlacht von, 37, 153
Neustrien, 13, 56
Niederlande, 39, 83, 86
Nithard, Geschichtsschreiber, 91
Nivelles, 40
Normandie, 28–32, 34, 38 f., 62, 73, 75, 83, 86, 93 f., 98, 116, 125, 156 f., 172, 181
Noyon, 25, 29

Odilia, Heilige, 61
Odo, Bischof, 135, 160
Odo, Herzog von Burgund, 27, 30, 46, 48, 97 f., 104, 130 f., 137, 139 f., 164, 172
Ordericus Vitalis, Chronist, 68, 73, 75, 84 f., 106 f., 127
Orléans, 13, 69, 123, 159, 191
Otto I., der Große, röm. König, Kaiser, 38
Otto IV. von Braunschweig, röm. König, Kaiser, 7, 9, 18, 25, 31–34, 37–46, 49–57, 60, 79, 119 f., 123, 129–133, 141–146, 148, 150, 153, 157, 162–173, 181, 186, 190 ff.
Otto, Graf von Tecklenburg, 41, 51, 166
Oudenberg, Abt von, 125

Pallas Athene, griechische Göttin des ritterlichen Kampfes, 18, 49
Paris, 13, 15, 25 ff., 30 f., 38, 55–58, 60, 69, 72, 76 f., 86, 94, 149 f., 153, 166, 168, 170, 175
Parzeval, 105, 111
Péguy, Charles, franz. Schriftsteller, 189
Peiresc, Nicolas-Claude Fabri de, 10
Périard, J., franz. Historiker, 188
Péronne, Burg, 40 f., 56 f., 166
Peter, Graf von Auxerre, 52
Peter Capuano, Kardinallegat, 79 f.
Peter Charlot (Karlotus), unehelicher Sohn Philipps II. August, 14, 25
Peter von Courtenay, Graf von Auxerre, dann lat. Kaiser von Konstantinopel, 27
Peter von Dreux, Graf von Bretagne, genannt Mauclerc, 59
Peter Mauvoisin, 28, 45, 50, 142
Peter von la Tournelle, berittener Knecht, 29, 53
Peter von Remi, Ritter, 47
Peter Tristan, Ritter, 28, 50
Petrus, Heiliger, 37 f., 44, 176
Petrus Venerabilis, Abt von Cluny, 62, 82
Philipp II. August, der Eroberer, König von Frankreich, *passim*
Philipp IV., der Schöne, König von Frankreich, 193

Philipp VI., König von Frankreich, 181
Philipp, Sohn des Grafen Peter von Auxerre, 52
Philipp von Courtenay, Graf von Namur, 130
Philipp von Dreux, Bischof von Beauvais, 28, 109, 134f., 186
Philipp Hurepel, 2. Sohn Philipps II. August, durch den Papst legitimiert, 25, 34
Philipp von Montgardin, 110
Philipp Mousket, Chronist, 172–175, 177
Philipp II. von Schwaben, röm. König, 32
Philippus, Heiliger, 43
Picardie, 27f., 30, 34f., 40, 119, 137, 141
Pippin III., der Kurze, König der Franken, 13
Plantagenet, Haus, 162, 164, 168, 170
Pleurs, 104
Poissy, 26
Poitiers, 8, 124, 157, 159, 190
Poitou, 29, 41, 57–60, 70, 94, 162
Pompejus, Gnaeus, Konsul, 11, 170
Pons von Melgueil, Abt von Cluny, 82
Ponthieu, 40
Portugal, 33, 57, 169
Preußen, 192
Provence, 89, 157

Radulf, Vizegraf von Sainte-Suzanne, 57
Radulf, Graf von Soissons, 27
Rainald von Dammartin, Graf von Boulogne, 18, 25, 33ff., 39ff., 50–57, 96f., 119, 121, 131f., 134f., 137, 140f., 147, 151, 159ff., 162, 164f., 166, 169f., 190, 193
Rainulf, Graf von Chester, 59
Reichshofen, 12
Reims, 13, 68, 76, 78, 86, 91, 107, 179f.
Rethel, 97
Rhein, Rheinland, 32f., 86, 187, 192
Richard Fitzneale, Schatzmeister des Königs von England, 82
Richard I. Löwenherz, König von England, 28, 31ff., 39, 55, 79f., 86f., 90, 92, 97, 119, 150
Richer von Sénones, Chronist, 171, 176, 178, 180, 185
Rigord von Saint-Denis, Chronist, 14f., 26, 89f., 193
Ripoll, Kloster, 157
Robert, Bruder Philipp Augusts, 92
Robert II., der Fromme, König von Frankreich, 15, 77
Robert von Béthune, 62, 141
Robert von Courçon, Kardinallegat, 59
Robert von Coutance, 110
Robert, Graf von Dreux, 27f., 34, 52, 56, 137
Robert II., Graf von Flandern, 76
Robert Kurzhose, Herzog von der Normandie, 73, 83f., 125, 129
Rodulf Glaber, Chronist, 65
Roger von Wendover, Chronist, 162f.
Roland, Heldengestalt im Rolandslied, 110, 132, 143, 182
Rom, 15, 24, 26f., 32, 38, 59, 67, 76, 80f., 170, 172, 182
Rouen, 73
Rougemont, 94
Royaumont, Zisterzienserabtei, 181
Roye, 29
Runnymead, Ebene bei Windsor (Magna Charta), 153

Sachsen, 32f., 157, 166, 170
Saint Albans, Kloster, 156
Saint Amand, 35
Saint-Benoît-sur-Loire, 13
Saint-Denis, Abtei, 13–16, 26, 44, 49, 74, 76, 147f., 153, 168, 172, 174, 189
Saint-Evroul, Abtei, 107
Saint-Germain-des-Prés, Abtei, 143
Saint-Julien-de-Brioude, Wallfahrtsstätte, 107
Saint-Martial, Kloster, 87, 157

Saint-Martin de Tours, Abtei, 91, 172
Saint-Omer, 33, 61
Saintonge, 39, 168
Salembier, Louis, Kanoniker, 188
Sancerre, Graf von, 164, 174
Sanghin, 44, 165
Santiago de Compostella, 77
Saturnina, Heilige, 188
Scarpe, 40
Schelde, 36, 40, 91
Schwaben, 157
Sedan, Schlacht bei, 189
Senlis, 60, 153, 168
Sens, 29, 78
Sebastian, Heiliger, 107
Shrewsbury, 84
Siena, 24
Simon von Montfort, Anführer des Kreuzzuges gegen die Albigenser, 30, 146, 157
Simon von Neaufles, Ritter, 100
Sizilien, 38, 99, 157
Soissons, Soissonnais, 28 ff., 47, 75, 78, 94, 141, 164 f.
Spanien, 17, 57, 99, 194
Stephan von Blois, König von England, 83
Stephan von Longchamp, Ritter, 28, 45, 49 f., 137
Steppes bei Montenaeken, Schlacht von, 61, 157
Straßburg, 91
Suger, Abt von Saint-Denis, 13, 26, 74, 76, 83, 92
Syrien, 136

Theodor, Heiliger, 107
Theobald, Graf von Blois, 76, 124
Thérouanne, 73, 76
Thierache, 30
Thierry, Augustin, franz. Historiker und Schriftsteller, 184 f.
Thomas, Franziskaner aus der Toskana, 172, 177, 180
Thomas von Marles, 76
Thomas von Saint-Valery, Ritter, 28, 51, 54, 147
Tinchebrai, Schlacht bei, 125, 129
Titus, römischer Kaiser, 170
Tolbiac (Zülpich), 8, 190 f.
Toskana, 157, 172
Touchet, Mgr., Bischof von Orléans, 191 f.
Toulouse, 88
Touraine, 94, 156
Tournai, 35, 39 ff., 43 f., 119, 172 f.
Tours, 68 f.
Trier, 61
Trojaner, 26, 168, 170
Troyes, 156
Tunis, 181

Uccello, Paolo, italienischer Maler, 165
Urban II., Papst, 67
Ursperg in Schwaben, Abtei, 32, 161

Vailly, 29
Valenciennes, Burg, 41, 43
Val-ès-Dunes, Schlacht bei, 124
Valois, 94, 154
Varennes, 55
Velly, franz. Historiker, 182
Verbruggen, J. F., niederländischer Historiker, 11, 23, 141
Vergil, römischer Dichter, 163, 168
Vermandois, 57
Vespasian, römischer Kaiser, 170

Vexin, 30
Viktor, Heiliger, 60, 153
Vinzenz von Beauvais, Dominikaner, 160
Vogesen, 157, 171, 185

Waitz, G., 61
Walter von Châtillon, Graf von Saint-Pol, 27f., 34, 41, 46ff., 97, 138f., 143, 174
Walther von Fontaines, Ritter, 28, 53
Walther von Ghistelle, flandrischer Ritter, 34, 47
Walther der Jüngere, 28, 45, 51
Walther von L'Ecluse, 110
Waterloo, Schlacht bei, 189
Weygand, Maxime, franz. General, 192
Wido Mauvoisin, 49
Wilhelm, Söldnerführer, 86
Wilhelm des Barres (Le Barrois), 28, 45, 49, 51, 139f.
Wilhelm von Breteuil, 117
Wilhelm Brito (Guillaume le Breton), Chronist, 13–20, 23f., 28ff., 41, 46, 61f., 131, 135, 141f., 144f., 149, 153, 160, 163, 165f., 168, 170f., 182f., 190, 193
Wilhelm Clito, Graf von Flandern, 122, 125, 128
Wilhelm I., der Eroberer, Herzog von der Normandie, dann König von England, 65, 73, 83, 123–126, 135
Wilhelm II., der Rote, König von England, 74, 83, 117f., 122
Wilhelm von Garlande, 28, 45, 49, 51, 142
Wilhelm, Graf von Holland, 33, 160
Wilhelm Marschall (Guillaume le Maréchal), Marschall von England, 70, 80, 93f., 96–105, 109, 111f., 126, 143, 162
Wilhelm von Mortemer, Ritter, 28, 45
Wilhelm von Newburg, 92
Wilhelm von Orange, Hauptgestalt des altfranzösischen Wilhelmszyklus, 107
Wilhelm III., Graf von Ponthieu, 138
Wilhelm von Puylaurens, 157
Wilhelm des Roches, Seneschall von Anjou, 57
Wilhelm, Graf von Salisbury, genannt Langschwert, 33, 41, 56, 97, 111, 134, 159f., 162, 166
Winchester, 107

Die
Kleine Kulturwissenschaftliche Bibliothek
ist eine neue Buchreihe bei Wagenbach.

Keine dickleibigen Bücher, die die Welt erklären wollen, sondern
beflügelnde Arbeitshefte.

Die *Kleine Kulturwissenschaftliche Bibliothek* versteht sich als Anstifter:
Hier erscheinen *lesbare* Essays, die Autoren *und* Leser
in Diskussionen verwickeln.

Die *Kleine Kulturwissenschaftliche Bibliothek* bevorzugt die offene,
experimentelle Form, betont den Arbeitscharakter und fördert die
wissenschaftliche Grenzüberschreitung.

CHRISTIAN MEIER / PAUL VEYNE
Kannten die Griechen die Demokratie?
Wie war die griechische Demokratie und was bedeutete es damals,
ein politischer Mensch zu sein?
Kleine Kulturwissenschaftliche Bibliothek 2
Englische Broschur. Buchdruck, 96 Seiten, DM 19.–

BRIAN VICKERS
Francis Bacon
Leben und Werk eines Universalgenies
Kleine Kulturwissenschaftliche Bibliothek 3
Englische Broschur. Buchdruck, 80 Seiten, DM 19.–

W. MONTGOMERY WATT
Der Einfluß des Islam auf das europäische Mittelalter
Eine Einführung in die islamische Hochkultur und ihre prägenden Kräfte für die
Geburt der Wissenschaften im mittelalterlichen Europa.
Kleine Kulturwissenschaftliche Bibliothek 4
Englische Broschur. 96 Seiten, DM 19.–

ARNALDO MOMIGLIANO
Die Juden in der Alten Welt
Über altjüdische und altchristliche Traditionen und die Wechselbeziehungen
zwischen der orientalischen, hebräischen, griechischen und römischen Kultur.
Kleine Kulturwissenschaftliche Bibliothek 5
Englische Broschur. Buchdruck, 96 Seiten, DM 19.–

ANTHONY NORTHEY
Kafkas Mischpoche
Franz Kafkas Verwandte und ihre Karrieren:
Die Weitgereisten und Zuhausegebliebenen, die Kapitalisten, Nationalisten oder
»Assimilierten« – und ihre Spuren im Werk.
Kleine Kulturwissenschaftliche Bibliothek 6
Englische Broschur. 96 Seiten mit 50 Fotos, DM 21.–

Kunst und Geschichte

OLIVER LAWSON DICK
Das Leben: ein Versuch
John Aubrey und sein Jahrhundert
Nach Edith Sitwell nun John Aubrey: ein Buch über das Leben und die Zeit eines gelehrten und sehr neugierigen Exzentrikers; das Portrait eines Jahrhunderts, in dem sich zuerst die bürgerliche Gesellschaft formierte.
Englische Broschur. 192 Seiten mit vielen zeitgenössischen Abbildungen, DM 29.80

VITO FUMAGALLI
Wenn der Himmel sich verdunkelt
Lebensgefühl im Mittelalter
Ein leichtverständliches Buch über die Mentalität der Menschen im Mittelalter, ihre Lebensumstände und ihr Lebensgefühl.
Wagenbachs Taschenbücherei 156
112 Seiten mit Bildern, DM 14.–

LUCIEN FEBVRE
Das Gewissen des Historikers
Die einflußreichsten Schriften des Mitbegründers der »Neuen Geschichtsschreibung« in Frankreich: Über Geschichte als Wissenschaft vom Menschen und seiner Vergangenheit. Mit einem Essay von Ulrich Raulff.
Broschur. 256 Seiten mit Bildern, DM 39.80

Italienische Kunst
Eine neue Sicht auf ihre Geschichte
Mit einem Vorwort von Willibald Sauerländer
Ein beispielhaftes Unternehmen moderner Geschichtsschreibung: über die großen Zusammenhänge zwischen Künstler und Gesellschaft, Erfindung und Auftrag, Absicht und Wirkung, Stil und Ökonomie.
»Ein befreiendes Buch, notwendig für die gesamte geistes- und gesellschaftswissenschaftliche Diskussion.«
Christa Dericum im Westdeutschen Rundfunk
Zwei Bände im Schuber. Englische Broschur, Großformat, 384 und 480 Seiten mit 588 Abbildungen, DM 148.–

PETER BURKE
Städtische Kultur in Italien
zwischen Hochrenaissance und Barock
Exemplarische Beiträge zum Verständnis des kulturellen Unterbaus einer Epoche, die die Moderne prägt.
Englische Broschur. 224 Seiten mit vielen Abbildungen, DM 36.–